DIREITO E SOCIEDADE
VOLUME 1

MARCELO NEVES COMO INTÉRPRETE DA MODERNIDADE PERIFÉRICA

João Paulo Allain Teixeira
Leonam Liziero
(organizadores)

ISBN: 978-65-990775-4-8
Acompanhamento editorial Leonam Liziero
Diagramação Mateus Souza
Capa Leonam Liziero

Editora Meraki
Conselho Editorial
Alexandre Walmott Borges (UFU)
Alessandra Silveira (UMinho)
Ari Marcelo Solon (USP)
Dawid Bunikowski (UEF)
Diva Julia Safe Coelho (PNPD-CAPES/UFU)
Felipe Magalhães Bambirra (UniALFA)
Gonçal Mayos (UB)
José Carlos Remotti (UAB)
Osvaldo Alves de Castro Filho (UFMS)
Saulo Pinto Coelho (UFG)

T266   Teixeira, João Paulo Allain et al.
       Direito e Sociedade – Volume 1: Marcelo Neves como intérprete
da modernidade periférica/ João Paulo Allain Teixeira, Leonam Liziero
(Org.). Andradina: Meraki, 2020.
       Bibliografia
       ISBN 978-65-990775-4-8
       1. Direito Constitucional 2. Marcelo Neves.
       1. Título
       CDU – 342   CDD – 342.02

"A legitimação do direito somente seria possível mediante a afirmação do princípio social de inclusão no lugar do princípio da exclusão, ainda hoje dominante no Brasil, de modo que o direito constitucional ocupasse um espaço importante no agir e no vivenciar cotidianos de toda a população e a orientação das expectativas normativas pelo direito se tornasse a rotina da vida jurídica".

Marcelo Neves

SUMÁRIO

AUTORES

AENDRIA DE SOUZA DO CARMO MOTA SOARES
Doutoranda em Ciências Jurídicas pelo PPGCJ-UFPB; Mestra em Direito pela UFMG; Especialista em Direito Tributário pelo CEAJUFE; Bacharel em Direito pela Universidade FUMEC. Advogada.

ALEXANDRE DOUGLAS ZAIDAN DE CARVALHO
Doutor em Direito, Estado e Constituição (UnB), pesquisador em estágio pós-doutoral na Universidade de Barcelona e professor da Universidade Católica do Salvador. E-mail: douglas.zaidan@pro.ucsal.br

ÂNGELO JOSÉ MENEZES SILVINO
Doutorando em Ciências Jurídicas (PPGCJ) pela Universidade Federal da Paraíba (UFPB). Mestre em Direito pela Universidade Federal do Rio Grande do Norte. E-mail: angelojms@hotmail.com

ANIELLE OLIVEIRA MONTEIRO
Mestra em Direitos Humanos, Cidadania e Políticas Públicas pela Universidade Federal da Paraíba e doutoranda em Ciências Jurídicas pela Universidade Federal da Paraíba. Graduada em Direito pela Universidade Estadual da Paraíba. E-mail: aniellemonteiro@hotmail.com

DANUZA FARIAS
Mestranda em Ciências Jurídicas pela Universidade Federal da Paraíba – UFPB. Bolsista CNPq.

EMYLLI TAVARES DO NASCIMENTO
Mestranda em Ciências Jurídicas pelaUniversidade Federal da Paraíba. E-mail: emyllitavares@hotmail.com.

EUDES DA COSTA FILHO
Advogado. Mestre em Ciências Jurídicas pela Universidade Federal

da Paraíba (PPGCJ/UFPB). Pós-Graduado lato sensu em Direito Eleitoral pela Escola Judiciária Eleitoral do Tribunal Regional Eleitoral de Pernambuco/ESMAPE. Graduado em Direito pela Universidade Federal da Paraíba (UFPB). E-mail: antonioeudes@hotmail.com

JANAYNA NUNES PEREIRA
Mestre em Direito pela Universidade Federal da Paraíba – UFPB. Mediadora e Conciliadora Familiar. Advogada especialista em Direito das Famílias e Sucessões. E-mail: janaynanunes.advogada@bol.com.br

JOÃO PAULO ALLAIN TEIXEIRA
Doutor em Direito pela Universidade Federal de Pernambuco – UFPE (2005) Mestre em Direito pela Universidade Federal de Pernambuco – UFPE (2000). Master em Teorias Críticas do Direito pela Universidad Internacional de Andalucía, Espanha (1998). Professor Adjunto da Universidade Federal de Pernambuco. Professor do Programa de Pós-Graduação em Direito da Universidade Federal de Pernambuco – UFPE. Professor do curso de graduação em Direito e do Programa de Pós-Graduação em Direito da Universidade Católica de Pernambuco Coordenador Adjunto do Programa de Pós-Graduação em Direito da Universidade Católica de Pernambuco. Estágio de pesquisa Pós-Doutoral no CES - Centro de Estudos Sociais da Universidade de Coimbra, Portugal (2018). Líder do grupo de pesquisa Recife Estudos Constitucionais REC - CNPq. Bolsista de Produtividade em Pesquisa (CNPq).

JOSÉ AUGUSTO SEGUNDO NETO
Mestre em Ciências Jurídicas pela UFPB. Juiz do Trabalho do TRT 6ª Região. Especialista em Decisão Jurídica pela UFPE.

JOSÉ ERNESTO PIMENTEL FILHO
Historiador constitucionalista. Professor do Programa de Pós em Ciências Jurídicas e do Departmento de História na UFPB. Pós-doutor em Direito Constitucional pelo PPGD/Unifor.

JOSÉ FRANCISCO DIAS DA COSTA LYRA
Doutor em direito pela Unisinos-Rs. Professor do curso de

doutorado e mestrado em direito da uri-RS. Professor de direito penal e processo penal. Juiz de direito

Leonam Liziero
Doutor em Teoria e Filosofia do Direito pela UERJ, com Pós-Doutorado em Direito pela UFRJ. Professor do Programa de Pós-Graduação em Ciências Jurídicas da UFPB. E-mail: leonamliziero@gmail.com

Maria Creusa de Araújo Borges
Professora Permantente e Coordenadora do Programa de Pós-Graduação em Ciências Jurídicas/UFPB. Doutora em Sociologia e Mestre em Educação pela UFPE. Mestre em Direito pela UFPB. E-mail: mcaborges@gmail.com

Maurício Palma
Doutor em Direito, Estado e Constituição pela Universidade de Brasília. Professor de direito. E-mail: mauriciopalma@unb.br

Uma apresentação: breves linhas sobre o percurso de Marcelo Neves e sua contribuição para o pensamento jurídico contemporâneo

Marcelo da Costa Pinto Neves, pernambucano do Recife, é formado pela tradicional Faculdade de Direito do Recife (FDR/UFPE) onde também realizou o Mestrado em direito. Sob a orientação de Lourival Vilanova, concluiu o trabalho que resultou na sua "Teoria da Inconstitucionalidade das Leis" (1988). Ainda nos anos 80, através do sociólogo Cláudio Souto, conhece Niklas Luhmann e sua teoria social. Este encontro viria a ser decisivo na reflexão teórica de Neves daí por diante. O Doutorado na Alemanha resultou na publicação do *"Verfassung und Positivität des Rechts in der peripheren Moderne: Eine theoretische Betrachtung und eine Interpretation des Falls Brasilien"* (1992)[1].

A vasta e consistente obra de Marcelo Neves é um poderoso convite à reflexão sobre o direito na sociedade periférica, contemplando títulos significativamente conhecidos do meio acadêmico nacional e estrangeiro. São de sua lavra "A Constitucionalização Simbólica" (1994)[2], "Entre Têmis e Leviatã: uma relação difícil – O Estado Democrático de Direito a partir e além de Habermas e Luhmann" (2006)[3], "Transconstitucionalismo" (2009)[4] e "Entre Hidra e Hércules: princípios e regras como diferença paradoxal do sistema jurídico" (2013).

---

[1] O livro foi publicado em língua portuguesa com o título "Constituição e Direito na Modernidade Periférica: uma abordagem teórica e uma interpretação do caso brasileiro" (2018). A versão brasileira foi publicada com o posfácio "Consticionalismo periférico 26 anos depois", um balanço crítico da publicação original em alemão e uma proposta de diálogo com os seus intérpretes.

[2] Publicado na Alemanha sob o título *"Symbolische Konstitutionalisierung"* (1998)

[3] Também publicado na Alemanha sob o título *"Zwischen Themis und Leviathan: Eine Schwierige Beziehung? Eine Rekonstruktion des demokratischen Rechtsstaats in Auseinandersetzung mit Luhmann und Habermas"* (2000)

[4] Também publicado em língua inglesa como *"Transcontitutionalism"* (2013)

A produção bibliográfica é acompanhada de perto pela crescente interlocução internacional adquirida em vários períodos como professor visitante em universidades estrangeiras. Foi Visiting Fellow do Instituto de Federalismo da Universidade de Fribourg, Suíça (1998-2000), Bolsista-pesquisador da Fundação Alexander von Humboltd no Departamento de Ciências Sociais da Universidade de Frankfurt, Alemanha (2000) e Jean Monet Fellow no Departamento do Instituto Universitário Europeu, Florença, Itália (2001-2002). Professor visitante na Faculdade de Direito da Universidade de Flensburg, Alemanha (2002-2003), Visiting Senior Research Fellow da Fundação de Pesquisa Adam Smith da Universidade de Glasgow, Escócia (2014) e Senior Research Scholar na Escola de Direito da Universidade de Yale (2014-2016).

No Brasil, foi professor titular da Faculdade de Direito do Recife da UFPE, professor da PUC-SP, professor da FGV-SP e professor da Faculdade de Direito da USP. Foi também Procurador do Município do Recife, consultor jurídico e Conselheiro do CNJ. Atualmente é professor titular da Faculdade de Direito da UnB.

Apresentar uma obra em homenagem a Marcelo Neves é pessoalmente uma grande satisfação oferecendo uma oportunidade de revisitar o início da minha formação acadêmica. Durante a graduação na FDR (1990-1995), integrei o grupo de pesquisa de Marcelo Neves no período em que a "Constitucionalização Simbólica" estava sendo construída. O convívio semanal, os vários debates sobre direito e sociedade, a exploração das sutilezas da teoria luhmanniana dos sistemas e a compreensão da realidade brasileira a partir de Neves contribuíram decisivamente para a minha percepção dos limites e potencialidades da juridicidade no contexto das intensas assimetrias sociais que caracterizam a realidade brasileira. Para os leitores, Neves chama a atenção para a permanência de um esforço teórico voltado à crítica e à re-interpretação dos modelos explicativos formulados na "modernidade central".

A coleção "Marcelo Neves como Intérprete do Direito e da Sociedade" que agora apresentamos é editada em quatro volumes e reúne contribuições de pesquisadores bastante próximos de Marcelo Neves e de sua obra. Aqui encontraremos importantes contribuições para a reconstrução do percurso de Neves e a compreensão da dimensão dos impactos da sua produção para o pensamento jurídico e social contemporâneos.

Agradeço a Leonam Liziero pela parceria e pela oportunidade de envolver tanta gente boa em torno do projeto. Sem o seu esforço e empenho não teríamos conseguido viabilizar a publicação. Agradeço também a todos os parceiros, autores e co-autores que se dedicaram ao pensamento de Neves. Por fim, agradeço ao próprio Marcelo Neves pela rica produção e pela vida dedicada à academia em uma já imensa contribuição para as gerações futuras.

A todos, uma boa leitura.

João Paulo Allain Teixeira

Recife, maio de 2020

Parte I

Contributos teóricos essenciais de MARCELO NEVES ao pensar do constitucionalismo na modernidade periférica

Uma proposta de Reconstrução da Dogmática Jurídica a partir de Marcelo Neves

João Paulo Allain Teixeira

I

Os efeitos da tradição teórica sobre a jurisdição em sua específica forma de apropriação no contexto brasileiro contribuiram para a expansão da influência do poder judiciário sobre as relações sociais nos últimos anos. Para além das dificuldades concernentes à consagração de processos moralmente vinculantes conduzidos pelo poder judiciário, a forma como se deu a recepção da chamada "matriz pós-positivista" no constitucionalismo brasileiro favoreceu voluntarismos e casuísmos de toda ordem[1]. Na experiência brasileira, o recurso argumentativo à "ponderação" ou à

---

[1] Veja-se por exemplo Fausto Santos de Morais ao perceber que "Impera no STF, diante disso, o princípio da proporcionalidade como enunciado performático que acaba escondendo os motivos da decisão na consciência do intérprete. Considerando isso, fica fácil, também, perceber a substituição do princípio da proporcionalidade pelo princípio da razoabilidade, já que ambos, nas decisões, cumprem a suprareferida função performática. Ou pior, o emprego desse recurso à proporcionalidade institucionalizaria a violência simbólica retórica do STF, fazendo com que a legitimidade das suas decisões valesse muito mais pelo seu argumento de autoridade do que pela autoridade do argumento. [...] Não se pode esquecer que a dogmática jurídica brasileira contribui ao uso indiscriminado do princípio da proporcionalidade e sopesamento pelo STF e outros tribunais brasileiros. Falta à dogmática, por exemplo, a própria discussão da consolidação do princípio da proporcionalidade para além de um método de sopesamento de princípios jurídicos. Também não existem maiores estudos quanto à compreensão sobre a diferença entre bens, interesses, valores e princípios jurídicos, admite-se a simples equiparação entre essas categorias" (MORAIS, 2016: 250-251).

"proporcionalidade" consagrou um dogmatismo peculiar, no qual a mera referência a tais máximas, por si só, é capaz de legitimar qualquer decisão. Isto decorre de uma apropriação inadequada e seletiva dos referenciais teóricos surgidos no pós-guerra[2]. Não é difícil perceber que a complexidade teórica dos modelos de Ronald Dworkin e Robert Alexy, principais referências do debate contemporâneo sobre a distinção entre princípios e regras, não parecem ter sido levados a sério na prática jurisdicional brasileira, antes se prestando ao fortalecimento de práticas incompatíveis com o exercício democrático da jurisdição. A apropriação seletiva das teorias pós-positivistas do direito entre nós acabou trazendo nítida ameaça para a democracia e o equilíbrio dos poderes no Brasil. Daí a fundamental necessidade de uma crítica jurídica adequada à compreensão da complexidade social e dos desafios contemporâneos de reestruturação da dogmática jurídica. Isto passa em grande medida por um esforço de compreensão das transformações no pensamento jurídico desde o final da II Guerra Mundial e seus desdobramentos na institucionalidade brasileira.

O modelo de compreensão do constitucionalismo surgido na Europa em meados do século XX privilegia a ideia de "efetividade constitucional" a partir da reorganização das formas de pensar o direito no contexto dos países recém-saídos de experiências autoritárias/totalitárias, como aconteceu com Alemanha, Itália, Espanha e Portugal. O engendramento do "constitucionalismo da efetividade" (LYNCH, 2017), possibilitou a defesa da dimensão normativa da constituição enquanto verdadeira norma juridicamente vinculante, e não exatamente uma simples declaração ideológica. Na Alemanha, são referências importantes neste processo de compreensão da constituição na dimensão da efetividade, Konrad Hesse em defesa da força normativa da Constituição, Peter Häberle

---

[2] A hipótese pode ser verificada mediante consulta às bases jurisprudenciais publicamente disponibilizadas pelos tribunais brasileiros. Em consulta ao sítio do STF em maio de 2020 encontramos para a expressão "proporcionalidade" 1272 registros em acórdãos e 10 documentos em Repercussão Geral. Para a expressão "razoabilidade" aparecem 1181 registros de documentos em acórdãos e 10 documentos em Repercussão Geral. Para "ponderação", são 383 registros para acórdãos e 6 registros para Repercussão Geral. Claro, é preciso empreender uma pesquisa refinada para chegar definitivamente a esta conclusão, mas o elevado número de registros sugere uma ampla utilização argumentativa das expressões pesquisadas.

(2002) com a ideia de uma sociedade aberta de intérpretes da Constituição, Friedrich Müller com a Metódica Estruturante (2005) e Robert Alexy com os desenvolvimentos da teoria da argumentação jurídica (2017a) e da teoria dos direitos fundamentais (2017b). O "constitucionalismo da efetividade" tem reflexos na Itália com Gustavo Zagrebelsky (1997) e na Península Ibérica com Pablo Lucas Verdú (2004) e José Joaquim Gomes Canotilho (2001). Este debate chega ao Brasil a partir da promulgação da Constituição de 1988, particularmente a partir dos anos 90, com a recepção do referencial da "ponderação" e da "proporcionalidade" de matriz alexyiana. Como resultado, a Constituição é compreendida como ponto de partida para a concretização de todo o ordenamento jurídico, à medida em que suas diretrizes axiológicas estão entranhadas na normatividade infra-constitucional.

II

A normatividade dos princípios, sobre a qual se apoia os discursos em torno da "efetividade constitucional", surge no debate jurídico a partir da crítica ao positivismo clássico especificamente no que se refere à tese da separação entre direito e moral. A reaproximação do debate moral à teoria do direito é tributária de um movimento no sentido de repensar categorias fundamentais para o direito, como a validade, incorporando elementos materiais que viabilizem a superação do formalismo consagrado pelo positivismo kelseniano.

Para Kelsen (1987), norma válida é norma que se encontra em relação de imunização pelas normas superiores do sistema, encabeçada por um dever-ser lógico. Assim, o ordenamento jurídico obedece a uma estruturação hierárquica na qual todas as normas retiram o seu fundamento de validade das normas superiores. No que se refere à interpretação e aplicação do direito, Kelsen entende que a missão do intérprete consiste em preencher uma moldura dada pela ciência. Nesse sentido, a interpretação do direito passa pela vontáde do intérprete, que está para Kelsen limitada unicamente aos constrangimentos da moldura. A formulação kelseniana aponta para a impossibilidade de pensar materialmente a validade no direito, que assim atende majoritariamente a imperativos de ordem formal.

Para Hart (1986), o direito é um sistema de regras. Temos assim as regras primárias e as regras secundárias, sendo estas as regras de reconhecimento. Para Hart, a "textura aberta da linguagem", bem como a eventual falta de norma aplicável ao caso concreto, evidencia, diante da necessidade de decisão por parte do intérprete, uma ampla esfera discricionária. Neste aspecto, Hart não se distancia de Kelsen, para quem o ato de interpretar assemelha-se a um processo de manifestação de vontade, não propriamente de um saber.

O modelo de Dworkin (2002) insurge-se especificamente contra a perspectiva de Hart, propondo que os direitos sejam "levados a sério". Esta perspectiva, dará ensejo, no trabalho de Dworkin, ao improvável "Juiz Hércules", a quem caberá decidir juridicamente a partir dos elementos fornecidos pelo próprio direito.

O debate principiológico contemporâneo tem inspiração nos modelos teóricos de aproximação da filosofia moral à filosofia do direito. No contexto da filosofia moral, Lawrence Kohlberg (1992), ao tratar dos estágios da evolução da consciência moral, apresentou os modelos de moral pré-convencional, convencional e pós-convencional.

Este debate está presente em John Rawls (1997) que influenciará Ronald Dworkin e também em Jürgen Habermas (1998), que influenciará Robert Alexy, principais referências no esforço de requalificação dos princípios no pensamento jurídico contemporâneo.

As distinções tradicionais entre regras e princípios, conhecidas como distinções fracas, levam em consideração elementos quantitativos (mais, menos), a partir de critérios como grau de generalidade, grau de imprecisão e grau de discricionariedade. Sob esta perspectiva, os princípios seriam mais gerais, mais imprecisos e mais suscetíveis à discricionariedade do que as regras, que por sua vez, seriam gerais, menos imprecisas e menos vulneráveis à discricionariedade do intérprete. A experiência, contudo, mostra que é perfeitamente possível existirem regras muito mais imprecisas do que alguns princípios, assim como é possível existirem princípios dotados de elevado grau de precisão. Da mesma forma, a discricionariedade não é privilégio dos princípios. Claro, existem princípios reconhecidamente ambíguos e vagos, comprometendo a sua precisão, mas isto não significa que inexistam regras igualmente vagas e ambíguas, comprometendo por conseguinte a sua precisabilidade. Quanto à generalidade, argumenta-se que os princípios são sempre mais gerais do que as regras, isto é, pretende abranger à totalidade das pessoas. Essa distinção é também problemática, já que existem princípios que são aplicados a grupos específicos de pessoas, não sendo propriamente dotados de generalidade.

A requalificação dos princípios operada por Dworkin (2002) e Alexy (2017b) nas suas respectivas elaborações vai permitir não apenas uma distinção forte entre regras e princípios como espécies normativas, mas também e principalmente a superação do modelo, muito caro à tradição anterior, de enxergar os princípios como uma realidade meta-jurídica, a influenciar permanentemente a aplicação do direito, notadamente diante da eventual lacunosidade do direito e a definição de parâmetros para a sua integração.

Os princípios são assim, expressões de um "dever-ser", ao qual compete ao intérprete o reconhecimento da sua condição de verdadeiras expressões normativas.

No estágio da moral pós-convencional, os princípios apresentam a característica de permitirem a reflexividade e a crítica permanente aos valores reconhecidos individualmente ou grupalmente. Em outras palavras, os princípios são assim, normas de normas, sendo a partir deles que é possível a crítica dos valores, sejam eles individuais ou grupais. A distinção entre valores individuais ou grupais aparece no debate liberalismo versus comunitarismo.

O debate envolvendo liberais e comunitaristas tem como marco fundamental a publicação da primeira edição de "Uma Teoria da Justiça" de John Rawls, em 1971. Para Rawls, a justiça precede o bem, sendo concebida a partir da submissão de uma pluralidade de indivíduos a uma posição original, por ele designada como "véu de ignorância". Debaixo do "véu de ignorância" todos teriam a a incumbência de definir os princípios que orientam a estrutura básica de uma sociedade orientada pela ideia de justiça como equidade. Rawls não desconhece o pluralismo que marca as sociedades contemporâneas. Dado o fato do pluralismo, e as diferentes religiões, crenças concepções de vida, etc., é necessário estabelecer um referencial de justiça que possa ser legitimado por uma práxis de cooperação social. O "véu de ignorância" seria a garantia de que as pessoas não saberiam de antemão o lugar que ocupariam na sociedade futura, ou se seriam brancas ou negras, homens ou mulheres, ricos ou pobres, etc. Nessas condições, todos chegariam racionalmente à mesma conclusão, consagrando os princípios de justiça assim formulados:

a) Todas as pessoas têm igual direito a um projeto inteiramente satisfatório de direitos e liberdades básicas iguais para todos, projeto este compatível com todos os demais; e, nesse projeto, as liberdades políticas, e somente estas, deverão ter seu valor equitativo garantido.

b) As desigualdades sociais e econômicas devem satisfazer dois requisitos: primeiro, devem estar vinculadas a posições e cargos abertos a todos, em condições de igualdade equitativa de oportunidades; e, Segundo, devem representar o maior benefício possível aos membros menos privilegiados da sociedade.

Em franca crítica ao modelo de Rawls, apresenta-se a perspectiva comunitarista, para a qual a fórmula da primazia da justiça sobre o bem sofre inversão. Para os comunitaristas, o bem deve preceder a justiça. A expressão "comunitarista" designa um grupo de autores de língua inglesa - Alasdair MacIntyre (2001), Michael Sandel (1998), Charles Taylor (1994) e Michael Walzer(1983) - que partindo do debate político e moral da década de 70 do século XX, questiona o individualismo e o formalismo presentes na tradição política liberal, notadamente no modelo de Rawls. Os comunitaristas partem do questionamento do ideal do indivíduo universal abstrato capaz de escolher racionalmente em qualquer tempo e lugar o mesmo modelo de organização social. Para os comunitaristas esta seria uma pretensão sem correspondência com a realidade. Assim, para os comunitaristas, qualquer possibilidade de instauração de uma sociedade justa depende necessariamente da observação das tradições partilhadas pela comunidade e pela história comum dos indivíduos. Sob esta perspectiva cada grupo humano tem seus próprios referencias do que seja o bem comum e a justiça, e por isso os pactos que fundam uma sociedade são únicos, impossíveis de serem repetidos.

Apesar de muitas vezes os princípios serem tratados como valores, há uma diferença entre as duas noções, já que os princípios são pragmaticamente universalizáveis, enquanto os valores não estão submetidos a esta possibilidade, antes podendo, em uma sociedade plural, ser francamente questionados e amplamente criticados. Assim, sejam os valores individuais (em uma perspectiva liberal), ou grupais (em uma perspectiva comunitarista), em uma sociedade orientada por uma pós-convencionalidade moral, estão os valores permanentemente abertos à possibilidade de crítica.

III

Em Dworkin (2002), regras e princípios são espécies normativas distintas, possuindo estrutura lógica própria. Para Hart o ordenamento jurídico é um simples sistema de regras, articulado em torno de regras de conduta e regras de reconhecimento. Hart pontua que diante da "textura aberta da linguagem", é possível o amplo exercício de faculdades discricionárias, podendo o intérprete decidir de várias formas possíveis. Do mesmo modo, em determinadas circunstâncias, inexistem regras regulando o caso concreto, permitindo ao intérprete a livre criação do direito.

Para Dworkin (2002), o sistema jurídico não pode ser construído com ênfase na discricionariedade. Para ele, uma boa interpretação decorre da interpretação moral das normas adotadas por uma comunidade. Observando as decisões da Suprema Corte dos Estados Unidos da América, Dworkin percebe a frequente referência a princípios abstratos e generalizantes, muitos se assemelhando a princípios morais, subvertendo a integridade do direito e relegando o debate propriamente jurídico a um plano secundário.

O reconhecimento de espécies normativas distintas em Dworkin (2002), as regras e os principios, é reveladora de uma preocupação analítica abrangente, reconstruindo o pensamento jurídico em bases distintas daquelas operadas pela lógica positivista até então em voga. Assim, enquanto as regras submetem-se ao jogo do tudo-ou-nada, os princípios são articulados na dimensão do "peso". Para Dworkin, as regras operam pela lógica condicional (se/então). Sempre que o suporte fático seja verificado, gera a consequente incidência da norma. Para Dworkin é possível enumerar nas regras, todas as exceções à aplicação de uma norma. Já os princípios obedecem a uma lógica distinta. Principios operam na dimensão do peso ou da importância. Isto significa que os princípios não estão submetidos ao padrão validade/invalidade. Mesmo que eventualmente não sejam prestigiados em um determinado contexto decisório, os princípios permanecem válidos, podendo ser aplicados em outras circunstâncias concretas. Assim, para Dworkin, principios não são exceções a outros principios. As exceções à aplicação dos princípios, ao contrário do que acontece com as regras, não são enumeráveis.

Por expressarem valores, os princípios não conduzem a uma decisão única. A aproximação entre direito e moral é viabilizada assim através dos princípios, e a qualificação da argumentação jurídica passa por uma interpretação moral das regras em um determinado contexto social.

Avançando nesta perspectiva, Robert Alexy (2017b) constrói um modelo de articulação entre regras e princípios que, apesar de suas especificidades, em grande medida dialoga com o modelo de Dworkin (2002). Em Alexy (2017b), as regras são "razões definitivas" enquanto os princípios são "mandados de otimização". Os princípios enquanto "mandados prima facie" podem ser satisfeitos em graus diferentes, dependendo das circusntâncias fáticas e jurídicas do caso concreto. Para Alexy, os princípios são parâmetros axiológicos para o enfrentamento do dissenso. Já as regras, como mandados de definição, possuem ordenação certa e não podem ser parcialmente satisfeitas. Ou são, ou não são. A solução de conflitos entre regras é resolvido ou através da aplicação de uma regra de exceção, ou no plano da validade, com a aplicação de critérios de compatibilização no plano vertical e horizontal (*lex superior derogat inferior, lex posterior derogat priori, lex specialis, derogat generali*, respectivamente critérios hierárquico, cronológico e da especialidade). Ao contrário de Dworkin, para quem todas as exceções a uma regra podem ser conhecidas de antemão, Alexy considera isto impossível, já que muitas cicusntâncias fáticas não são previstas pelo legislador. No que se refere à colisão de princípios, Alexy lança mão da noção de "relação de precedência" (que não é absoluto, antes dependendo das circunstâncias). Assim, não são aplicáveis cláusulas de exceção e nem é declarada a invalidade de um princípio.

IV

A proposta de reconstrução da dogmática jurídica em Marcelo Neves (2013) emerge a partir de uma rearticulação entre regras e princípios, estabelecendo entre as duas espécies normativas uma relação circular, de recíproca implicação, atendendo ao paradoxo da ideia luhmanniana de justiça como fórmula de contingência do direito. Para Neves, regras e princípios guardam relação de circularidade e recíproca implicação e por isso, não há hierarquia entre regras e princípios. Pretende com isso afastar o modelo de incorporação dos princípios ao universo jurídico nacional que promoveu um superdimensionamento dos princípios em detrimento das regras   que acabou permitindo a ampliação da incerteza e da insegurança jurídica no processo de concretização do direito, comprometendo a consistência interna do sistema jurídico. Neves chama a atenção para a relevância das regras, vetor através do qual os casos são solucionados no Estado Democrático de Direito. Lançando mão de figuras mitológicas, Compara Neves os princípios à Hidra de Lerna, policéfala e indomável, em uma alusão ao caráter de flexibilização do direito proporcionado pelos princípios. Nesse sentido, os princípios atuam contribuindo para o enriquecimento do processo argumentativo, figurando nas palavras de Neves como um "estímulo à construção de argumentos que possam servir a soluções satisfatórias de casos, sem que estas se reduzam a opções discricionárias". Já as regras são Hercúleas e funcionam no plano da "domesticação" dos princípios, proporcionando o fechamento da cadeia argumentativa e viabilizando a decisão. Se por um lado as regras dependem dos princípios para o seu direcionamento, estes, os princípios, só alcançam significação prática na medida em que encontrem correspondência nas regras que os densifiquem.

Na metáfora utilizada por Neves, a função do intérprete do direito afasta-se tanto de Hidra como de Hércules. O modelo adequado para a superação do paradoxo do relacionamento envolvendo regras e princípios tem na figura de Iolau, sobrinho de Hércules, a sua melhor expressão. Percebendo que a cada corte a cabeça da Hidra se regenerava, Hércules pede que Iolau o ajude na cauterização das cabeças decepadas, impedindo a sua regeneração. A representação de Iolau enquanto intérprete do direito traduz a ideia segundo a qual regras e princípios não convivem em harmonia, antes existindo uma tensão inerente à relação entre as duas espécies normativas. Enquanto os princípios abrem múltiplas possibilidades argumentativas, em atenção ao pluralismo ético e às diferentes formas de concepção do bem, as regras atuam como âncoras, direcionando a cadeia argumentativa e conduzindo à decisão. O princípio transforma assim a complexidade desestruturada em complexidade estruturável, viabilizando a decisão jurídica e a estruturação do pluralismo social. A relação entre regras e princípios contudo, é sempre paradoxal, envolvendo a articulação entre consistência interna, proporcionada pelas regras, com a adequação social, proporcionada pelos princípios.

A partir do paradoxo da consistência interna versus adequação social, e na perspectiva da reconstrução da dogmática jurídica brasileira, podemos pensar em uma agenda de pesquisa para o futuro, articulando diferentes elementos da práxis jurídica nacional. Nesse contexto, importa sumariar os elementos que devam ser considerados para o enfrentamento do paradoxo da justiça como fórmula de contingência.

Pelo lado da consistência interna de afirmação das regras, uma pauta de estudos emergente precisa considerar a perspectiva da fundamentação das decisões, bem como a cultura dos precedentes, francamente desprestigiada no Brasil. Da mesma forma, os estudos envolvendo as relações entre legislativo e judiciário, no contexto dos diálogos institucionais, destinados à definição do lugar das comunicações jurídicas no que se refere à distinção entre os sistemas jurídico e político.

De outro lado, a abertura cognitiva do sistema jurídico no contexto de uma leitura principiológica do direito deve permanecer atenta ao debate social, traduzido especialmente pela opinião pública, pelos movimentos sociais e pela mídia.

A contribuição de Marcelo Neves evidencia um amplo campo de possibilidades para a reconstrução da dogmática jurídica, fragmentada em voluntarismos. Dada a específica experiência brasileira das últimas décadas, o esforço de Neves oferece parâmetros importantes para refletirmos sobre o relacionamento entre regras e princípios no contexto da dupla dimensão da consistência interna e da adequação social do direito.

Referências

ALEXY, Robert. **Teoria da Argumentação Jurídica – A Teoria do Discurso Racional como Teoria da Fundamentação Jurídica**. São Paulo: Saraiva, 2017a

ALEXY, Robert. **Teoria dos Direitos Fundamentais**. São Paulo: Saraiva, 2017b

CANOTILHO, José Joaquim Gomes Canotilho. **Constituição Dirigente e Vinculação do Legislador – Contributo para a Compreensão das Normas Constitucionais Programáticas.** Coimbra: Coimbra Editora, 2001

DWORKIN, Ronald. **Levando os Direitos a Sério**. São Paulo:

Martins Fontes, 2002.

HÄBERLE, Peter. **Hermenêutica Constitucional: a sociedade aberta dos intérpretes da Constituição: contribuição para a interpretação pluralista e 'procedimental' da Constituição**. Sergio Antonio Fabris Editor: Porto Alegre, 2002.

HABERMAS, Jurgen. Facticidad y Validez. Madrid: Trotta, 1998.

HART, Herbert L. A. O Conceito de Direito. Lisboa: Calouste Goulbenkian, 1986.

HESSE, Konrad. **A Força Normativa da Constituição**. Porto Alegre: Sergio Antônio Fabris Editor, 1991.

KELSEN, Hans. **Teoria Pura do Direito**. São Paulo: Martins Fontes,1987

KOHLBERG, Lawrence. **Psicologia del Desarrollo Moral**. Bilbao: Editorial Desclée de Brower. S.A, 1992.

LYNCH, Christian Edward Cyril. Por uma História Constitucional Brasileira: uma crítica pontual à doutrina da efetividade. in: **Revista Direito e Práxis**. Vol 8. N2. Rio de Janeiro, 2017. P. 974-1007.

MACINTYRE, Alasdair. **Depois da Virtude**. Bauru: EDUSC, 2001.

MORAIS, Fausto Santos de. **Ponderação e Arbitrariedade: A Inadequada Recepção de Alexy pelo STF**. Salvador: Editora Juspodivm, 2016.

MÜLLER, Friedrich. *Métodos de Trabalho de Direito Constitucional*, 3ª ed., Rio de Janeiro: Renovar, 2005.

NEVES, Marcelo. Entre Hidra e Hércules-Princípios e Regras Constitucionais. São Paulo: Martins Fontes, 2013.

RAWLS, John. **Uma Teoria da Justiça**. São Paulo: Martins Fontes, 1997.

SANDEL, Michael J. **Liberalism and the Limits of Justice**. Cambridge: Cambridge University Press, 1998.

TAYLOR, Charles. "The Politics of Recognition" in: **Multiculturalism**. Princeton: Princeton University Press, 1994.

VERDÚ, Pablo Lucas. **O sentimento constitucional: aproximação ao estudo do sentir constitucional como modo de integração política**. Rio de Janeiro: Forense, 2004.

WALZER, Michael (1983). **Spheres of Justice**. s/c: Basic Books.

ZAGREBELSKY, Gustavo. **El Derecho dúctil**, Madrid: Editorial Trotta, 1997.

O constitucionalismo visto da periferia: um olhar sobre a contribuição de Marcelo Neves

ALEXANDRE DOUGLAS ZAIDAN DE CARVALHO·

Introdução

Passados vinte e seis anos da publicação original em alemão, a tese de doutorado de Marcelo Neves foi traduzida e publicada em língua portuguesa. A opção do autor em manter a redação original e o prefácio da edição alemã escrito por Niklas Luhmann, mesmo diante de tantas mudanças de cenário da sociedade mundial e do constitucionalismo no Brasil, foi acompanhada de um posfácio em que Neves passa em revista o próprio argumento da tese em consideração às críticas recebidas e às mudanças no panorama teórico e prático do constitucionalismo, além da presente crise constitucional no país.

A oportuna publicação da obra em português ocorre num momento particularmente interessante do contexto jurídico-político brasileiro, que tem testado a consistência do modelo constitucional de 1988 frente à crise econômica e consequente instabilidade política, mobilizando conceitos fundamentais para a compreensão mais ampla dos *ciclos de desconstitucionalização* que marcam a história constitucional do Brasil. A própria distinção clássica entre constituições normativas, nominalistas e semânticas de Karl Loewenstein[1], a que Neves submete à revisão, para sugerir o conceito de constituição instrumentalista enquanto sujeição do direito ao domínio ocasional dos detentores do poder político, parece ganhar sentido se avaliada a realidade constitucional no Brasil

---

· Doutor em Direito, Estado e Constituição (UnB), pesquisador em estágio pós-doutoral na Universidade de Barcelona e professor da Universidade Católica do Salvador. e-mail: douglas.zaidan@pro.ucsal.br

[1] Cf. Loewenstein, 1979, p. 216-222.

dos últimos cinco anos.

A interdisciplinaridade entre a sociologia jurídica e a teoria constitucional que marca a pesquisa e a trajetória acadêmica do autor são manejados no livro de forma a questionar os limites dos conceitos de constituição e positividade do direito na teoria sistêmica alinhada ao pensamento luhmanniano, a partir de uma percepção empiricamente fundada na observação das condições do desenvolvimento constitucional na chamada modernidade periférica, especialmente no Brasil. Essa talvez seja a principal característica inovadora da tese de Neves, cuja originalidade repercutiu no próprio reposicionamento da teoria dos sistemas de matriz luhmanniana frente aos problemas de inclusão e diferenciação funcional da sociedade mundial[2]. A perspectiva da tese aponta para os problemas da recepção irrefletida de ideias e instituições jurídicas do "centro" pela "periferia" do capitalismo no Ocidente e identifica na profunda desigualdade entre os grupos sociais (os *sobreintegrados* e os *subintegrados*) da modernidade periférica o núcleo da insuficiente autonomia do direito e sua "exploração" pela política (p. 150).

A principal hipótese original do livro está na apresentação de uma teoria constitucional apta a desenvolver categorias adequadas para descrever os sistemas constitucionais da modernidade periférica. Seguindo esse propósito, Neves aponta tanto para os limites teóricos e empíricos da teoria dos sistemas, quanto para o *déficit* explicativo da tradicional classificação das Constituições de Karl Loewenstein, ambas insuficientes ao alcance do conceito de Constituição nas experiências jurídicas dos países marcados pela "descolonização formal" sem soberania ou independência nacional nos termos da modernidade central, da qual derivam os problemas da discrepância entre modelos constitucionais democráticos textuais copiados do centro e a condições estruturais de sua realização na periferia (nominalismo); e o uso instrumental da forma constitucional por regimes autoritários a serviço dos donos do poder e do dinheiro (instrumentalismo) que fomentam a integração periférica desses países no plano da sociedade mundial.

O uso de conceitos altamente abstratos da teoria social na construção do argumento da tese ganha maior alcance explicativo quando apresentados por Neves sob uma reflexão filtrada

---

[2] A esse respeito v. Luhmann, 2013 e Ribeiro, 2013.

empiricamente pela repercussão dos efeitos sociais das ideias ativadas (p. 13). Essa é a razão pela qual o autor aponta as suas restrições à "racionalidade normativa" e privilegia o "agir racional-com-respeito-a-fins" do modelo habermasiano, quanto ao fundamento da legitimação do direito na modernidade, e acolhe a *supercomplexidade* e a *abertura ao futuro* que caracterizam o modelo da diferenciação sistêmica de Luhmann[3]. Mas, assim o faz para, em seguida, apresentar os seus limites, a partir das insuficiências do próprio modelo em contextos ainda mais complexos. Distinção feita a partir da observação da insuficiente capacidade operativa e funcional de processamento das estruturas latentes da realidade social. Situação que a teoria sistêmica vem a chamar de *complexidade desestruturada*[4].

A positividade do direito e o conceito de Constituição

A análise de Neves parte da consideração dos pressupostos (político e econômico) que configuram a *positividade do direito* segundo o panorama teórico sistêmico (p. 23), que caracteriza na evolução do direito a sua positividade, típica da complexa sociedade moderna, definindo a *decidibilidade* e a *alterabilidade* como seus principais traços. O direito se reproduz a partir de sequências que intercalam a *distinção* entre a *abertura cognitiva* ao ambiente e o *fechamento normativo* orientados pelo código lícito/ilícito. Assim, o direito é produzido de acordo com os elementos referenciais que cria para si mesmo. As normas jurídicas se estabilizam contrafactualmente como expectativas de comportamento, enquanto cumprem uma função de generalização congruente dessas mesmas expectativas.

Ao designar a *estabilidade* e as *expectativas* como elementos

---

[3] Vale aqui registrar a complexidade em que se insere o termo *modernidade* na obra de Luhmann, que não nega a existência de um *projeto de modernidade* caracterizado especialmente por uma semântica desenvolvida na Europa nos séculos XVIII e XIX, mas que desloca a sua observação a partir de uma autodescrição em dimensão temporal, segundo estruturas da própria evolução social. Cf. Luhmann, 2007, p.325 ss e 905.

[4] O que, segundo o autor, "...não implica o caso de uma indeterminabilidade absoluta (...) [t]rata-se, antes, da relativa incapacidade dos sistemas sociais de estruturar a complexidade determinável de seus respectivos ambientes." Cf. Neves, 2018, p. 107.

fundantes do conceito de direito, a teoria sistêmica rompe com as perspectivas mais tradicionais do positivismo e assume que a própria normatividade do direito é também uma questão fática. Tal abordagem leva Neves afirmar que a própria validade do direito depende de um certo grau de eficácia jurídica (p. 25). Essa é uma variável-chave no argumento central da tese que permite ao autor identificar a fragilidade e mesmo a *falta de autonomia do direito* no Brasil ao distinguir as diversas experiências constitucionais nominalistas e instrumentalistas no país.

Como na perspectiva luhmanniana, adotada na tese, a vigência (plano do vivenciar) e a eficácia (plano do agir) jurídicas não podem ser diretamente determinadas pela economia ou pela política. A avaliação sobre o que é o direito precisa passar pelos critérios internos do sistema jurídico. A partir da dissolução de um fundamento ético comum conservado pela tradição como justificação da autoridade, o funcionamento autônomo do direito na modernidade passou a demandar a realização de duas condicionantes. A primeira delas é a *democracia*, enquanto mecanismo descarregante e absorvedor de conflitos sociais através de procedimentos eleitorais. A segunda condição é a *não subordinação à economia*, ou seja, a prevalência da autorregulação das esferas jurídica e econômica diferenciadas. Desse modo, seria possível ao sistema do direito cumprir a sua função estabilizadora potencializando sua capacidade de aprendizado (p. 41), por meio da combinação entre fechamento e abertura segundo as possibilidades contingentes geradas pelo ganho de complexidade social. Articulação que, por sua vez, incrementaria a decidibilidade e a alterabilidade típicas da positividade do direito moderno.

Afastando-se tanto da teoria da modernização quanto da teoria do desenvolvimento (p. 100 ss), Neves questiona a capacidade explicativa da teoria sistêmica luhmanniana para descrever o direito e a Constituição na *modernidade periférica* em razão da insuficiente positividade do direito nos países que a compõem (p. 65 e 74). Adotando a opção metodológica da distinção "centro/periferia" ao tratar da sociedade mundial (p. 102), a tese pressupõe que na sociedade moderna altamente complexa a ausência de uma Constituição funcionalmente diferenciada resulta na instrumentalização do direito pela política e pela economia, bloqueando igualmente a positividade do direito. No ponto, a opção de Neves acolhe expressamente (p. 105) o argumento de que na atual sociedade mundial orientada primariamente pela economia, o direito e a política permanecem sujeitos a uma diferenciação de tipo segmentária nos níveis regional e local, de acordo com a heterogeneidade estrutural da sociedade. De tal situação, resulta a distinta capacidade sistêmica entre os países do centro e da periferia em processar a complexidade dos conflitos que demandam a estabilização de expectativas ou respostas coletivamente vinculantes.

Assim, decidibilidade e alterabilidade se subordinariam a fatores externos ao próprio direito, sujeitando os *direitos fundamentais*, a *divisão de poderes* e as *eleições políticas* à desdiferenciação provocada pela intervenção do *poder político* e do *dinheiro* (p. 70 ss). Para construir o argumento que afirma severos limites à autonomia do direito na periferia do capitalismo, Neves busca apoio conceitual em categorias da própria teoria do sistema de Luhmann, a *função* e a *prestação* do direito para analisar a relação entre o *texto* e a *realidade* constitucional. Então, o autor pergunta: "Que significado a Constituição (moderna) tem para a positividade do direito? Que função social cumpre o direito constitucional positivo?" (p. 66).

Considerando os aspectos semânticos e pragmáticos do processo de concretização do direito, que invariavelmente expõem o caráter ambíguo e vago da linguagem constitucional, o livro aponta com precisão que a supremacia hierárquica da Constituição tem de ser relativizada na dimensão semântico-pragmática. Isso porque, "embora o texto constitucional atue como metalinguagem em relação à 'concretização constitucional', as decisões interpretativas da Constituição representam metalinguagem no que concerne ao texto constitucional (linguagem-objeto)" (p. 80). Essa nota do pensamento de Neves também assume um caráter central para o argumento da tese ao expor como a distinção "texto constitucional/realidade constitucional" está sujeita às disputas interpretativas que podem ser observadas pelas mais diversas expectativas normativas ou visões de mundo.

Logo, a própria definição do sentido das normas constitucionais precisa ser observada e descrita a partir de uma visão mais complexa em suas dimensões social, material e temporal[5]. É ainda a partir da distinção "texto/realidade" que Neves aponta para o hipertrófico

---

[5] Para a distinção entre essas dimensões na teoria dos sistemas, ver Luhmann, 2011, p. 244 ss.

emprego da legislação simbólica (p. 82 ss), e assim constrói o argumento de que também a função normativa do texto constitucional sofre um *déficit* reflexivo na modernidade periférica. O argumento confirma um sintoma da insuficiente autodeterminação do direito[6] ou de assimetrização externa do sistema jurídico no plano da orientação normativa (p. 113), que atinge o subsistema da Constituição por meio da alternância entre o *nominalismo* constitucional e o *instrumentalismo* constitucional (p. 124 ss).

O direito e política entre sobreintegrados e subintegrados

Ponto importante da análise empreendida sobre a história constitucional do Brasil é a rejeição à identificação de uma "pureza conceitual" na alternância entre constituições nominalistas e instrumentalistas (p. 161). O autor nega a tentação, comum entre os juristas, de associar um texto constitucional específico a um modelo de normatividade descrito pela dogmática como típico. Antes procura avaliar quais características se sobressaem de cada experiência constitucional inaugurada por seus respectivos textos. Para tanto, Neves se esforça em observar os usos dos textos constitucionais no Brasil e as dificuldades estruturais à positivação do direito utilizando três critérios oferecidos pela teoria sistêmica (p. 163): a *função*, a *prestação* e a *reflexão*, de modo que, para o autor, a conjugação simultânea desses três critérios é tomada como pressuposto para a autodeterminação do direito (p. 166).

Contudo, o foco na experiência brasileira para afirmar a existência de rígidos limites à extensão da autopoiese do direito em termos luhmannianos não é alimentado pelas tradicionais

---

[6] Nas palavras do autor: "A Constituição não atua como subsistema internamente diferenciado de um sistema jurídico autodeterminado. Como não existem as precondições para isso, a normatividade do texto constitucional não é suficiente para garantir a reprodução autopoiética dos elementos sistêmicos. O sistema jurídico é, antes de tudo, bloqueado ou alopoieticamente determinado, porque a normatividade constitucional falha: o texto constitucional tem, primariamente, função político-ideológica. Há uma discrepância tão profunda entre legiferação constitucional e aplicação ou observância constitucional que a 'Constituição nominalista' não funciona satisfatoriamente nem como controle de comportamento nem como *garantia de expectativa*" Cf. Neves, 2018, p. 93.

explicações antropológico-culturalistas que se consolidaram a partir das obras dos chamados "intérpretes do Brasil"[7]. Uma leitura que aponta na obra de Neves traços conservadores e eurocentristas comumente indicados também na teoria dos sistemas de Luhmann[8]. E embora o trabalho de Neves não seja declaradamente filiado à teoria pós-colonial[9], a tese traz elementos muito próximos à leitura pós-colonial da história das instituições no país, aproximando-os à conjuntura de *exclusão* e *desigualdade* para em seguida criticar a própria noção do primado da diferenciação funcional como preferência por inclusão e o funcionamento autopoiético dos sistemas sociais no paradigma luhmanniano[10].

Essas evidências estão presentes, por exemplo, quando o autor critica a teoria da modernização (p. 100 e 212), e indica que a adoção do constitucionalismo liberal na periferia do capitalismo importou numa *descolonização formal* e não foi seguida da independência ou soberania nacionais "no sentido dos países centrais" (p. 125); afirma as raízes coloniais do coronelismo e das relações de parentela (p. 250)

---

[7] Para uma explicação do próprio Neves sobre o seu distanciamento dessa perspectiva v. Neves, 2015a, pp. 5-27, onde o autor elabora uma resposta à leitura de Souza, 2013, que aproxima a obra de Neves e a própria teoria sistêmica de Luhmann a uma leitura culturalista e conservadora da reprodução social no Brasil.

[8] Nesse sentido, as leituras recentes de Souza, 2013, em linha oposta à identificada anteriormente em Souza, 2000, p. 196 e 268; e Gonçalves, 2013.

[9] Para um registro da diferença entre o pensamento de Neves e o pós-colonialismo v. Dantas, 2016, p. 15. Sem desprezar as diversas leituras que o conceito de pós-colonialismo adquire nas ciências sociais, aqui essa corrente é designada a partir do pensamento social latino-americano desenvolvido por Walter Mignolo. Para uma comparação entre as perspectivas de Mignolo e Souza v. Ferreira & Simim, 2017, pp. 79-93.

[10] Nesse sentido, Maria Eduarda Dantas: "Nossa leitura, todavia, percebe em Neves, justamente, o movimento contrário: ele fundamenta-se no fato empírico da exclusão e da desigualdade periféricas para, a partir daí, sustentar a inadequação do primado da diferenciação funcional como forma de descrever a modernidade nas margens da sociedade mundial. O objeto de sua crítica, repetimos, não é o pretenso "atraso" da periferia, mas, sim, o próprio Niklas Luhmann e a provincianidade empírica de sua sociologia da modernidade; o "problema" das sociedades periféricas não é a alopoiese por si – o conceito de alopoiese é, antes, uma forma de descrever a condição periférica –, mas, sim, as formas de reprodução estrutural da exclusão social." Cf. Dantas, 2016, p. 19.

como prática tradicional, mas avalia a insuficiente autonomia da política e do direito como *subordinação ao código da economia* (ter/não ter); aponta que o fracasso da transposição da forma constitucional do centro para a periferia é evidenciado a partir da *heterogeneidade estrutural* e a *marginalização das massas* que marcam primariamente a desigualdade econômica e "não em virtude da presença de padrões tradicionais de comportamento" (p. 131, 218, 258, 275); observa que as distorções da institucionalização dos direitos fundamentais, divisão dos poderes e das eleições políticas respondem a "fórmulas de reconciliação" mais amplas que têm o objetivo de *manter ou ampliar privilégios dos grupos sobreintegrados* que podem dispor da Constituição (p. 134, 220, 255, 274, 278), o que alimenta uma relação parasitária entre o direito e a política; registra *a prática intervencionista dos Estados Unidos* sobre o processo político no Brasil como instrumento da manutenção do *status quo* da constelação de poderes, da divisão internacional do trabalho e da economia entre o centro e a periferia (p. 197 e 256); e a própria identificação da *modernização periférica como integração subordinada* do país na sociedade mundial (p. 105).

Mas talvez a principal evidência presente na construção do argumento de Neves que o afasta do paradigma culturalista de descrição da sociabilidade e da reprodução do direito e da política no Brasil esteja na sua explícita crítica à deslocada apropriação da tese weberiana do *patriomonialismo* por parte da narrativa das ciências sociais no país, em especial da tese de Raymundo Faoro. A respeito desse ponto, vale reproduzir trecho da argumentação do próprio Neves:

> "Levando em conta o modelo da colonização portuguesa, esse fenômeno no Brasil [referindo-se à particularização da administração pública] é considerado normalmente expressão da persistência de determinações tradicionais sobre a ação. Nesse sentido, fala-se de precedência da 'ordem privada' sobre a 'organização política nacional' [citando Faoro] ou, com base em Weber, de 'patrimonialismo'. Embora tais fenômenos, que se estendem desde a época colonial, passando pelo Império, até a República, possam ser interpretados como resquício tradicional obstrutor da modernização, essa arraigada concepção perdeu significado no decorrer do processo histórico, especialmente no que diz respeito à rápida e periférica industrialização e à urbanização das três últimas décadas, mediante as quais ocorreu um forte aumento da complexidade da sociedade. Por outro lado, trata-se aqui, como dantes, de estruturas sociais de um país cada vez mais integrado

funcionalmente na sociedade mundial (moderna), de modo que deveria ser atribuído outro significado à expressão 'patrimonialismo'" (Neves, 2018, p. 258)

Em sentido contrário à descrição dos autores[11] que integram as correntes mais expressivas da sociologia no país durante o século XX - focadas da reprodução das relações entre o público e privado como práticas tradicionais do "patrimonialismo", a resposta de Neves para o problema da particularização da Administração Pública no Brasil aponta para as categorias de sobreintegração e subintegração. É da manutenção da exclusão dos subintegrados que se alimenta a estrutura de privilégios de que gozam os sobreintegrados, o que por sua vez retroalimenta um círculo vicioso de instrumentalização do direito pela política, e de cooptação da política por grupos econômicos que se beneficiam dos frágeis mecanismos de legitimação do Estado Democrático de Direito. Nas palavras do autor:

> "Vista de 'baixo', a 'particularização' extralegal ou ilegal da administração pública brasileira depende da miséria de amplos setores da população, que não podem esperar como beneficiários 'abstratos' e 'impessoais' de decisões. Da perspectiva dos 'sobreintegrados', a administração pública, por meio da distribuição de vantagens privilegiadas (cargos, subvenções etc.), é empregada diretamente como compensação para a fragilidade da reprodução dependente da economia no país. Além disso, a manipulação da administração mediante a distribuição de privilégios para os membros dos estratos superiores e 'auxílios' para os subintegrados atua como mecanismo de legitimação, uma vez que não se afirma a generalização do apoio político por meio da circulação de política, administração e público (legitimação democrática)."[12]

É nesse sentido que a obra de Neves afasta-se sobremaneira do que Souza (2013) denominou de "culturalismo cibernético". Aliás, a indicação da desigualdade estrutural, que é constitutiva da relação entre sobreintegrados e subintegrados, e o seu reflexo no desempenho hipertrófico da função simbólica da constituição apresenta-se em diversos textos e distintos momentos da trajetória de Neves (1994, p. 153 ss; 1994, pp. 253-276; 1995, p. 21-23 e 1996,

---

[11] Buarque de Holanda, 2013 [1936], p. 145-146 e Faoro, 1977 [1958], p. 733 ss.

[12] Neves, 2018, p. 259.

pp. 321-330), inclusive na articulação de crítica à concepções sobre a positividade da reprodução do direito de Luhmann e Teubner (Neves, 2004, p. 160-161 e 168), e ainda em resposta ao próprio Souza (Neves, 2015a, nota de rodapé n. 6 e no posfácio da obra aqui analisada: Neves, 2018, p. 378-389).

É a partir do argumento da profunda desigualdade de direitos e deveres entre sobreintegrados e subintegrados que Neves apresenta rigorosos limites à tese luhmanniana da autonomia do direito na sociedade mundial. No mesmo sentido, em atenção à experiência constitucional brasileira, também aponta para a impossibilidade do cumprimento da prestação que o sistema social demanda do direito. E o faz trazendo exemplos das disfunções do sistema jurídico para a solução de conflitos através do procedimento judicial (p. 233-239) e da manutenção da exclusão dos grupos subintegrados pela instrumentalização do direito (p. 239-244).

Pensando o direito e a Constituição desde a periferia da sociedade mundial

A insuficiência da prestação específica do direito à política é tratada na obra em observação aos diversos problemas da regulação jurídica do procedimento eleitoral (p. 247-257); da particularização da administração pública pela sua hiperpolitização - com a qual se articulam os corporativismos mais diversos (p. 257-260); da sobreposição expansiva do Executivo que impede uma configuração funcional da divisão de poderes (p. 260-262), e, por fim, o argumento mais abrangente da desarticulada interpenetração entre o direito e política, refletindo-se na consideração de que "a política (em sentido amplo) desenvolve-se amplamente sem consideração pelo seu ambiente jurídico, e isso não somente durante ditaduras; o sistema jurídico, por seu lado, não observa adequadamente seu ambiente político" (p. 263). Para o autor, tal quadro impediria a tensão constitutiva entre os sistemas político e jurídico, destruindo as chances de aprendizado social que a experiência constitucional poderia proporcionar.

Essas deficiências de função e prestação do sistema jurídico no Brasil são retomadas por Neves no último capítulo da tese, em que o autor se propõe a avaliar em nível mais abstrato a relação entre a Constituição e o sistema jurídico no país, tomando em conta três categorias da teoria sistêmica: a *autorreferência de base*, a *reflexividade* e a *reflexão* (p. 265). Se é certo o parâmetro da positividade do direito é central para as possibilidades de sua reflexão na teoria sistêmica[13], também o é a afirmação de distintos graus sobre os quais o direito avalia a si mesmo e o cumprimento de sua função no sistema social.

É no campo das contingências específicas de observação do direito sobre si - a partir da teoria sistêmica, mas também contra o diagnóstico de Luhmann, que se move a construção do pensamento de Neves ao descrever a estrutura sobre a qual operam a Constituição e o direito no Brasil. O autor toma em consideração o argumento de Luhmann de que, no direito, a autorreferência elementar ou de base implica na produção e reprodução da comunicação jurídica exclusivamente sob o código lícito/ilícito. Assim, a legalidade assume caráter constitutivo da redundância funcional, capaz de afirmar a consistência da autonomia do direito frente à elevada variação do ambiente (p. 268). Porém, não se trata aqui da legalidade no sentido mais tradicional do positivismo, mas dinâmica observada na "circularidade entre legiferação e concretização jurídica" (p. 270), e cuja generalização implica a *inclusão* de toda a população no âmbito do próprio sistema jurídico – exigindo a "institucionalização dos mecanismos constitucionais característicos do Estado de bem-estar" (p. 271), como compreende Luhmann[14].

Para Neves, no entanto, no caso brasileiro a *autorreferência de base* no direito é bloqueada pelos ciclos de desconstitucionalização que alternam *nominalismo* e *instrumentalismo* constitucionais e, assim, submetem o sistema jurídico a subsequentes rompimentos de legalidade. Esse fenômeno estaria presente tanto na constante intervenção da política no direito, que transforma em retórica vazia os princípios constitucionais, quanto na moralização circunstancial da comunicação jurídica, que se serve de formas mistas de autoritarismo e particularismo de setores privilegiados como mecanismo de manutenção da exclusão. Logo, o que se observa, na expressão de Neves, não é "a persistência de modelos tradicionais de conduta" (p. 275), mas um vácuo de sentido sobre a legalidade, já que a exclusão da massa de subintegrados impediria a formação de

---

[13] Expressamente nesse sentido: Luhmann, 2007, p. 773.

[14] Ou seja, como "incorporação da população global às prestações dos distintos sistemas funcionais da sociedade" Cf. Luhmann, 1993, p. 47.

um horizonte comum sobre o agir e o vivenciar das formas jurídicas[15].

Sobre a *reflexividade*, que significa a referência de um processo a si mesmo em nível sistêmico mediante o mesmo código binário, Neves considera que a Constituição desempenha uma função específica. Isso porque ao estabelecer a hierarquia normativa, a organização dos poderes e o processo legislativo, inclusive de sua própria reforma, a Constituição se compreenderia como a "instância reflexiva mais abrangente do direito positivo" (p. 281) e a *constitucionalidade* como manifestação central da reflexividade do sistema jurídico. No ponto, a tese extrai da experiência constitucional no Brasil alguns exemplos da interferência do Executivo sobre a normatização e instituições incumbidas do controle de constitucionalidade (p. 285-296) e, reafirmando as insuficiências da função e da prestação do direito em tal quadro, conclui que a generalização do código 'lícito/ilícito' é também bloqueada pela inviabilização da constitucionalidade enquanto instância máxima de reflexividade do direito (p. 297).

Por fim, Neves revisa o conceito de *reflexão* da teoria sistêmica, cujo significado Luhmann atribui à referência recursiva abrangente do sistema ao próprio sistema como um todo – problematizando inclusive a sua identidade. A tese (p. 301-302 e 307) recorre à noção sistêmica de reflexão para observar o direito a partir de uma distinção de dois níveis: a *teoria do direito* e a *dogmática jurídica*. Novamente aqui, Neves recorre ao *déficit* de positividade do direito como fator impeditivo de uma reflexão adequada do direito a si mesmo, pois "legalidade e constitucionalidade são imprescindíveis para o

---

[15] Nas palavras de Neves, um trecho que explicita o núcleo do argumento da tese: "A heterogeneidade estrutural, como sobreposição, intricamento e justaposição de códigos e critérios tanto entre os subsistemas sociais quanto em seu interior e, associada a ela, a relação entre sobreintegração e subintegração nos sistemas sociais modernos, neles incluído o direito positivo, tudo isso torna impossível a generalização de *um* código jurídico diferenciado, ou, mais exatamente, a conexão consistente das comunicações sob um código 'lícito/ilícito' diferenciado. O resultado, no plano estrutural, é uma elevada insegurança jurídica, o que não é um problema das sociedades tradicionais, pois nelas as representações de valores válidas em todos os domínios sociais teriam servido à garantia das expectativas normativas, o que nitidamente não é o caso brasileiro." Cf. Neves, 2018, p. 276.

desenvolvimento da dogmática e da teoria do direito como instâncias de reflexão do sistema jurídico" (p 301-302). E acrescenta que tanto a reflexão sobre o direito, seja em nível dogmático ou teórico, não se refletem na prática jurídica já que "constelações de interesses obstruem uma interdependência consistente de decisões" (p. 302), admitindo, contudo, que uma "orientação por consequências" não seria uma exclusividade brasileira. Mas que à falta de consistência jurídica adequada, em nível dogmático ou teórico, as variáveis particularistas frequentemente se impõem sobre uma "prática universalista de decisão".

É ainda nesse ponto que Neves formula uma crítica substancial e pouco comum entre os juristas no Brasil, que se dirige tanto à construção teórica quanto aos problemas de operação do direito, e que segue muito atual. Ao exemplificar o uso seletivo da legalidade contra a Constituição na expulsão de moradores das favelas sob o fundamento de violação ao direito de propriedade - a despeito da garantia constitucional da moradia e dos direitos sociais-, a tese expõe a contradição do formalismo legalista ao qual recorrem juízes e tribunais que reafirmam uma estrutura de dominação dos sobreintegrados diametralmente oposta ao universalismo dos direitos previstos no texto constitucional. Tal crítica igualmente desvela o abismo de sentido de práticas formalistas, bacharelescas e colonizadas tão recorrentes entre os juristas no país. Para Neves, tais características presentes na retórica vazia e distante da realidade dos juristas evidenciariam antes uma espécie de "escapismo em relação à prática jurídica que não é consistentemente definida em termos de dogmática jurídica e teoria do direito" (p. 306-307).

A conclusão da tese articula os problemas de reflexão no sistema jurídico com a questão da legitimação do direito. O emprego da concepção luhmanniana de legitimação é adotado por Neves[16] como referência, ainda que com o acréscimo de um pressuposto: o da *inclusão* (p. 310). Orientando-se por tal parâmetro de legitimação e

---

[16] Diz o autor ao sintetizar o conceito de legitimação: "Para a *legitimação do sistema jurídico* tem de valer como regularidade, então, que, com base em *componentes próprios do sistema jurídico*, sejam normas, procedimentos, atos ou dogmática, qualquer pessoa, sem dificuldades, possa *justificar* suas ações jurídicas e esperar dos outros *reconhecimento* ou *reestruturação de expectativa* e que, no caso de conflitos jurídico-positivamente regulados, as argumentações das partes afetadas se orientem por esses componentes." Cf. Neves, 2018, p. 310.

diante do quadro apresentado na tese, a conclusão aponta congruentemente para a incapacidade de autolegitimação do direito e da Constituição no país, dada a insuficiente positividade os graves problemas de seu funcionamento como sistema social.

No lugar de autolegitimação, Neves apresenta a persistência dos mecanismos de heterolegitimação do direito pela política ou pela economia – com o aprofundamento da *exclusão*, destacando as experiências autoritárias em que o instrumentalismo constitucional se sobrepôs (1937 e 1964). A ausente legitimação do direito é também registrada, segundo o autor, sob o signo das constituições nominalistas (1824, 1891, 1934, 1946 e 1988), já que também sob a vigência destas, a experiência constitucional no país foi marcada pela desconfiguração do processo de concretização de direitos e tanto a legalidade quanto a constitucionalidade não foram capazes de se institucionalizar "com suas consequências universalistas e includentes", de modo que "o jogo político desenvolve-se acima e à margem da Constituição, faltando, portanto, interpenetração entre direito e política" (p. 312). Ante a profundidade e gravidade dos problemas de legitimação descritos, a tese conclui em seu último parágrafo que apenas uma reversão do quadro de exclusão dominante e massiva mediante da afirmação da inclusão poderia proporcionar, no Brasil, o adequado funcionamento do direito e da Constituição vistos a partir do agir e vivenciar da população (p. 313).

O constitucionalismo periférico no Brasil em perspectiva

Por sua vez, o posfácio incorporado à edição brasileira divide-se em três seções. A primeira responde a algumas críticas feitas à época e outras mais recentes ao argumento da tese; a segunda analisa a repercussão da tese no reposicionamento da teoria dos sistemas de Luhmann, e, por fim, a terceira avalia a atualidade e o significado do argumento diante das mudanças pelas quais passou o Brasil desde a publicação original de obra, em 1992.

Contra o primeiro grupo de críticos[17], Neves defende que sua tese adota uma abordagem *construtivista* segundo o paradigma sistêmico (p. 369), e que a distinção centro/periferia utilizada para descrever a sociedade mundial na obra se referencia mais nos "tipos

---

[17] O texto cita expressamente Aldo Mascareño e Roberto Dutra.

ideais" weberianos do que na cristalização de um essencialismo do qual resulta um conceito absoluto de *periferia* contraposto negativamente ao de *centro*. A seu favor, apresenta a própria distinção luhmanniana da diferenciação por segmentação político-jurídica territorial dos Estados modernos[18] e acrescenta que o uso do termo *modernidade periférica* não pode ser tomado de modo teleológico, nem tampouco carrega valoração negativa em relação ao centro. A diferença centro/periferia, segundo Neves, incorpora uma descrição das diversas assimetrias estruturais da sociedade mundial sem negar-lhes a contingência em que estão circunscritas.

Afastando-se tanto do conceito de "modernidades múltiplas" de Eisenstadt quanto da noção de "sistema-mundo" de Wallerstein, a *modernidade periférica* descrita por Neves reconhece a alta fragmentação da sociedade mundial, mas não deixa de apontar para o fato de que a experiência colonial e pós-colonial deixou profundas assimetrias entre os países. E que essas marcas seguem presentes tanto do ponto de vista estrutural (econômico) quanto semântico (circulação de ideias) com a afirmação em nível global do capitalismo, razão pela qual entende que a distinção centro/periferia ainda é "analiticamente frutífera" (p. 376) para observar os processos de inclusão e exclusão na sociedade mundial.

Referindo a outra crítica que lhe foi dirigida mais recentemente, a de que sua obra estaria revestida por um "racismo mal disfarçado de culturalismo", tal qual afirmou Souza (2013), Neves retoma (p. 379) algumas das passagens da tese em que são negadas as noções de "singularidade" brasileira que estariam presentes na narrativa culturalista e conservadora do processo de modernização do Brasil. Entre os fundamentos da reposta, já tratados neste texto, Neves atribui a seu crítico, Souza, o recurso ao culturalismo de matriz freyriana presente no argumento da "baixa estima da ralé" presente na personalidade dos oprimidos e do "sadomasoquismo" identificado no opressor enquanto traços da permanência de uma sociedade escravocrata.

Também em contraponto a Souza, o posfácio reivindica que o binômio tradição/modernidade é apreendido criticamente segundo as contingências próprias de seu tempo, em virtude do que a periferia é descrita sob o signo de *hipermoderna* em relação ao centro, já que mais complexas e contingentes. E ainda em destaque à assimetria

---

[18] Sobre o ponto, o próprio Neves 2015b, p. 113 ss

estrutural da sociedade mundial, diversas vezes mencionada no posfácio, Neves relaciona a distinção entre centro e periferia aos processos coloniais, neocoloniais e pós-coloniais de que resultaram a exclusão massiva na periferia e enriquecimento do centro, de onde se exportaram os ideais constitucionais de liberdade e igualdade.

Em relação à repercussão da tese sobre a teoria luhmanniana da diferenciação funcional, Neves (p. 391) articula sua crítica ao primado da diferenciação funcional a partir da consideração de que, na maior parte da sociedade mundial, a exclusão se impõe. Essa distinção marca um reposicionamento de Luhmann, que a partir de então passa a segmentar zonas de inclusão e exclusão na sociedade, distinguindo *integração* e *inclusão*, sendo esta referente à "chance da consideração social de pessoas"[19].

Luhmann reconhece que o profundo grau de exclusão testa os limites da diferenciação funcional nos diversos sistemas parciais e levanta a tese de que, em tais situações, a meta-diferença inclusão/exclusão assume o papel de mediatizar a operação dos códigos próprios de cada um dos sistemas parciais[20], citando expressamente a tese de Neves com referência ao funcionamento do direito no Brasil. Porém, nega que essa condição implique na *eliminação total da autopoiesis do direito*, afirmando que, antes disso, seria o caso da significativa insegurança de expectativas que passariam a orientar-se também segundo outros fatores sociais.

A negativa de Luhmann rejeitar o *primado* da diferenciação funcional, ainda que cogite a existência de um metacódigo inclusão/exclusão para descrever a sociedade mundial, é destacada por Neves no posfácio (p. 394), que vê como contraditória a

---

[19] Cf. Luhmann, 2007, p. 492.

[20] Nas palavras de Luhmann: "El abundante material disponible sugiere la consecuencia de que la variable inclusión/exclusión en algunas regiones del globo terrestre esté a punto de tomar el papel de meta-diferencia para mediatizar los códigos de los sistemas funcionales. Si la distinción válido/inválido (jurídicamente) tiene consecuencia alguna y si se maneja de acuerdo con los programas internos del derecho, depende en primer lugar de una filtración previa de inclusión/exclusión; no sólo en el sentido de que los excluidos están también excluidos del derecho, sino en el sentido de que otros —especialmente la política, la burocracia, la policía y ni qué decir de los militares— decidan a discreción si obedecen o no la ley." Cf. Luhmann, 2007, p. 501 v. tb. Luhmann, 2013.

manutenção da posição de Luhmann. A esse respeito, cabe ainda destacar que o próprio Luhmann, embora não tenha aprofundado suficientemente tal ponto, levanta a hipótese de que a gravidade do quadro de exclusão na sociedade mundial estivesse dando origem a um *novo sistema funcional*[21], que tivesse como função a promoção da seguridade social e do desenvolvimento.

Ainda que faltem elementos para avaliar com maior rigor a hipótese de um sistema funcional encarregado dos problemas de exclusão na sociedade mundial – inclusive porque Luhmann não os apresenta na sua obra tardia, observa-se que a proposta teórica poderia ser contraditória à suposição inicial da prevalência do metacódigo inclusão/exclusão como espécie de *metadistinção* para observar e descrever a sociedade mundial, mas teria como efeito a salvaguarda do primado da diferenciação funcional nos termos defendidos pelo próprio Luhmann, sem contraditar a tese de Neves de que a diferenciação funcional em sua forma original na teoria sistêmica teria se realizado apenas em alguns países da modernidade central.

Por sua vez, o último ponto do posfácio e do livro analisa as

---

[21] Em referência à distinção entre *ser* e *pessoa*, que seria característica do quadro de profunda exclusão: "Pero de hecho es, hoy día, efecto colateral de la sociedad funcionalmente diferenciada, e irrita principalmente porque con ello las pretensiones de competencia universal en toda la sociedad de los sistemas funcionales se ponen al descubierto de manera notoria en sus limitaciones. No es posible esperar la solución de este problema dentro de los sistemas de función particulares —porque, por un lado, la inclusión es sólo concebible en el marco de posible exclusión y, por otro, porque el problema de la amplificación recíproca de las exclusiones no puede atribuirse a un único sistema funcional. **Más bien habría que contar con la formación de un nuevo sistema secundario de funciones que se ocupe de los efectos de exclusión de la diferenciación funcional —ya sea en el plano de la ayuda social o en el de la ayuda para el desarrollo. Aunque estos esfuerzos dependen tan fuertemente de los recursos— desde un punto de vista económico, político e inclusive religioso— que puede dudarse si para eso se ha formado ya un subsistema societal o si no se trata más bien de intentos muy dispersos en el plano de las interacciones y de las organizaciones.** Lo que claramente se percibe es que ya no se trata de caritas o de beneficencia en el sentido de la tradición, sino de intentos de cambios estructurales (palabra clave: autoayuda). **Quizá estemos contemplando aquí el surgimiento de un sistema funcional.**" Cf. Luhmann, 2007, p. 502.

transformações das condições sociais com impacto político-jurídico no país desde a publicação do original (1992) e questiona se o simbolismo teria sido substituído por um quadro de *degradação constitucional*, ante ruptura do modelo constitucional de 1988 sob a aparente legalidade procedimental do *impeachment* de Dilma Rousseff.

Ao apontar diversos indicadores sociais, Neves avalia como insuficiente os avanços do constitucionalismo democrático, com reconhecido impacto na ampliação dos direitos fundamentais, no câmbio do simbolismo constitucional prevalecente no país[22]. Destacando a significativa redução da exclusão social nos mandatos do ex-presidente Luís Inácio Lula da Silva, Neves registra, por outro lado, a manutenção do alto grau de desigualdade típico dos países de constitucionalismo periférico.

De fato, os efeitos da exclusão permanecem refletidos nas práticas institucionais dos poderes. É nesse sentido que Neves critica parte da doutrina constitucional do pós-1988[23] que teria se equivocado ao equalizar a *judicialização da política* como processo mais abrangente de *juridificação* da constituição, sem considerar, contudo, a *politização do Judiciário* (p. 407). A judicialização privilegiaria os mesmos grupos sobreintegrados, não repercutindo decisivamente sobre a exclusão. Segundo o autor, no caso, a "articulação da linguagem constitucional pelo Judiciário não afeta de maneira fundamental as relações e práticas anticonstitucionais, mas antes forja crenças e movimentos políticos em torno do figurino constitucional"[24].

Ao final do posfácio, Neves lança considerações sobre como os processos de *desjuridificação* da política e da *desconstitucionalização do direito* abriram margem para a atuação judicial fora da Constituição,

---

[22] Segundo Neves, o "combate à exclusão não foi suficiente para uma transformação fundamental necessária às exigências do modelo textual de constitucionalismo democrático-social, nem teve a persistência temporal que se exigiria para sedimentar uma estrutura social de preferência por inclusão, havendo claras tendências ao agravamento do quadro com o governo de Michel Temer, que decorreu da destituição da presidente Dilma Rousseff mediante controverso processo de *impeachment*, em 2016". Cf. Neves, 2018, p. 403.

[23] São citados os trabalhos de Virgílio Afonso da Silva, Luís Roberto Barroso, Daniel Sarmento e Cláudio Pereira de Souza Neto.

[24] Cf. Neves, 2018, p. 408.

em especial a partir do *impeachment* de Rousseff. Com referência a Palma (2018), o posfácio chama atenção para o *déficit* reflexivo que estaria na base conceitual do chamado *presidencialismo de coalizão* ao destacar que, no Brasil, o regime presidencialista pós-1988 teria se constituído em grande medida de forma *extrainstitucional*, cujo funcionamento se caracteriza por práticas extorsivas na relação entre Executivo e o Congresso. Tal modelo, que privilegia a interferência particularista na política através da concessão de benefícios mútuos, não satisfaz a exigência de um programa mínimo sobre o qual se poderia falar em *coalizão*.

Como exemplo desse arranjo, Neves qualifica o *impeachment* de Rousseff como um "equivalente funcional" de um golpe de Estado levado a efeito sob o apoio midiático e a colaboração, quando não a abstinência (no caso do STF), do aparato judicial. Em suas palavras, teria o Judiciário assumido instrumentalmente a diferença schmittiana "amigo/inimigo" (p. 413) em favor de setores políticos de elites tradicionais que não mais conseguiam impor seu domínio através do procedimento eleitoral. Paradoxalmente, em nome do tão propalado "combate à corrupção", o quadro de corrupção sistêmica teria se expandido a nível tal que, além da própria ruptura do modelo simbólico de 1988, o atual cenário político-social no país indicaria a tendência à *degradação constitucional*, caracterizada pela radicalização da repressão policial contra movimentos sociais e minorias, o desmonte das instituições e políticas públicas inclusivas nas áreas da saúde, educação e previdência, que mantém os privilégios dos sobreintegrados e aprofundam o quadro de exclusão do subintegrados.

Lançar o olhar sobre a precisão dos argumentos da tese de Marcelo Neves após vinte e seis anos da sua publicação dá ao observador a vantagem de avaliar quais dos seus diagnósticos sobre a teoria dos sistemas e o constitucionalismo no Brasil se confirmaram. Por outro lado, exige de quem observa a abstenção em projetar ideias não apresentadas no trabalho para analisar a sua adequação ou ressonância no debate constitucional e aprendizado democrático no país durante o período.

A tese marca, de fato, um reposicionamento conceitual da diferenciação funcional na teoria sistêmica, como reconhece o próprio Luhmann no prefácio do livro, e em outros escritos em que o faz de modo menos evidente — mas com as nuances que o argumento de Neves implicou na teoria sistêmica[25]. Resulta igualmente claro que a crítica de Neves ao "provincianismo empírico" de Luhmann e à tese do primado da diferenciação funcional – a despeito da exclusão, contribuiu sobremaneira para a construção de uma teoria crítica dos sistemas, que vem se consolidando como um relevante campo de alargamento das fronteiras do pensamento luhmanniano, ainda quando se contrapõe ou indica limites a algumas das principais teses sistêmicas.

Quanto às conclusões de Neves que à época apontava para o *nominalismo* da Constituição de 1988, cujo caráter simbólico funcionaria para ocultar a insinceridade dos donos do poder, o atual cenário político-jurídico do país parece dar razão ao argumento da tese. Se no início da vigência da Constituição apontava-se a crítica de que indicar o simbolismo do texto seria uma atitude conservadora – quando a missão dos constitucionalistas era a de 'efetivar' o texto e 'dar concretude' aos direitos de uma Constituição *dirigente* sob o signo da sua *força normativa* -, trinta anos depois se observa que a discrepância entre o texto e a realidade sócio-política do país constituiu-se em um dos fundamentos para a *instrumentalização* da Constituição por agentes do sistema político e do Judiciário.

Tal quadro não só mostra a contradição do discurso neoconstitucionalista, desde sempre edificado sobre frágeis fundamentos, mas também evidencia que um certo *cinismo constitucional* esteve presente entre alguns de seus defensores, que logo passaram à defesa de teses conservadoras e frontalmente inconstitucionais logo que investidos de poder para tanto[26]. Ou seja,

---

[25] A respeito de tais nuances, o estudo de Ribeiro, 2013, pp. 105-123.

[26] A título de exemplo, o voto do ministro Roberto Barroso, outrora defensor da 'doutrina brasileira da efetividade' e da 'dogmática constitucional transformadora', no HC 152.752/PR quando se posicionou de forma diametralmente oposta ao direito fundamental à presunção de inocência invertendo o sentido da disposição do inciso LVII do art. 5° da Constituição em nome da 'efetividade da justiça criminal'. No mesmo sentido, o ministro Edson Fachin que, inspirado em Alexy, destacou o conteúdo normativo do princípio da dignidade da pessoa humana, cuja "dimensão axiológica permite afirmar uma prevalência prima facie do valor dignidade a determinar toda concretização normativa" (Fachin & Pianovski, 2008), mas ao votar no mesmo HC 152.752/PR, que questionava a violação à presunção de inocência, adotou a posição

diante de um cenário como o atual, em que determinados interesses orientados pelo poder ou dinheiro se impõem a despeito de direitos fundamentais, o discurso garantista de juristas autodeclarados liberais ou progressistas assume seu caráter gatopardista ao preservar a secular relação de domínio entre sobreintegrados e subintegrados.

É fato que a experiência constitucional no Brasil sob a vigência da Constituição de 1988 ampliou o grau de participação popular nas deliberações estatais e viabilizou a redução da exclusão que ainda existe no país, como reconhecido por Neves. Pode-se afirmar hoje, com mais segurança do que em 1988, que a Constituição abriu diversas possibilidades de aprendizado democrático ao aperfeiçoar o procedimento eleitoral e ampliar os canais de exercício dos direitos. Mas talvez o principal questionamento do atual momento constitucional, com o qual a tese se confrontava quando concluída, nos leve a perguntar sobre o sentido da reflexão da sociedade sobre sua Constituição diante dos limites de tal experiência num país cuja estrutura social tão excludente segue distribuindo de modo tão desigual o acesso a direitos e o cumprimento de deveres.

Referências

BUARQUE DE HOLANDA, Sérgio (1995). *Raízes do Brasil.* 26ª ed., São Paulo: Companhia das Letras [1ª ed. 1936].

DANTAS, Maria Eduarda (2016). "Constitucionalismo periférico e teoria dos sistemas sociais: por uma interpretação pós-colonial da tese da constitucionalização simbólica. *Dissertação de mestrado em ciência política.* Brasília: UnB.

FACHIN, Luiz Edson & PIANOVSKI, Carlos Eduardo (2008). "A dignidade da pessoa humana no direito contemporâneo: uma contribuição à crítica da raiz dogmática do neopositivismo constitucionalista" *In: Revista Trimestral de Direito Civil,* v. 9, n. 35, p. 101-119, jul./set.

FAORO, Raymundo (1977). *Os Donos do Poder:* formação do patronato político brasileiro. 4 ª ed., 2 v., Porto Alegre: Globo [1ª

---

formalista de que caberia ao Plenário do STF rever o entendimento registrando que "mesmo sob a perspectiva dos direitos fundamentais, não verifico alteração no panorama jurídico que autorize considerar o ato coator como revelador de ilegalidade ou abuso de poder", em decisão que contraria seus próprios escritos e o texto constitucional.

ed. 1958].

FERREIRA, Daniel & SIMIM, Thiago (2017). "Brasil: entre la modernidad alternativa y la alternativa a la modernidad" *In*: *Íconos*. Revista de Ciencias Sociales. N. 57. Quito, enero, pp. 79-93.

GONÇALVES, Guilherme Leite (2013). "Pós-colonialismo e teoria dos sistemas: notas para uma agenda de pesquisa sobre o direito". In: DUTRA, Roberto Torres e BACHUR, João Paulo (Org.). Dossiê Niklas Luhmann. Belo Horizonte: Editora UFMG.

LOEWENSTEIN, Karl (1979). *Teoría de la Constitución*. Trad. Alfredo Gallego Anabitarte. Barcelona: Editorial Ariel.

LUHMANN, Niklas (2011). *Introdução à Teoria dos Sistemas*. Trad. Ana Cristina Arantes Nasser (Coleção Sociologia). 3 ed. Petrópolis: Vozes.

__________ (1993). *Teoría Política en el Estado de Bienestar*. Madrid: Alianza Editorial.

__________ (2007). *La Sociedad de la Sociedad*. Mexico: Herder.

__________ (2013). "Inclusão e Exclusão". Trad. Stefan Fornos Klein. *In*: Bachur, João Paulo & Dutra, Roberto (orgs.). *Dossiê Niklas Luhmann*. Belo Horizonte: Editora UFMG.

NEVES, Marcelo (1994). *A Constitucionalização Simbólica*. São Paulo: Editora Acadêmica.

__________ (1994). "Entre subintegração e sobreintegração: a cidadania inexistente" *In*: *Dados - Revista de Ciência Sociais*. Rio de Janeiro, vol. 37, n. 2, pp. 253-276.

__________ (1995). "Do pluralismo jurídico à miscelânea social: o problema da falta de identidade das esferas de juridicidade na modernidade periférica e suas implicações na América Latina" *In*: *Direito em Debate*, vol. 4, n. 5, São Paulo, pp. 7-37.

__________ (1996). "Constitucionalização simbólica e desconstitucionalização fática: mudança simbólica da Constituição e permanência das estruturas reais de poder" *In*: *Revista de Informação Legislativa*, Brasília a. 33 n. 132 out./dez., pp. 321-330.

__________ (2004). "E se faltar o décimo segundo camelo? Do direito expropriador ao direito invadido" *In*: Arnaud, André-Jean & Lopes Jr, Dalmir (orgs.). *Niklas Luhmann*: do sistema social à sociologia jurídica. Rio de Janeiro: Lumen Juris, pp. 145-173.

__________ (2015a). "Ideias em Outro Lugar? Constituição liberal e codificação do direito privado na virada do século XIX para o século XX no Brasil" *In*: *Revista Brasileira de Ciências Sociais*. vol. 30, n. 88, pp. 5-27.

__________ (2015b) "Os Estados no centro e os Estados na periferia: alguns problemas com a concepção de Estados da sociedade mundial em Niklas Luhmann" *In*: *Revista de Informação Legislativa*. a. 52, n. 206, abr./jun., pp. 111-136.

__________ (2018). *Constituição e Direito na Modernidade Periférica: uma abordagem teórica e uma interpretação do caso brasileiro*. Trad. Antônio Luz Costa; rev. técnico-jurídica Edvaldo Moita, com colab. de Agnes Macedo e prefácio original de Niklas Luhmann. São Paulo: WMF Martins Fontes.

PALMA, Maurício (2018). "As Coalizões do 'Presidencialismo de Coalizão' no Brasil: a gênese legislativa na experiência constitucional de 1988". *In*: *Revista de Direito Brasileira*. São Paulo, v. 20, n. 8, mai./ago, pp.408-428.

RIBEIRO, Pedro Henrique (2013). "Luhmann "fora do lugar"? Como a "condição periférica" da América Latina impulsionou deslocamentos na teoria dos sistemas." *In*: *Revista Brasileira de Ciências Sociais*. vol.28, no.83, oct., São Paulo, pp. 105-123.

SOUZA, Jessé (2013). "Niklas Luhmann, Marcelo Neves e o 'culturalismo cibernético' da moderna teoria sistêmica". *In*: DUTRA, Roberto e BACHUR, João Paulo (Org.), *Dossiê Niklas Luhmann*. Belo Horizonte: Editora UFMG.

A modernidade periférica e a exclusão social: a alopoiese do sistema do direito na sociedade periférica

José Francisco Dias da Costa Lyra

1 Introdução

A sociedade atual - na sua linha evolutiva - transitou de um modelo medieval a uma sociedade tradicional dividida em classes sociais. Essa, premida pela industrialização, transformou-se na moderna sociedade, em processo que foi informado pelas mutações do sistema capitalista de produção e de outros arranjos sociais, notadamente pelo desenvolvimento científico e tecnológico. Sob esse aspecto, a sociedade moderna é informada pela divisão do trabalho social e pela diferenciação funcional, experimentando o surgimento de sistemas parciais, decorrentes do próprio aumento da complexidade social (aumento das possibilidades além das já efetivadas), aos quais compete a função de reduzi-la. Sob esse olhar, constata-se a existência de subsistemas como a economia, a ciência, a religião, o direito, dentre outros. Como consequência, o estado perdeu poder e capacidade regulatória, repartindo a sua potência ordenadora com outros atores sociais, destacadamente privados. Também se alteram – em face da diferenciação funcional – as formas de inclusão social, que não são fornecidas exclusivamente pelo estado de bem-estar, senão que dependem, em muito, do sucesso individual, o que intensifica os processos de exclusão social.

É de se notar – entretanto – que o processo de diferenciação social e surgimento de sistemas parciais, indispensáveis para a redução da complexidade e efetivação da política estatal, que pode ter sido implementado nos países centrais, mas não se deu na periferia ou em países em processo de desenvolvimento, regiões em que impera a pobreza, miséria, marginalidade, enfim, uma ampla exclusão social. Na modernidade periférica há um *estado de corrupção sistêmica* que impossibilita que os sistemas adquiram a necessária autonomia e exerçam a sua correspondente função. No caso brasileiro – por exemplo – pode-se dizer que o sistema do direito foi corrompido (especialmente no caso Lava Jato), pois invadido por injunções políticas e morais (no apregoado discurso jurídico de "erradicar a corrupção" e "banir a cultura da impunidade"). Ora, não se nega que tais aspectos sociais e culturais são importantes para uma nação, mas, afinal, esta é a função do direito penal? A resposta que o crime merece não deve ser dada em termos normativos? É possível, por razões políticas e morais, *suspender* a Constituição e seu sistema de garantias para um *caso excepcional?*

Nessa perspectiva, partindo-se da afirmação de que o controle social e a ordenação da vida social são operacionalizados pelos sistemas parciais dotados de autonomia, este artigo assume o desafio de demonstrar que o primado da diferenciação não se dá nos países pobres ou em desenvolvimento, local em que prolifera a exclusão social, destacando-se que – nessas regiões – há bloqueios na atuação dos subsistemas parciais, que comprometem a sua funcionalidade.

Para responder a tais indagações, será adotada a matriz teórica da Teoria dos Sistemas sociais de Niklas Luhmann e a de um de seus destacados leitores como o Professor Marcelo Neves.

O trabalho possui a presente estrutura: em um primeiro momento (ii) será analisado o processo evolutivo da sociedade rumo à consolidação da sociedade moderna, marcada pela diferenciação funcional. No segundo setor (iii), o estudo se centra no cotejo do estado de bem-estar e suas políticas de inclusão, reportando-se ao problema da exclusão. A corrupção sistêmica ou *alopoiese* como a perda da autonomia dos sistemas parciais e sua desfuncionalidade na modernidade periférica vem retratada no momento conclusivo do trabalho.

2 A diferenciação funcional como a característica fundamental da sociedade moderna: da transição da sociedade antiga à sociedade atual

Adota-se o pensamento no sentido de que a modernidade é um *projeto inacabado,* não havendo que se falar em seu fechamento ou abertura para uma nova fase[12]   como pretendem os partidários da semântica da *pós-modernidade[34],* pois as constantes transformações experimentadas pela sociedade (a saber: o gigantismo do mercado global, envolvendo o consumo de mercadorias e a indústria cultural, a comunicação global[5], com do protagonismo inédito dos *mass mídia[6]*) ainda estão em curso. Tal processo evolutivo da sociedade corresponde sociologicamente ao conceito de diferenciação social[7], a característica marcante da sociedade atual. Sob esse olhar, para Luhmann, em razão da riqueza histórica das sociedades pré-modernas e a diversidade de suas configurações empíricas, todo o intento de classificar a sociedade a partir de afirmação de etapas está fadado ao fracasso. Por tal razão, Luhmann utiliza o conceito de diferenciação sistêmica na busca de uma abertura às possibilidades evolutivas. No seu intento, vale-se do conceito de formas de diferenciação, operando uma distinção que separa os âmbitos sistema/entorno. Logo, pode-se afirmar e comprovar, segundo ele, que em todo o sistema social deve existir uma forma de dominação predominante, que distribui as possibilidades de evolução do sistema

---

[1] Conforme HABERMAS, Jürgen. *O discurso filosófico da modernidade.* Trad. Ana Maria Bernardo et al. 3. ed. Lisboa: Dom Quixote, 2000.

[2] Também importa a leitura de HABERMAS, Jürgen. *Direito e democracia:* entre facticidade e validade I. Trad. Flávio Beno Sibeneichler. Rio de Janeiro: Tempo Brasileiro, 2003. p. 44-63.

[3] HABERMAS, Jürgen et al. (Org.). *La posmodernidad.* Barcelona: Kairós, 1983.

[4] HARVEY, David. *Condição pós-moderna.* 18. ed. Trad. Adail Ubirajara Sobral e de Maria Stela Gonçalves. São Paulo: Loyola, 2008. p. 45-109.

[5] BECK, Ulrich. *O que é globalização:* equívocos do globalismo, respostas à globalização. Trad. André Carone. São Paulo: Paz e Terra, 1999. Também, do mesmo autor, *La sociedad del riesgo:* hacia una nueva modernidad. Trad. Jorge Navarro et at. Barcelona: Paidós, 2006. p. 71 e ss.

[6] Conforme LIPOVETSKY, Gilles. *Os tempos hipermodernos.* Trad. Mauro Vilela. São Paulo: Barcarolla, 2004. Também, do mesmo autor, *A inovação destruidora:* ensaio sobre a lógica das sociedades modernas. Trad. Vera Lucia dos Reis. Rio de Janeiro: Objetiva, 2015.

[7] LUHMANN, Niklas. *Organización y decisión:* autopoiesis, acción y entendimiento comunicativo. Barcelona: Anthropos, 2005. Na dicção de LYOTARD, Jean-François. *A condição pós-moderna.* Trad. Ricardo Corrêa Barbosa. 9. ed. Rio de Janeiro: José Olímpio, 2006.

e de diferenciações adicionais[8].

Seguindo-se tal orientação, entende-se que as denominadas sociedades segmentárias ou tribais surgem pelo fato de que a sociedade se articula em sistemas parciais, destacadamente na constituição de famílias, unidade artificial que encobre diferenças naturais de sexo, idade etc. Nesse modelo, a família ou tribo constitui a forma da diferenciação da sociedade, bastando para a constituição do sistema a reprodução demográfica. As unidades se formam em três planos: família, povoados e tribos. Segundo Luhmann, na *diferenciação segmentária,* os indivíduos ocupam uma posição fixa na ordem social, que não se altera, não havendo possibilidade de carreira ou ascensão social. Dessa maneira, a tribo se constitui o âmbito que abarca todas as possibilidades de entendimento linguístico[9]. A inclusão se dá pela integração nos grupos sociais (diferença entre o familiar e o desconhecido: inimigo)[10]. sendo o controle social exercido por base religiosa, magia e respeito aos deuses[11].

Com o surgimento das desigualdades ou quebra da base de reciprocidade, provocando exclusão dos indivíduos do grupo social, surgem as denominadas *sociedades estratificadas.* Para Luhmann, o fator mais relevante para a estratificação foi a reversão das situações do princípio da igualdade da ordem segmentária, que teria provocado conflitos e confrontos bélicos ou no interior das próprias tribos ou umas contra as outras[12]. Portanto, a deformação das regras de reciprocidade é que impulsionou a evolução da sociedade a uma nova ordem. Forja-se uma ordem social organizada em estratos ou classes sociais definidas, com um império do aparato burocrático, inclusive com a formação da burocracia dos cargos. Em tal ordem – entretanto – a posição ocupada pelos indivíduos já não é tão fixa como nas ordens segmentárias, havendo uma certa mobilidade, possibilitando-se um certo acesso à educação e à carreira social, embora mantenha-se a propriedade privada das terras pela

---

[8]Conforme LUHMANN, Niklas. *La sociedad de la sociedad.* Trad. Javier Nafarrate Torres, México: Herder, 2007. p. 483-484.

[9] Ibidem, p. 502-505.

[10] Ibidem, p. 506-511.

[11] Ibidem, p. 511-512.

[12] Ibidem, p. 521.

nobreza[13]. Sob o domínio da estratificação, a inclusão dos seres humanos se dá de acordo com sua classe social, a qual fixa as inclusões e exclusões a respeito dos sistemas parciais: só pode pertencer a um estrato social quem é excluído dos outros, estabelecendo-se uma relação assimétrica[14].

Já as sociedades funcionalmente diferenciadas ou modernas se estabelecem pelo processo evolutivo da alta complexidade que liquidam os vínculos temporais e sociais do *velho mundo,* impondo uma integração social mediada por organizações e não mais pelo pertencimento de uma determinada classe social. Logo, os indivíduos já não podem mais ser inseridos dentro de um único sistema parcial, como – por exemplo – direito, política, economia ou sistema político. Por tal motivo, Luhmann afirma que a sociedade não é constituída por indivíduos (o entorno da sociedade), senão por sistemas parciais (ou diferenciação funcional), que possuem uma função e identidade própria, e atuam com autonomia e dependência com relação ao seu entorno e demais sistemas. Nesse sentido, cada sistema de função tem a ver com o entorno da sociedade, diferenciando-se para cumprir uma função específica; podendo-se falar, portanto, de uma primazia funcional, que renuncia a uma hierarquia vinculante para os demais sistemas[15].

Logo, com ajuda da teoria da *autopoiesis social* (ou do fechamento operacional de cada sistema, com o objetivo de adquirir mais informação e condensar conhecimento)*,* os sistemas parciais estão em condições de enfrentar a sua própria complexidade. Assim, ao Direito (e seu código lícito/ilícito) corresponde à função de manter as expectativas normativas contra eventuais desenganos; à economia (oferta/escassez), a função de regular os preços e o próprio mercado; à política (governo/oposição), a função de programar a sociedade e/ou os fins sociais da política governamental. Portanto, a *autopoiesis,* na teoria sistêmica de Luhmann, é um princípio formador de um sistema, cumprindo a cada sistema funcional refletir a inclusão de todos os indivíduos unicamente pelas suas próprias operações[16]. Em suma, os sistemas funcionais observam as suas próprias operações,

---

[13] LUHMANN, Niklas. *La sociedad de la sociedad.* Trad. Javier Nafarrate Torres, México: Herder, 2007. p. 534-535.

[14] Ibidem, p. 545-555.

[15] LUHMANN, Niklas. *La sociedad de la sociedad.* Trad. Javier Nafarrate Torres, México: Herder, 2007. p. 586-592.

[16] Ibidem, p. 605-606.

já que – na economia – podem-se identificar – mutuamente – por meio das regras do mercado, os preços que se formam; na política, filtram-se todas as informações veiculadas pela opinião pública; na ciência, podem-se observar as publicações e os artigos. Enfim, os sistemas funcionais são quem estabelecem suas respectivas formas e oportunidades de auto-observação[17].

Abreviando, por razões estruturais, a sociedade moderna diferencia-se em sistemas parciais, que surgiram para dar conta da complexidade; o crescente aumento das possibilidades que se possam realizar (em um futuro incerto). A função dos sistemas não é eliminar a complexidade, senão que ordená-la[18]. Não se quer – com isso – renunciar ao conceito de indivíduo; tampouco, o de classe social, senão buscar outro instrumento descritivo para representar a sociedade como um todo, que não mais pode ser observada com padrões fixos, que de diluíram, como classes sociais. Efetivamente, a sociedade moderna é de múltiplas alternativas; portanto, complexa. Por isso, os subsistemas – como conquistas evolutivas da sociedade – possuem a missão de ordenar a complexidade, mormente pelo fato de que o controle social, sob as condições da diferenciação social, é confiado, por inteiro, a eles[19]. Assim, a diferenciação funcional passa a ser uma imposição, uma vez que somente com ela é possível a estruturação da complexidade, fundamento último da formação de um sistema[20]. Na lição de Neves, o aumento da complexidade está intimamente relacionado à diferenciação social da sociedade moderna, que é a resposta racional a tal processo evolutivo na sociedade moderna[21]. Portanto, os subsistemas sociais surgem como uma necessidade da sociedade moderna em ordenar e reduzir a complexidade, pois ao delimitar a sua esfera de abrangência,

---

[17] Ibidem, p. 607-609.

[18] Na lição de TEUBNER, Gunther. *Direito, sistema e policontextualidade.* Piracicaba: UNIMEP, 2005. p. 57 e ss.

[19] LUHMANN, Niklas. *Complejidad y modernidad:* de la unidad a la diferencia. Trad. Josetxo Berian e José María García Blanco. Madrid: Trotta, 1998. p. 176-189.

[20] Segundo NEVES, Marcelo. Aumento de complexidade nas condições de insuficiente diferenciação funcional: o paradoxo do desenvolvimento social da América Latina. In: SCHWARTZ, Germano (Org.). *Juridicização das esferas sociais e fragmentação do direito na sociedade contemporânea.* Porto Alegre: Livraria do Advogado, 2012. p. 199-207.

[21] Ibidem, p. 200.

diferencia-se de seu entorno via reprodução autopoiética. Sob esse
olhar da teoria dos sistemas, a realidade social é composta somente
por atos comunicativos; não há – portanto – uma ordem que possa
englobar a consciência (sistemas psíquicos) com a sociedade, já que
um sistema psicológico não pode se comunicar[22].

Nessa perspectiva, a coordenação social se dá pelo recurso dos
sistemas sociais; dependente do efetivo acesso a ditos subsistemas
da sociedade[23]. Dessa forma, o Estado de bem-estar social (ou a sua
atual roupagem do Estado Democrático de Direito), que se
caracteriza por normativizar um rol extenso de direitos fundamentais
à população, também – para sua legitimidade e eficácia – necessita
da incorporação da população aos distintos sistemas funcionais da
sociedade. Entretanto, cumpre – individualmente – às pessoas, sob
o signo da igualdade, habitarem o sistema da religião, da economia,
da ciência, da educação, da política; mesmo vivendo fora deles. A
sua existência ou modo de vida exige recurso a tais sistemas
funcionais (opção pelo ensino privado, por exemplo, que pode ser
de melhor qualidade, inclusive, no exterior). Por essa razão, a
pretensão de efetivação dos direitos fundamentais é formulada pelo
princípio sociológico da *inclusão,* já que a incorporação (ou controle
social) da população global aos sistemas sociais passa pela atuação
dos diversos sistemas funcionais, e não pela coordenação central do
Estado, a qual também se apresenta como um sistema parcial da
sociedade (sistema político). Ao Estado de bem-estar exige-se – em
tempos de diferenciação social da sociedade global) – que atue de
forma compensadora, promovendo a inclusão via políticas públicas,
isto é, compensando as exclusões promovidas inerentes aos
processos de globalização. Sob esse olhar, a realização do princípio
da inclusão pela política estatal reclama uma crescente incorporação
de necessidades e interesses do povo na esfera dos temas políticos
realizáveis[24].

---

[22] LOPES JÚNIOR, Dalmir. O contrato como intertextualidade: o papel
do direito privado em face da poli contexturalidade. In: SCHWARTZ,
Germano (Org.). *Juridicização das esferas sociais e fragmentação do direito na
sociedade contemporânea.* Porto Alegre: Livraria do Advogado, 2012. p. 151-
153.

[23] LUHMANN, Niklas. *Teoría política en el estado de bienestar.* Madrid: Alianza,
2007. p. 47-48.

[24] Ibidem, p. 48-50.

3 O Estado de bem-estar social e o os sistemas funcionais: o perigo da naturalização da exclusão social na periferia

A inclusão – na lição de Luhmann – é um princípio *aberto,* isto é, um projeto a ser efetivado, pois se é verdade que o Estado de bem-estar social e a positivação dos direitos fundamentais, enquanto *instituição* fundamental da sociedade, conferem centralidade aos interesses do indivíduo e a sua dignidade, pouco se tematiza sobre o *como* se proceder para efetivá-los. Ora, tal interpelação é relevante especialmente quando se constata que os estados nacionais, premidos pelos influxos restritivos do sistema econômico global (notadamente em termos fiscais), apresentam-se fragilizados para o exercício de sua (fundamental!) função de promover ou mediar a inclusão. Ora, pela ausência de recursos, o Estado revisou seu ambicioso projeto intervencionista, mesmo com o risco de se intensificarem as exclusões. Importa – pois – à atividade política seguir filtrando e tematizando a questão da exclusão, buscando aplicar os princípios de justiça distributiva e políticas de reconhecimento, visando minimizar as desigualdades ocasionadas pelo processo de modernização, sob pena da exclusão deslizar à invisibilidade social. Cumpre à política estatal pela inclusão lograr garantir a pretensão jurídica de todos os aspectos da vida ou, como mínimo, dar "claridade" a tais pretensões, procurando sob condições de alta complexidade social, combinar um avanço na realização política, na produtividade econômica e no progresso científico; enfim, possibilitar desenvolvimento a partir de os repertórios de possibilidades de vida pessoais[25]. Isso soa relevante na medida em que na modernidade, as inclusões se tornam mais *individualizadas,* passando-se a impressão de que a sociedade moderna oferece a possibilidade de inclusão a todos os seres humanos.

Ora, como a inclusão não se dá pelo pertencimento a uma classe ou *status* social – em princípio – todas as pessoas possuem acesso aos sistemas funcionais da sociedade. Entretanto, a inclusão depende de oportunidades de comunicação altamente diferenciadas[26], significando dizer que as desigualdades sociais tendem a aumentar significativamente, podendo-se chegar às formas radicais de exclusão

---

[25] Ibidem, p. 50-52.
[26] LUHMANN, Niklas. *La sociedad de la sociedad.* Trad. Javier Torres Nafarrate. México: Herder, 2007. p. 490-491.

ou negativa de reconhecimento elementar. Com efeito, a exclusão – na lição de Stichwec – significa, em uma sociedade fundada na comunicação, que um indivíduo não é mais considerado como destinatário de operações comunicativas. Pode-se dizer que ela ocorre quando o indivíduo ou grupo social não é levado em consideração ou não participa da vida social em termos comunicativos (visibilidade)[27]. Trata-se de um fenômeno que – na lente do autor – se dá, de forma determinante, em certas condições regionais especiais (por exemplo, a América Latina e Brasil), que não desenvolveram suficientemente os sistemas funcionais parciais[28-29].

A inclusão é a outra face da exclusão, isto é, atende a uma indicação do observador. Na lição de Luhmann[30], inspirado no conceito de forma de Spencer Brown, a inclusão é a *cara interna de uma forma, cuja cara externa é a exclusão*[31]. Logo, somente se pode falar em inclusão se há exclusão. E aquela – ainda no pensamento luhmanniano – relaciona-se com o modo ou a maneira de indicar, no contexto comunicativo, os seres humanos, relevantes politicamente, referindo-se ao modo em que são tratados como *pessoas*. Não é por outra razão, que a forma *inclusão/exclusão* se apresenta como um *super código* que orienta – primariamente – toda e qualquer observação da sociedade[32-33]. No relevante, a inclusão das

---

27 Conforme STICHWEH, Rudolf. Teoria dos sistemas de exclusão: sobre o conflito entre o Estado de bem-estar social e a globalização dos sistemas funcionais. *Revista Sociedade e Estado, Vol. 34, n. 3, set./dez de 2019*, p. 869-885.

28 STICHWEH, Rudolf. Inclusão/exclusão, diferenciação funcional e teoria da sociedade mundial. In: DUTRA, Roberto; BACHUR, João Paulo. *Dossiê Niklas Luhmann*. Belo Horizonte: UFMG, 2013. p. 51-73.

29 NEVES, Marcelo. *Constituição e direito na modernidade periférica:* uma abordagem teórica e uma interpretação do caso brasileiro. São Paulo: Martins Fontes, 2018. p. 99 e ss.

30 Ver LUHMANN, Niklas. Inclusão/exclusão. In: DUTRA, Roberto; BACHUR, João Paulo. *Dossiê Niklas Luhmann*. Belo Horizonte: UFMG, 2013. p. 15-50.

31 LUHMANN, Niklas. *Complexidad y modernidad:* de la unidad a la diferencia. Trad. Josetxo Beriain e de Jose María García Blanco. Madrid: Trotta, 1998. p. 171-172.

32 Ibidem, p. 191.

33 NEVES, Marcelo. La Constitución y la esfera pública: entre diferenciación sistémica, inclusión y reconocimiento. *Doxa*, Cadernos de filosofía del derecho, [S.l.], n. 37, p. 180-183, 2014.

pessoas na sociedade a seus subsistemas parciais ocorre de forma autônoma e livre, dai a relevância da comunicação estabelecida pela instituição dos direitos fundamentais e direitos humanos, que são marcos legais da autonomia e liberdade individual. Ao Estado de bem-estar social, por outro lado, espera-se que exerça a função de intermediar a referida inclusão. Assim, são os indivíduos que estabelecem a forma com que participam no sistema econômico (e o consumo de bens), que se rege por meio da renda e propriedade; a formação das famílias fica a cargo das próprias pessoas e o desejo delas de se unirem; a relevância política ao exercício da capacidade política ativa – eleitor – ou como passivo do conceito-chave dessa diferenciação funcional em particular. Por sua vez, a exclusão – que também é multidimensional – não decorre de uma segregação compacta (tais como de negros, pobres, desempregados, embora possa contar como uma diferenciação secundária); contrariamente, é uma realidade cumulativa nas sociedades globais[34], decorrente das diversas formas de não inclusão diante dos variados subsistemas sociais funcionais. Sob essa ótica, inclusão/exclusão refere-se ao modo pelo qual os seres humanos – no contexto comunicativo e no acesso aos subsistemas sociais – adquirem significado ou relevância social, predicando, em suma, a forma em que os seres humanos são tratados como pessoas[35-36].

Logo, a autonomia dos sistemas funcionais e a consequente diferenciação funcional, complementadas pelas políticas do Estado de bem-estar social, são equivalentes sistêmicos indispensáveis para se operacionalizar a inclusão. Assim, a exclusão é imperativa na ausência de diferenciação funcional, fenômeno que ocorre nos países que ainda se encontram na fase de modernização ou na *modernidade periférica* – destacadamente – na América Latina, continente no qual, conforme Neves, a complexidade da região (destaca-se que a industrialização não foi capaz de superar/minimizar os problemas

---

[34] Conforme STICHWEH, Rudolf. Inclusão/exclusão, diferenciação funcional e a teoria da sociedade mundial. In: DUTRA, Roberto; BACHUR, João Paulo (Org.). *Dossiê Niklas Luhmann*. Belo Horizonte: UFMG, 2013. p. 58.

[35] LUMANN, Niklas. *La sociedad de la sociedad*. Trad. Javier Torres Nafarrate. México: Herder, 2007. p. 500-501.

[36] Ver GARCÍA BLANCO, José María. La exclusión social em la teoría social de Niklas Luhmann. Século XXI. *Revista de Ciências Sociais*, Santa Maria, v. 2, n. 1, p. 43-71, jan./jun. 2012.

de distribuição de renda, educação, saneamento básico, segurança, enfim, de completa exclusão de amplos setores da sociedade) não foi seguida pela construção e desenvolvimento de sistemas funcionais autônomos[37]. Sob essa perspectiva, cumpre destacar que – no Brasil – convive-se com uma *complexidade desorganizada* e com sérios problemas *sociais* (por exemplo, a corrupção política e seu *populismo patrimonialista*[38], o tráfico de drogas, aumento da criminalidade como aspectos da marginalização social, consolidando um *Estado* paralelo), são verdadeiramente mais complicados do que os enfrentados pelos países de *modernidade central*[39] (imigração, terrorismo, desemprego).

Na periferia, a modernidade não se apresenta como uma conquista positiva da sociedade, implicando a superação de uma tradição por sistemas funcionais antônimos. Ao contrário, as relações entre os sistemas são destrutivas e heterodestrutivas, inviabilizando a inclusão social. A modernidade assume um conceito negativo, já que não desenvolve uma diferenciação social, dissolvendo-se, na lição de Neves, em um *moralismo hierárquico*[40]. Na região detecta-se uma incapacidade relativa dos sistemas funcionais para estruturar a complexidade, existindo um "desnível" ou um *acoplamento incompleto* entre sistema e ambiente, com o fracasso e a insegurança das expectativas dos membros da sociedade. Por isso, a complexidade (os problemas sociais) desintegra-se no sistema total da sociedade desconectada; sem redundância ou seleção[41]. Não se desconhece o fato de que a sociedade moderna – via diferenciação funcional – causa e tolera desigualdades severas na distribuição de bens públicos e privados; suportando, assim, temporalmente, restrições e desigualdades, que podem ser observadas a partir da unidade da diferença entre exclusão/inclusão. O que se revela patológico em tal distinção, no entanto, é que, nos países em via de

---

[37] Ibidem, p. 201.

[38] Sobre o tema do populismo político, ver FERRAJOLI, Luigi. *Poderes selvagens:* a crise da democracia italiana. Trad. Alexander Araujo de Souza. São Paulo: Saraiva, 2014. p. 29 e ss.

[39] NEVES, Marcelo. Aumento de complexidade nas condições de insuficiente diferenciação funcional: o paradoxo do desenvolvimento social da América Latina. In: SCHWARTZ, Germano (Org.). *Juridicização das esferas sociais e fragmentação do direito na sociedade contemporânea.* Porto Alegre: Livraria do Advogado, 2012. p. 201.

[40]Ibidem, p. 201.

[41] Ibidem, p. 202.

modernização, há um abismo entre o âmbito da inclusão e da exclusão, que assume a função de uma *diferenciação primária* no sistema da sociedade, o que significa que grande parte da população fica totalmente privada das prestações dos sistemas funcionais, verdadeiros obstáculos ao desenvolvimento da região[42]. No continente, grupos e coletivos sociais, por não disporem de reconhecimento e consideração[43], não conseguem romper tal *diferenciação primária,* ficando à margem da sociedade e da ação de seus subsistemas sociais[44].

Não há, na região periférica, a inserção de toda população nas prestações de cada um dos sistemas sociais; tampouco, uma suficiente política compensatória e distributiva pelo Estado de bem-estar; ao contrário, existe uma participação marginal[45], uma exclusão parasitária e permanente. Sob esse olhar, o acerto de Neves na sua distinção *centro/periferia,* que dá clareza ao seu conceito de *modernidade periférica,* que habita nas regiões que ainda não contam com a autonomia dos sistemas funcionais, vivenciando insuficientes e indeterminados acoplamentos estruturais entre sistema e ambiente, experimentando, assim, uma insegurança de expectativas, na medida em que os sistemas parciais falham na sua função seletiva (no caso brasileiro, das expectativas sociais com relação ao emprego, educação, saúde, segurança, dentre outros). Logo, com o conceito de periferia, Neves, depois de assentar, diga-se com todo o acerto, que a região não implementou a diferença tradição/modernidade (efetivamente, não se desenvolveu), diz que a distinção centro/periferia não pode ser confundida com simplificações grosseiras como algumas variações da teoria da dependência, que não merecem ser rejeitadas, senão complementadas por proposições

---

[42] LUHMANN, Niklas. *Complejidad y modernidad:* de la unidad a la diferencia. Trad. Josetxo Berian e José María García Blanco. Madrid: Trotta, 1998. p. 180.

[43] No trato da teoria do reconhecimento, ver HONNETH, Axel. *Luta por reconhecimento:* a gramática moral dos conflitos sociais. Trad. Luiz Repa. 2. ed. São Paulo: Editora 34, 2009.

[44] LUHMANN, Niklas. *Complejidad y modernidad:* de la unidad a la diferencia. Trad. Josetxo Berian e José María García Blanco. Madrid: Trotta, 1998. p. 189.

[45] NEVES, Marcelo. *Constituição e direito na modernidade periférica:* uma abordagem teórica e uma interpretação do caso brasileiro. São Paulo: Martins Fontes, 2018. p. 226-227.

mais fecundas[46]. Portanto, para o autor, *a modernidade periférica* pode ser entendida como a integração subordinada de um país (ou região) na sociedade mundial, pois "o par antagônico centro/periferia ora empregado remete a uma divisão funcional da sociedade mundial, orientada primariamente pela economia, mas também a uma relação de suprainfraordenação entre sociedades parciais fundadas primariamente na política e no direito"[47].

Em suma, na periferia há grandes disparidades no interior dos sistemas sociais que inviabilizam a inclusão e efetivação da instituição dos direitos fundamentais, pois há relações de *subintegração* (ou subinclusão) e *sobreintegração* (ou sobreinclusão), de comum, acarretam uma insuficiente inclusão, seja por falta de acesso (de integração positiva) seja pela existência de dependência (integração negativa)[48]. Logo, na lente de Neves, o problema da marginalidade significa uma *subintegração social,* difusa e instável que acomete grande parte da população nos diferentes sistemas funcionais[49]. Nesse particular, Neves, fazendo referência ao *caso brasileiro* centrando-se na análise da efetivação do Direito, sustenta, com razão, que o Brasil enfrenta o problema de insuficiente fechamento ou autonomia funcional, na medida em que sofre injunções e/ou sobreposições de outros sistemas, Vejam-se as injunções do sistema econômico em políticas públicas indispensáveis, com o corte de investimentos na sistema de ensino, no sistema de saúde; também a invasão do sistema da religião na política e no direito, obstando o debate sobre temas importantes como o aborto e drogas, a liberdade de cátedra[50]. Enfim, nas relações de subintegrados generaliza-se a falta de acesso aos benefícios do ordenamento jurídico estatal. Os subcidadãos, que não se encontram inteiramente excluídos, podem carecer de condições reais para exercerem seus direitos e a Constituição. Não obstante,

---

[46] Ibidem, p. 99-102.

[47] Ibidem, p. 105.

[48] NEVES, Marcelo. A constituição e a esfera pública: entre diferenciação sistêmica, inclusão e reconhecimento. In: DUTRA, Roberto; BACHUR, João Paulo (Org.). *Dossiê Niklas Luhmann.* Belo Horizonte: UFMG, 2013. p. 105-208.

[49] Ibidem, p. 108-109.

[50] Conforme NEVES, Marcelo. *Entre Têmis e Leviatã:* uma relação difícil. São Paulo: Martins Fontes, 2006. p. 248 e ss. Nesse particular, refere Neves a p. 248, que não se trata de relações alopátricas de exclusão entre grupos humanos no espaço social.

não estão liberados dos deveres e responsabilidades impostas pelo aparato punitivo do Estado, ou seja, encontram-se dramaticamente submetidos às suas estruturas punitivas e de sua tendência de *governar pelo delito* ou de *supercriminalização*[51]. A integração no sistema jurídico, não raro, dá-se sob a nomenclatura de devedores, indiciados, réus, condenados[52]: a efetivação dos direitos fundamentais restringe-se à atuação nos aparatos punitivos do Estado. Já nas relações de sobreintegração, ligada aos grupos privilegiados, tem-se que – não raro – estão amparados na burocracia estatal na busca de sua impunidade e/ou benefícios econômicos. É o espaço dos sobreintegrados – dos titulares de direitos, dos poderes e do capital social (visibilidade social) –, mas que não se submetem regularmente à atividade punitiva do Estado. Nesse aspecto, importa consignar que houve uma mudança de rumo na realidade brasileira a partir dos *mega processos* do *Mensalão* e da *Lava Jato,* com a punição de políticos e empresários. Tal alteração, no que se revela problemático, propiciou uma perniciosa invasão do sistema político no sistema do direito, colonizando- este por interesses particulares e morais, consolidando uma prática excepcional supressora da Constituição e seu sistema de garantias. No mais grave, reforçou o espectro punitivo com relação aos pobres e marginalizados, agora submetidos a um direito penal bélico, que se especializa em *lutar contra o crime* e eliminar os indesejados, indivíduos despidos de capital social que qualquer um pode matar.

4 Conclusão: A modernidade periférica e a insuficiente autonomia dos sistemas sociais: a corrupção sistêmica ou *alopoiese* como fator potencializador da exclusão

A diferenciação social, a característica mais relevante da sociedade moderna, exige, para promover o regular funcionamento dos sistemas e das organizações sociais. Com efeito, somente com a autonomia funcional é que o sistema pode se estruturar para

---

51 Ver CALLEGARI, André Luís; LYRA, José Francisco Dias da Costa. *Supercriminalização e individualização judicial da pena.* São Paulo: Thomson Reuters, 2020.
52 Ibidem, p. 248-249.

absorver a complexidade existente na sociedade[53]. Ora, é a autorreferência funcional que permite – por exemplo – o subsistema do direito se diferenciar do subsistema da política (que estabelece os fins e metas estatais), do sistema da economia (que se relaciona com oferta/escassez), conferindo condições para redução da complexidade própria. No sistema jurídico, a autonomia é fundamental para efetivação do projeto constitucional e da *instituição* dos direitos fundamentais[54], equivalentes sistêmicos que levam a comunicação legítima (via irritação) aos demais subsistemas sociais, propiciando, de igual sorte o acoplamento estrutural entre a política e o Direito)[55]. Todavia, na modernidade periférica, região em que a exclusão é patológica e permanente, a cidadania não possui acesso aos sistemas sociais. Primeiro pelo fato de que a maioria da população não consegue superar a barreira imposta pelo *super código* da *exclusão/inclusão*. Sob esse olhar, fixe-se, no caso brasileiro, na cifra dos desempregados formais, na concentração de renda, na violência policial e os diários extermínios de negros pobres nas grandes favelas nacionais para, sem muito esforço, chegar à conclusão da existência de *meros corpos* ou vidas sem relevância social (matáveis, portanto). É o lugar da liberação dos instintos selvagens e menos uma predileção à criminalidade, como bem enxergava Luhmann. Segundo, assumindo a classificação de Neves entre *modernidade central/modernidade periférica,* defende-se que na sociedade periférica os sistemas sociais não possuem suficiente autonomia, fator de exclusão social. Na região há um permanente estado de *corrupção sistêmica*, que priva o sistema de sua funcionalidade. Por exemplo, redes de amizades (ou inimizades) informadas por interesses particulares e setoriais acabam por decidir sobre a inclusão e a exclusão, impedindo que do sistema político funcionalize suas organizações em prol de uma institucionalização plena da coisa pública, atendendo, enfim, às legítimas expectativas sociais. Assim, a corrupção emergente das organizações, estruturas dos sistemas

---

[53] LUHMANN, Niklas. *Sistemas sociales:* lineamientos para una teoría general. Trad. Silvia Pappe e Brunhilde Erker. Barcelona: Annhopos, 1998. p. 37 e ss.

[54] Conforme LUHMANN, Niklas. *Los derechos fundamentales como institución; aportación a la sociología política.* Ciudad de México: Universidade Iberoamericana, 2010. p. 99 e ss.

[55] LUHMANN, Niklas. *La sociedad de la sociedad.* Trad. Javier Torres Nafarrate. México: Herder, 2007. p. 615-625.

sociais que detêm a função de estruturar a complexidade, impede o *acoplamento estrutural* (troca de energias e informações) entre sistemas autônomos no plano da sociedade[56]. Não se nega que a corrupção sistêmica – normalmente – é operativa e normal ao regular funcionamento do sistema; todavia, o problema que se impõe é quando ela se revela generalizada no sistema: quando for além do aspecto setorial, apresentando-se como uma *tendência à generalização* no sistema funcional atingido, colocando em xeque a tese da diferenciação funcional, como se sucede na periferia.

Concluindo, a perda da autonomia funcional dos sistemas sociais (corrupção sistêmica), é conceituada, no âmbito do sistema do direito estatal, por Neves como *alopoiese[57]*. Trata-se de um fenômeno que se dá quando o direito não se se constrói efetivamente como um sistema autorreferencial capaz de orientar a sociedade. Assim, em condições de *alopoiese,* falta ao Direito a autonomia operacional, não resistindo à sopreposição de outros códigos comunicativos, notadamente do econômico (ter/não ter) e do poder político (poder/não poder), com o bloqueio generalizado dos componentes sistêmicos do sistema jurídico (ato/norma/procedimento/dogmática jurídica). Sob os influxos da *alopoiese* e da perda da autonomia funcional do direito positivo estatal, especialmente no que concerne à *exploração do sistema jurídico pela política,* pode desembocar na *constitucionalização simbólica[58]*; portanto, no bloqueio do acoplamento estrutural entre a Constituição (política) e o direito, promovendo uma politização *desdiferenciante* do sistema jurídico. Exemplo eloquente do bloqueio do programa da norma constitucional[59], no caso brasileiro, detecta-se nos julgamentos da denominada operação *Lava Jato,* pois em alguns de tais julgamentos o sistema jurídico foi capturado por interesses

---

[56]Ibidem, p. 202.

[57] NEVES, Marcelo. *A constitucionalização simbólica.* São Paulo: Martins Fontes, 2007. p. 145-148.

[58] O fenômeno da *constitucionalização simbólica* foi desenvolvido por Neves, que entende que a legislação simbólica, em apertada síntese, pode ser caracterizada como uma legislação ineficaz, porque lhe falta normatividade (isto é, não se revela apta para regular condutas) e vigência social (assegurar expectativas normativas). Consultar NEVES, Marcelo. *A constitucionalização simbólica.* São Paulo: Martins Fontes, 2007. p. 5-54.

[59] NEVES, Marcelo. *A constitucionalização simbólica.* São Paulo: Martins Fontes, 2007. p. 148-149.

políticos, assumindo uma indevida função de *moralizar* a sociedade e
de *erradicar a corrupção,* questões decerto relevantes à sociedade
brasileira, mas que devem ser objeto de outros equivalentes
sistêmicos, tais como o sistema da moral e o sistema educacional.
Ora, não pode ser esquecido que – ao direito – compete
exclusivamente manter as expectativas normativas contra
defraudações, que não suportam desapontamento. Um sistema
jurídico sem autonomia funcional – porém – somente pode *fingir* agir
legalmente, e seguir promovendo exclusões.

Referências

AGAMBEN, Giorgio. *Estado de exceção.* Trad., Iraci D. Poleti. São
Paulo: Boitempo, 2004.

______. *Homo sacer:* o poder soberano e a vida nua I. Trad. Henrique
Burigo. Belo Horizonte: UFMG, 2007.

BECK, Ulrich. *La sociedad del riesgo:* hacia una nueva modernidad.
Trad. Jorge Navarro et at. Barcelona: Paidós, 2006.

______. *O que é globalização:* equívocos do globalismo, respostas à
globalização. Trad. André Carone. São Paulo: Paz e Terra, 1999.

CANCIO MELIÁ, Manuel; GÓMEZ-JARA DÍEZ, Carlos. *Derecho
penal del enemigo:* el discurso penal de la exclusión. Buenos Aires-
Montevideo: IBDEF, 2006. v. 1-2.

CARVALHO, José Murilo de. *Cidadania no Brasil:* o longo caminho.
3. ed. Rio de Janeiro: Civilização Brasileira, 2002.

CITTADINO, Gisele. "Invisibilidade", Estado de Direito e política
de reconhecimento. In: MAIA, Antonio Cavalcanti; MELO,
Carolina de Campos; CITTADINO, Gisele; POGREBINSCHI,
Thamy. *Perspectivas atuais da filosofia do Direito.* Rio de Janeiro:
Lumen Juris, 2005. p. 153-166.

DAL LAGO, Alessandro. Personas y no-personas. In: SILVEIRA
GORSKI, Hector C. (Org.). *Indentidades comunitarias y democracia.*
Madrid: Trotta, 2000. p. 127-144.

FAORO, Raymundo. *Os donos do poder:* a formação do patronato
político brasileiro. 6. ed. Porto Alegre: Globo, 1984.

FERRAJOLI, Luigi. *Poderes selvagens:* a crise da democracia italiana.
Trad. Alexander Araujo de Souza. São Paulo: Saraiva, 2014.

GARCÍA BLANCO, José María. La exclusión social em la teoría
social de Niklas Luhmann. Século XXI. R*evista de Ciências Sociais,*
Santa Maria, v. 2, n. 1, p. 43-71, jan./jun. 2012.

GARLAND, David. *A cultura do controle*: crime e ordem social na sociedade contemporânea. Trad. André Nascimento. Rio de Janeiro: Revan, 2008.

HABERMAS, Jüergen. *O discurso filosófico da modernidade*. Trad. Ana Maria Bernardo *et al.* 3. ed. Lisboa: Dom Quixote, 2000.

_______ et al. (Org.). *La posmodernidad*. Barcelona: Kairós, 1983.

_______. *Direito e democracia:* entre facticidade e validade I. Trad. Flávio Beno Sibeneichler. Rio de Janeiro: Tempo Brasileiro, 2003.

HARVEY, David. *Condição pós-moderna*. 18. ed. Trad. Adail Ubirajara Sobral e de Maria Stela Gonçalves. São Paulo: Loyola, 2008.

HONNETH, Axel. *La sociedad del desprecio*. Trad. Francesc J. Hernández e Benno Herzog. Madrid: Trotta, 2011.

_______. *Luta por reconhecimento:* a gramática moral dos conflitos sociais. Trad. Luiz Repa. 2. ed. São Paulo: Editora 34, 2009.

_______. *Patologías de la razón:* historia y actualidad de la teoría crítica. Buenos Aires: Katz, 2009.

_______. *Reificación*: un estudio em la teoría del reconoscimiento. Buenos Aires: Karz, 2007.

LIPOVETSKY, Gilles. *Os tempos hipermodernos*. Trad. Mauro Vilela. São Paulo: Barcarolla, 2004. Também, do mesmo autor, *A inovação destruidora:* ensaio sobre a lógica das sociedades modernas. Trad. Vera Lucia dos Reis. Rio de Janeiro: Objetiva, 2015.

LOPES JÚNIOR, Dalmir. O contrato como intertextualidade: o papel do direito privado em face da poli contexturalidade. In: SCHWARTZ, Germano (Org.). *Juridicização das esferas sociais e fragmentação do direito na sociedade contemporânea*. Porto Alegre: Livraria do Advogado, 2012.

LUHMANN, Niklas. *Complejidad y modernidad:* de la unidad a la diferencia. Trad. Josetxo Berian e José María García Blanco. Madrid: Trotta, 1998.

_______. *El derecho de la sociedad*. Trad. Javier Torres Nafarrate. México: Herder, 2005.

_______. Inclusão/exclusão. In: DUTRA, Roberto; BACHUR, João Paulo. *Dossiê Niklas Luhmann*. Belo Horizonte: UFMG, 2013. p. 15-50.

_______. *La sociedad de la sociedad*. Trad. Javier Nafarrate Torres, México: Herder, 2007.

_____. Los derechos fundamentales como institución; aportación a la sociología politica. Ciudad de México: Universidade

Iberoamericana, 2010________. *Organización y decisión*: autopoiesis, acción y entendimiento comunicativo. Barcelona: Anthropos, 2005.

________. *Sistemas sociales:* lineamientos para una teoría general. Trad. Silvia Pappe e Brunhilde Erker. Barcelona: Anthropos; México: Universidad Iberoamericana, 1998.

________. *Sociología política.* Trad. Iván Ortega Rodríguez. Madrid: Trotta, 2014.

________. Teoría politica en el estado de bienestar. Madrid: Alianza, 2007.

LUMANN, Niklas. *La sociedad de la sociedad.* Trad. Javier Torres Nafarrate. México: Herder, 2007.

LYOTARD, Jean-François. *A condição pós-moderna.* Trad. Ricardo Corrêa Barbosa. 9. ed. Rio de Janeiro: José Olímpio, 2006.

MÜLLER, Friedrich. *Fragmento (sobre) o poder constituinte do povo.* Trad. Peter Naumann. São Paulo: Editora dos Tribunais, 2004.

NEGRI, Antonio; COCCO, Giuseppe. *Glo(bal):* biopoder e luta em uma América Latina globalizada. Trad. Eliana Aguiar. Rio de Janeiro; São Paulo: Record, 2005.

NEVES, Marcelo. *A constitucionalização simbólica.* São Paulo: Martins Fontes, 2007.

________. A constituição e a esfera pública: entre diferenciação sistêmica, inclusão e reconhecimento. In: DUTRA, Roberto; BACHUR, João Paulo (Org.). *Dossiê Niklas Luhmann.* Belo Horizonte: UFMG, 2013. p. 105-208.

________. Aumento de complexidade nas condições de insuficiente diferenciação funcional: o paradoxo do desenvolvimento social da América Latina. In: SCHWARTZ, Germano (Org.). *Juridicização das esferas sociais e fragmentação do direito na sociedade contemporânea.* Porto Alegre: Livraria do Advogado, 2012. p. 199-208.

________. *Constituição e direito na modernidade periférica:* uma abordagem teórica e uma interpretação do caso brasileiro. São Paulo: Martins Fontes, 2018.

________. *Entre Têmis e Leviatã:* uma relação difícil. São Paulo: Martins Fontes, 2006.

________. La Constitución y la esfera pública: entre diferenciación sistémica, inclusión y reconocimiento. *Doxa,* Cadernos de filosofia del derecho, [S.l.], n. 37, p. 163-192, 2014.

________. *Transconstitucionalismo.* São Paulo: Martins Fontes, 2009.

SIMON, Jonathan. *Governar através del delito*. Trad. Victoria de los Ángeles Boschiroli. Barcelona: Gedisa, 2011.

SORJ, Bernardo. *A nova sociedade brasileira*. Rio de Janeiro: Zahar, 2000.

STICHWEH, Rudolf. Inclusão/exclusão, diferenciação funcional e teoria da sociedade mundial. In: DUTRA, Roberto; BACHUR, João Paulo. *Dossiê Niklas Luhmann*. Belo Horizonte: UFMG, 2013. p. 51-73.

TEUBNER, Gunther. Autoconstitucionalização de corporações transnacionais? Sobre a conexão entre os códigos de conduta corporativos (corporate codes of conduct) privados estatais. In: SCHWARTZ, Germano. *Juridicização das esferas sociais e fragmentação do direito na sociedade contemporânea*. Porto Alegre: Livraria do Advogado, 2012. p. 109-126.

TEUBNER, Gunther. *Direito, sistema e policontextualidade*. Piracicaba: UNIMEP, 2005.

TICHWEH, Rudolf. Inclusão/exclusão, diferenciação funcional e a teoria da sociedade mundial. In: DUTRA, Roberto; BACHUR, João Paulo (Org.). *Dossiê Niklas Luhmann*. Belo Horizonte: UFMG, 2013.

TORRES JUNIOR, Roberto Dutra. O primado da diferenciação funcional e a contingência das estruturas de desigualdade social. In: DUTRA, Roberto; BACHUR, João Paulo. *Dossiê Niklas Luhmann*. Belo Horizonte: UFMG, 2013. p. 219-248.

WACQUANT, Loïc. *Los condenados de la ciudad: gueto, periferias y Estado*. Trad. Marcos Mayer. Buenos Aires: Siglo XXI, 2007.

YOUNG, Jock. *A sociedade excludente*: exclusão social, criminalidade e diferença na modernidade recente. Trad. Renato Aguiar. Rio de Janeiro: Revan, 2002.

Direitos humanos, movimentos sociais e organizações internacionais: lacunas da teoria sistêmica

Maurício Palma

I

Este artigo oferece uma contribuição à sociologia dos direitos humanos e à sociologia do direito internacional. Serão aduzidas considerações a sobre a teoria sistêmica luhmanniana a respeito dos direitos humanos, enfatizando-se os desenvolvimentos de Neves. Sustentar-se-á que esta teoria não observa com a devida atenção o papel de organizações políticas internacionais e atores de movimentos sociais na articulação e afirmação de direitos humanos. Ao final, serão expostas considerações a respeito do uso tecnocrático dos direitos humanos, enfocando-se, fundamentalmente, organismos políticos internacionais.

Estados nacionais e seus órgãos legislativos, executivos, incluindo suas polícias, judiciários, organizações políticas supra-estatais, tribunais não estatais, pequenas empresas, multinacionais, redes e organizações criminosas e, por fim, redes e organizações de movimentos sociais. Cada um desses atores pode ser a favor ou contra normas relativas a direitos humanos, bem como violá-las ou não, dependendo da situação em que se encontrem e das transitórias situações ambientais e eleitorais, no caso de Estados, ainda que vivendo situações excepcionais. A produção de comunicações relativas aos direitos humanos é muito recente, e mais recente ainda é a circulação global de temas de direitos humanos entre diferentes sistemas sociais funcionais, suas organizações e outros arranjos comunicativos como redes.[1]

---

[1] O presente texto possui trechos, traduzidos para o português, de meu livro, havendo, aqui, outros desenvolvimentos lá não presentes. Para tanto, ver Palma (2019, fundamentalmente páginas 107 e ss.).

Violações de direitos humanos estampadas nas mídias engatilham reações em diferentes partes do mundo, não sendo compreendidas como violações comuns de ordens estatais. Fischer-Lescano, por tal razão, sustenta que uma *colère publique mondiale* existiria, tomando a forma de prescrições legais que afetam a vasta maioria dos Estados, sendo que, pela mesma razão, poderiam ser encontrados alguns remédios heterárquicos para eventuais violações. Deve-se observar que nem a mídia, seja a grande ou a fragmentada em redes sociais, e nem as esferas institucionais tratam similarmente violações de direitos humanos, uma vez que características pessoais, como cor da pele, nacionalidade e classe social, bem como pertencimentos institucionais, como a função pública ocupada, impactam na divulgação e nas ações legais e políticas eventualmente tomadas.

Direitos humanos podem ser descritos como respostas ao risco da desdiferenciação social, pois eles protegem a autonomia de sistemas e discursos da expansão de outros sistemas. Os direitos podem ser capazes de restringir a expansão de outros subsistemas ou regimes que possuem uma racionalidade expansiva, incluindo os capazes de destruir outros campos comunicativos, como a *lex mercatoria* (v. Teubner, 2006; Neves, 2007). Assim, a comunicação de direitos sociais fundamentais pode atingir órgãos centrais, declarando possuir força normativa, a fim de impedir performances de poderosos atores econômicos ou políticos que, por exemplo, poderiam levar à falta de medicamentos básicos ou comida.

Direitos sociais globais fundamentais estão ligados ao endereçamento comunicativo dos sistemas sociais em relação aos indivíduos, bem como à participação de tais indivíduos nos sistemas sociais (Neves, 1992), uma vez que, apenas com a realização de tais tipos de direitos, humanos podem ser descritos como mais do que simples corpos, podendo, em outras palavras, desenvolver-se como pessoas (Luhmann, 2008). Direitos sociais garantem pré-requisitos físicos e sociais para que haja o desenvolvimento de condições razoáveis para a produção de comunicações sistemicamente relevantes. Para Neves (2015), tratando de uma disputa teórica envolvendo reconhecimento e inclusão, direitos humanos compreendem problemas relacionados, fundamentalmente, com a inclusão e apenas residualmente problemas relacionados a reconhecimento. Embora correta, a posição de Neves deve ser relativizada, uma vez que a observação de atores sociais poderá indicar, nos casos concretos, se o problema de reconhecimento deve ser, num dado momento, o principal reclame de uma organização de movimento.

Se direitos individuais básicos são condições indestrinçáveis dos direitos sociais, então se poderia apenas falar em direitos sociais fundamentais. Dito de outro modo: não há absoluta separação entre direitos sociais fundamentais e direitos humanos básicos. Tensões podem ocorrer: direitos sociais requerem provisões gerais, envolvendo, por exemplo, questões distributivas, as quais tornam possíveis a ocorrência de conflitos com direitos humanos de primeira dimensão. Por outro lado, uma confluência simplista entre direitos sociais e direitos humanos ser usada como estratégias de atores poderosos ou economicamente relevantes para ganhar benefícios estatais, como ocorre nos Estados da periferia mundial (para tanto, v. Da Silva, 2008).

Teubner (2006, p. 334) entende que a política, enquanto sistema social, desenvolveu mecanismo complexos com a pretensão de exercer controle sobre os seres humanos, enquanto seres psicossociais, isto é, sobre mentes e corpos. Em sentido estrito, constituiriam direitos humanos as garantias políticas construídas historicamente que visam bloquear referido comportamento estatal, sendo considerados, por Teubner, como pré-políticos e pré-jurídicos. O fenômeno do controle de corpos e mentes, hodiernamente, pode ser observado também em outros campos sociais, como a economia, tornando claro que há uma exploração dos homens pelos sistemas, não meramente do homem pelo homem (Teubner, idem).

Por meio do protesto seriam os direitos humanos tematizados por sistemas sociais, incluindo a política, ou seja, o protesto seria a aquisição evolutiva social pela qual se responde ao expansionismo da política. Se realmente for assim, ou seja, se concordamos com Teubner, os direitos humanos não seriam nada mais do que uma aquisição da sociedade mundial construída de maneira primordialmente reativa, não podendo ser uma base de mudança social profunda. Posteriormente, Teubner (2012, p. 141 ss.) reconheceu a conexão entre direitos fundamentais e inclusão, mas esta conexão continuou a ser apresentada como meramente reativa, além de não ter abordado suficientemente as ligações entre direitos humanos e inclusão.

Para Luhmann (1993), os direitos humanos, numa esfera global, relacionar-se-iam com violações escandalosas da dignidade humana.

Deste modo, este autor excluiu direitos sociais fundamentais, como o acesso a água e comida, pois isto seria um uso inflacionário do termo "direitos humanos" (v. p. 577). Caberia aqui, de um lado, uma investigação mais aprofundada sobre o que seria, enfim, um escândalo, como o fez Ribeiro (2020), bem como, de outro, uma exploração sobre a razão pela qual a teoria luhmanniana não compreende violações graves ligadas a direitos sociais como escandalosas, uma vez que, para a própria teoria, a comunicação depende fisicamente da vida humana para comunicar-se, embora não seja o ser humano, tomado como ser biológico, quem comunique. Situações em que se constate, em massa, a fome ou a falta de moradia para toda uma população, por exemplo, além de escandalosas, arriscam a vida humana em seu mais básico sentido biológico.

Embora sejam posições diferentes entre si, tanto Luhmann quanto Teubner apresentam os direitos humanos como demasiadamente reativos, não observando neles eventual potencial de proposição programática que não compreenda corpo e mente humanos, tidos como dissociáveis de condições sociais básicas e que são entendidas hodiernamente como ligadas a direitos sociais. Em certo sentido, a linha de demarcação entre direitos humanos tal como traçada por tais autores poderia ser vista como uma outra forma de diferenciação entre sistemas humanos, numa acepção ainda muito ligada ao iluminismo racional-subjetivista europeu, que afasta como não racional outras formações sociais, e sistemas monstruosos, isto é, não humanos. Assim, Luhmann[2] conserva bases

---

[2] Luhmann (1970), em texto publicado originalmente em 1967, propõe uma sociologia da sociologia, tratando da superação da racionalidade iluminista por uma racionalidade sistêmica, sendo fundamental a redução da complexidade como ferramenta sociológica. Nesse diapasão, afirma: "Als Systemrationalität ist Rationalität systemrelativ, damit zugleich geschichtlich und sachlich an konstituierte Strukturen der Erlebnisverarbeitung gebunden. Das ist, vom ontologischen Standpunkt aus, das Bedenkliche. Gerade dieses Bedenken sagt jedoch Wesentliches aus über Sinn, Zielrichtung und inhärente Schranken der Aufklärung. Anders als die Vernunftaufklärung will die soziologische Aufklärung nicht mehr feststehende, intersubjektiv gewisse Vernunftwahrheiten suchen und daraus alles weitere ableiten. Das würde ihr Potential für Komplexität a priori beschränken" (idem, p. 79) (...) "Sie [die Aufklärung] findet auf diese Weise in der Spannung zwischen Weltentwurf und aktuellem Erleben ihr inneres Gesetz: dass die Komplexität der Welt nur erfassbar ist, wenn sie

caras ao iluminismo, embora pretenda com seu esclarecimento sociológico a formulação de uma teoria social distante de uma filosofia centrada no sujeito racional, para investigar as condições pelas quais o que acontece acontece, que almeje, portanto, afastar-se de um iluminismo racional (*Vernunftaufklärung*), cujas premissas trariam como consequências ilusórias a igualdade entre pessoas racionais e a possibilidade de existência de um estado racional.[3]

II

Neves (2007) insere-se nesse debate ao apresentar uma noção diferente de direitos humanos. Com efeito, sustenta que tais direitos estão conectados à inclusão total de todas as pessoas na sociedade mundial e, consequentemente, também no sistema jurídico (idem, p. 417). Embora não ignore o caráter reativo e protetivo dos direitos humanos, o autor acentua a relação horizontal entre direitos humanos e inclusão, incluindo na noção de direitos humanos graves problemas da sociedade mundial, como a fome, tornando a noção mais complexa e coerente. A tese de Neves, no entanto, tem componentes problemáticos. Nela, os direitos humanos apresentariam uma força simbólica ambivalente (positiva e negativa) em esferas nas quais não seria possível a observação de um sistema jurídico diferenciado completamente. Em esferas não estatais, onde política e direito não estão diferenciados, a realização dos direitos humanos seria irremediavelmente incompleta. A assunção descrente de Neves é, num primeiro momento, atraente, mas, ao mesmo tempo, faz parecer que os direitos humanos "existiriam" num par de Estados europeus, sendo, no resto do globo, tão somente, quando muito, um amálgama jurídico-político incompletamente afirmado. Em primeiro lugar, no entanto, ainda que os problemas apresentem-se com muito mais força e concentração nos países periféricos, mesmo Estados que apresentam um IDH (Índice de Desenvolvimento Humano) classificado como muito alto, segundo

---

auch <u>reduziert werden kann.</u> Erst dieses Gesetz gibt ihr die Möglichkeit, Bedingungen und Chancen einer wirklichen Aufklärung zu erkennen" (idem, p. 86). (grifado e adaptado à nova ortografia por nós).

[3] Bachur (2009, pp. XII, 4) opta por verter "Aufklärung" por "esclarecimento" ao português por estar seu uso, nesse caso, relacionado ao sentido mais abstrato da noção.

o PNUD, têm sérios problemas relativos à violação de direitos humanos como, por exemplo, aqueles relacionados à alocação de recursos escassos nos sistemas de saúde (como os EUA) e previdência (como França), direitos migratórios (como Israel e EUA) e mesmo liberdade de imprensa (como Singapura). O segundo ponto, que aprofunda o argumento aqui aduzido e não confronta a tese de Neves[4], aprofundada em seus escritos mais recentes, recai sobre a observação da transnacionalidade das ações dos Estados nacionais. Assim, países como Inglaterra, Espanha, Portugal e França foram, até muito pouco tempo, as grandes potências coloniais, sendo, por larga margem, as principais fontes de violação de direitos humanos em termos mundiais, sendo que, atualmente, as grandes potências estatais violam direitos humanos em outros países pode meio de ações diretas ou por meio de organizações internacionais. É imprecisa, nesse sentido, a descrição destes países como observadores e promotores dos direitos humanos. Este ponto será ampliado no tópico III.

Em terceiro lugar, os direitos humanos ainda são importantes expectativas normativas da sociedade, orientando os movimentos de atores de diversos sistemas sociais, o que, embora seja tenha sido considerado por Neves, não parece ter sido observado com a complexidade suficiente. Luhmann, ao enfocar a política e o direito como segmentados territorialmente, apesar de não negar suas dimensões não estatais, não analisa satisfatoriamente o tabuleiro político mundial para além de menções pontuais ou artigos mais amplos. Este tabuleiro envolve, além de relações de hierarquia entre Estados (Palma, 2017), também ações de organismos multilaterais, fatores que parecem influenciar os que partem de sua teoria sistêmica. Embora censure, com acerto, performances dúbias da ONU, também Neves, por criticar o uso dos direitos humanos por atores politicamente fortes e por julgar formas políticas não estatais a partir do metro do constitucionalismo estatal, parece não considerar seriamente o papel de organizações políticas não estatais, além das redes e organizações de movimento sociais, que se

---

[4] Neves (1992), já em sua tese de doutorado, observa uma sociedade mundial estruturada de forma assimétrica, composta por periferia e centro, o que impacta os desenvolvimentos do constitucionalismo periférico, sendo problemas desse constitucionalismo vêm sendo descritos como também observáveis em países centrais.

comunicam e embaralham o jogo da constituição e afirmação dos direitos humanos (v. Keck & Sikkink, 1998, bem como a literatura que se seguiu, como apresentado em Palma (2019), situando-os meramente no plano de uma "frágil esfera pública global", fazendo referência ao trabalho de Brunkhorst (2005).[5] Com efeito, as demandas de atores em planos internacionais ou transnacionais dependeriam, segundo o autor, "de auto-institucionalizações no âmbito das ordens jurídicas estatais, ainda rigidamente delimitadas territorialmente (e vice-versa). Impõe-se, pois, antes a promoção internacional e transnacional de "Estados de direitos humanos" do que a repressão imperial de "Estados contrários aos direitos humanos" (2007, p. 27 e s.). Parece estar correta a afirmação de que os direitos humanos podem ser usados, por organismos políticos internacionais, por empresas e por atores de movimentos sociais como uma gramática útil para atingir seus fins, inclusive de maneira tecnocrática (Palma, 2019), bem como que eles podem institucionalizar-se estatalmente. Devem ser encarados, no entanto, com mais cuidado casos em que organizações políticas internacionais e atores de movimentos sociais contribuíram decisivamente para a promoção de direitos humanos. Por exemplo, estratégias relacionadas às metas do milênio[6] têm sido, supreendentemente, bem sucedidas (Abbott, Sapsford, & Binagwaho, 2017; Cuenca-García, Sánchez, & Navarro-Pabsdorf,

---

[5] "Em suma, há também uma ambivalência da força simbólica dos direitos humanos no que concerne à sua concretização normativa e realização no plano internacional ou global: a textualização na Carta da ONU e em diversos tratados, convenções e declarações, assim como o discurso da Assembléia Geral e da "frágil esfera pública global" têm, antes, uma força simbólica positiva, enquanto a prática política arbitrária do Conselho de Segurança e das grandes potências mundiais vincula-se principalmente a um uso negativo da força simbólica dos direitos humanos, o qual não só encobre o jogo de interesses que, com freqüência, está na base do intervencionismo, mas também importa, muitas vezes, violações escandalosas aos direitos humanos." (Neves, 2005, p. 29 e s.).

[6] Os Objetivos de Desenvolvimento do Milênio, além de ser exemplo de uma tentativa de efetivação de direitos sociais e humanos de maneira global, também ilustra como atores de movimentos sociais e populações locais podem não ser consultados sobre programas com impacto direto em suas vidas, tendo sido baseado nos indicadores estatais, portanto não tendo sido suficientemente discutidos os indicadores e os objetivos.

2019); a varíola foi erradicada completamente em todo mundo por meio de um programa iniciado em 1967 pela Organização Mundial de Saúde (o anúncio deu-se em 1980), o que indica o sucesso de uma política global de saúde pública por meio de uma instituição política (Behbehani, 1983), enquanto que organizações movimentos sociais participam ativamente na elaboração de documentos internacionais, pautando políticas públicas mundiais, como é o caso da causas ambientais.

Nesse sentido, em arenas estatais ou transestatais, a constituição e afirmação dos direitos humanos também envolvem atores que não fariam, segundo a teoria tradicional, parte do jogo sistêmico da política e do direito, podendo não apenas irritá-los (Hanna, 2017), ou seja, podendo incluir-se nas relações de sistemas políticos estatais. Enquanto, sim, figurando em certas situações como componentes da esfera pública, organizações transnacionais de movimentos sociais podem passar a desempenhar um papel mais importante do que organizações políticas na afirmação dos direitos humanos, equivalendo a formações do jogo político estatal como sindicatos, partidos e tribunais constitucionais, embora, como já mencionado, possam apenas se utilizar instrumentalmente da linguagem dos direitos humanos. As organizações de movimentos sociais, como as Organizações não Governamentais (ONGs), podem operar como equivalentes funcionais de parcelas localizadas na periferia dos sistemas estatais: formulam programas e participam da efetivação deles, numa dinâmica que envolve relacionamentos tensos com outras redes e organizações de movimentos sociais, transnacionais ou não, aparatos estatais e forças globais.

III

Forças não estatais, fundamentalmente a dos sistemas econômico e político, agem globalmente e engatilham eventos e complicações que não podem ser tratados tendo como único ponto de referência o Estado. De fato, os Estados, embora tenham nascido também com a finalidade de enfrentar problemas para além de suas fronteiras, como guerras, fluxos migratórios e invasões territoriais, incluindo incursões em territórios a serem colonizados, tendem a desenvolver mecanismos para oferecer respostas territoriais. Às organizações estatais, como a ONU e a União Europeia, ainda faltam, em geral, ações que envolvam a distribuição de bens e riquezas globais que ultrapassem o mero auxílio emergencial ou de caridade. Mesmo as ações do Conselho de Segurança da ONU adotadas sob o Capítulo VII da Carta da ONU são tomadas, geralmente, tendo em vista os interesses do P5. De outro lado, a esmagadora maioria dos Estados não possui armas adequadas para lidar com companhias transnacionais, organizações políticas mundiais, ONGs e redes transnacionais. As crises em setores como o financeiro e o de saúde são casos exemplares que mostram a participação de múltiplos atores e o fluxo global de comunicação que colocam em xeque as ações estatais (ver Fischer-Lescano & Möller, 2012, pp. 9 ss., esp. 14).

A implementação de direitos humanos e sociais, ligados a Estados, em ambientes não estatais é um paradoxo desdobrável apenas se se remeter a questão ao reconhecimento de uma normatividade para além do Estado, ou seja, de seu entendimento como expectativas normativas que ultrapassam as barreiras estatais, expectativas que são portadas por atores da esfera pública mundial, capazes de comunicar e contribuir para sua implementação.

Tanto a Declaração Universal dos Direitos Humanos, de 1948, fundamentalmente seus artigos 22 a 27, e o Pacto Internacional dos Direitos Econômicos, Sociais e Culturais, de 1966, prescrevem o cumprimento de metas aos Estados, algumas das quais, *mutatis mutandis*, podem ser estendidas a atores privados, o que pode levar ao entendimento de que os direitos humanos, enquanto hipóteses normativas, podem incidir globalmente. Atores privados, muitas vezes oriundos de Estados ricos, no entanto, com o fim de maximização de lucros, escolhem desrespeitar direitos humanos ao atuar em Estados mais pobres, de estruturas normativas não consolidadas, os quais a um só tempo estão desesperados por recursos econômicos e são corrompidos pela racionalidade econômica, têm dificuldades com a implementação de direitos humanos. A atuação fora dos Estados de origem, bem como a estratégia de *forum shopping*, frequentemente têm como efeito, inclusive em função de decisões judiciais dos países centrais, a responsabilização das empresas (v. Robertson, 2010), podendo incluir, especificamente, direitos humanos (Helfer, 1999).

A universalização dos direitos humanos em terrenos heterogêneos pode ser considerada uma expectativa da sociedade mundial. Há uma tensão entre diferenciação funcional, que possui o primado, e diferenciação territorial, base de construção para o direito e para a política. Em esferas estatais, há pouquíssimo exemplos de estados em que haja de fato um direito diferenciado completamente, que estariam situados da Europa Ocidental apenas (Neves, 1992). Não existem, por outro lado, regime político ou jurídico globais, sendo que o sistema político mundial está ligado a organizações internacionais e a Estados. A expansão de normas relativas a direitos humanos após o fim da segunda guerra mundial ocorreu e ocorre de modo lento e errático, não sendo, como afirmado por Thornhill (2018, p. 160), até os anos de 1970, claro que a proteção dos direitos humanos e democratização estariam correlacionados. Poder-se-ia perguntar se, atualmente, ante a expansão de movimentos anticonstitucionalistas, estava vinculação ainda se faria observável.

Ainda assim, formas políticas e legais podem ser encontradas em esferas não nacionais, o que pode indicar, se não uma constituição global, fragmentos constitucionais, valendo-se da metáfora de Teubner. Fischer-Lescano (2013, p. 37) apresenta uma perspectiva sobre o potencial emancipatório dos direitos humanos em esferas não estatais. Citando Gramsci, este autor afirma que a sociedade civil é parte do exercício pública da autoridade e, com isso, parte do poder público; os protestos podem conter elementos de sanção na forma de poder. Para ele, na arena global estão desacoplados violência e poder estatais, capazes de impor decisões legais, de um lado, e direito e sua força, capazes de produzir res judicata, de outro – o monopólio da violência, assim, não existe. Por tais razões, o autor argumenta que movimentos sociais conectados com demandas sobre direitos humanos têm o potencial de constituir formas de socialização do direito global, possuindo força subversiva e, portanto, tais atores podem fazer parte do regime jurídico. Movimentos com demandas relativas a direitos sociais globais lutam por um tipo de política jurídica (*Rechtspolitik*) que coloca no centro aspectos sociais e ecológicos da justiça e que explora profundamente como o potencial da sociedade mundial pode ser usada para implementar alternativas às atuais relações econômicas e sociais. De acordo com Fischer-Lescano, direitos subjetivos e trans-subjetivos têm de proteger direitos humanos em sentido estrito, o que possibilitaria o desenvolvimento de outras forças sociais. Substituindo a divisão clássica de direitos liberais, sociais e políticos, relacionados com a tríade jurídico-humana com uma inseparável garantia de desenvolvimento relacionada aos âmbitos humanos, ecológico e comunicativos, Fischer-Lescano observa o potencial do direito em agir como um tipo de comunicação apta a iniciar o desenvolvimento democrático de forças sociais, retornando à noção marxista de emancipação, que por sua vez relaciona-se à reunião do ser humano com o mundo humano. O trabalho de Fischer-Lescano pode ser observado como uma reformulação do problema arendtiano sobre populações deslocadas e/ou apátridas, isto é, não mais vinculadas a um Estado, tendo em vista que os direitos humanos, no século XX, estavam conectados à territorialidade estatal. O problema parece ser o mesmo, mas Hannah Arendt é uma autora anti-marxista. Ela observou, apoiada pela noção de Burke sobre a ligação entre direitos e uma comunidade, que no centro dos direitos humanos internacionais estariam o direito fundamental a uma pessoa pertencer a uma esfera política, ao lado do surgimento da noção de "humanidade", em contraste à noção de "natureza humana" presente no século XVIII. Como entendo a questão, os direitos humanos hodiernamente estão sendo reivindicados mesmo em situações e áreas nas quais não pode ser encontrada uma "comunidade política", ao menos como compreendida nos séculos anteriores.

Nesse diapasão, centros políticos mundiais, tais como a ONU e, especialmente, seu Conselho de Segurança, surgiram como atores fundamentais, uma vez que a proteção e implementação de direitos humanos numa escala global pode ser entendida como um dos desafios principais encarados por Estados que não possuem os mecanismos adequados para ligar com direitos humanos globais, justamente por possuírem os Estados como tarefa principal a produção de decisões coletivas vinculantes num território (Luhmann, 2000). Há, ainda, redes e organizações de movimentos sociais que almejam o reconhecimento ou efetivação de direitos humanos em âmbitos estatais e globais, já mencionadas.

A Organização das Nações Unidas tem como instrumento de fundação uma Carta que trata fundamentalmente sobre direitos, princípios e obrigações das relações interestatais, excluindo atores não estatais, com uma pequena exceção. "Paz" ou "ruptura da paz" são, por exemplo, nos termos do Capítulo VII da Carta da ONU, ligados a situações estatais (Zangl & Zürn, 2003, p. 219). A Resolução 232 (1966) do CSONU, sobre a Rodésia do Sul baseia-se na estabilidade estatal da região, ainda que a situação tenha sido uma guerra civil; o objetivo primordial declarado do Conselho era garantir o direito de auto-determinação dos cidadãos da Rodésia e a segurança dos países da região. Justamente por isso, esta resolução não pode ser considerada um precedente a respeito da conexão posteriormente realizada pelo Conselho entre direitos humanos e ameaça ou ruptura da paz (Hullman, 2005, p. 38). Outros foram os casos em que, de ·fato, foi reconhecido que violações de direitos humanos estariam conectadas à segurança global, sendo, assim, um tema para o Conselho de Segurança, que, por sua vez, foi obrigado a mencionar que ele próprio estaria vinculado a direitos humanos. Tanto a Resolução 418 (1977), sobre o regime de apartheid na África do Sul, quanto a Resolução 688 (1991), sobre a perseguição de curdos e xiitas no Iraque, são precedentes parciais no que tange a consideração de vastas violações de direitos humanos praticadas por um Estado como uma ruptura da paz, uma vez que, em ambos os casos, a situação interestatal foi o principal fundamento das decisões (Hullman, 2005, p. 45). A Resolução 794 (1992), a respeito da Somália, representa a primeira vez em que, de fato, foi estabelecida uma conexão entre violação de direitos humanos, de um lado, e ameaça à paz internacional, de outro, liame também existente na Resolução 808 (1993) do Conselho, sobre a situação na antiga Iugoslávia. (Oeter, 2008, p. 36 e ss.). Em tais resoluções, com efeito, a ameaça à paz internacional ou a ruptura à paz internacional possuíam como fundamento eventos estritamente intra-estatais. Assim, a dimensão territorial dos direitos humanos, aos olhos do órgão de segurança mais poderoso do mundo, foi alterada.

O vínculo entre segurança e direitos humanos foi inflacionado pela noção de Responsabilidade de Proteger (R2P), elaborado em um Relatório da ICISS International Commission on Intervention and State Sovereignty (2001) e mencionado posteriormente em alguns documentos da ONU (A/59/565; A/RES/60/1; A/63/677; A/64/864; A/66/874-S/2012/578; A/69/981–S/2015/500). A R2P foi citada no preâmbulo da altamente discutível a Resolução 1973 (2011) do CSONU, sobre a Libya de Gadaffi, bem como o Relatório sobre a Líbia da ICISS (2001; v. tb. Evans, 2011). A Resolução 2254 (2015), a respeito da situação na Síria, mencionou que a responsabilidade primária de um Estado é de proteger sua população, um dos pilares da R2P. Significa dizer que o uso dos direitos humanos por organismos internacionais é, cada vez mais, estratagema usado para embasar posições de dominação de fortes atores políticos, ocasionando desastres institucionais e humanitários, como foi verificado na Líbia após 2011.

A busca pela legitimidade, enquanto fórmula de contingência do sistema político, é tarefa desempenhada por diferentes fontes que formulam programas políticos na periferia desse sistema social. Na dinâmica do processamento de programas por mecanismos democráticos jurídicos, insere-se também a legitimidade na política moderna (Luhmann, 2014, passim, 209ff.). Nesse diapasão, a representação, pelo menos enquanto uma das grandes fontes de legitimidade política desde a Revolução Francesa de 1789, deve ser entendida num contexto de concorrência com outras demandas sociais (Luhmann, 1998, p. 920ff; 2000, p. 330ff.).

Em arenas eleitorais existe o voto, tido como uma *autorização* para a representação, bem como existem forma de acompanhamento das dinâmicas políticas (eleições, impeachments, protestos etc.). Não existe autorização à representação no âmbito não estatal, nem mecanismos de controle das ações dos representantes (v. Miguel, 2013, p. 248ff.). Desconectados de procedimentos decisórios e de controle, a legitimação popular muito fraca de organismos políticos centrais não estatais, como a ONU, é fraquíssima. A representação de ONGs, agindo por meio de estratégias de *advocacy*, também apresenta sérios déficits (v. Urbinati, 2000). A representação relaciona-se à participação, em processos de decisão, em nome de outros e à demarcação, em nome de outros, de temas e voz em debates públicos disseminando-se temas políticos (Miguel, 2013, p. 121f.). Contra-discursos são criados e disseminados por grupos sociais subalternos, formando-se arenas discursivas paralelas (em debate com a habermasiana ideia de esfera pública, v. Fraser, 1990, p. 67).

Se é verdade que também no âmbito nacional existe tecnocracia, o poder tecnocrático em um sistema político estatal, diferentemente de um não estatal, é programado através do direito constitucional politicamente instituído e da semântica do direito público, havendo a presença de uma esfera pública política regulada segundo dinâmicas inclusivas (Holmes, 2012, p. 224). A política dos países periféricos e de constelações não nacionais também se regulam por dinâmicas abertamente excludentes, apesar de expectativas sociais em sentido contrário, aparecendo as justificativas técnicas aqui como um modo para legitimar ações sem o peso de se considerar populações. Nesse sentido, a tecnocracia tenta ganhar ares de legitimidade política, mesmo em democracias, através da retórica de que soluções mais *racionais* foram encontradas por peritos. contribuindo para processos estatais e mundiais no qual opera o metacódigo exclusão/inclusão, comprometendo o fechamento do sistema jurídico (Luhmann, 1998, p. 169; Neves, 1992, 2007).

A tecnificação pode alijar temas do processo deliberativo da política, indo de encontro às bases democracia representativa. A tecnocracia não publiciza questões públicas por considerar tal estratégia arriscada e por julgar, de forma elitista, que o público não compreenderia as questões técnicas, combinando-se os segredos estatal e o privado. A tecnicidade pode, por sua vez visar a corrupção de códigos sistêmicos, bloqueando sua reprodução e afetando a estabilização de expectativas sociais (Neves, 2013, p. 30ff.).

A descrição sociológica de problemas relacionados aos direitos humanos, incluindo exclusão e desigualdades entre regiões do globo, passa pela assunção de que os sistemas sociais, autopoiéticos ou não, possuem um elevado grau de indiferença em relação ao modo como tratam os problemas sociais; mais se preocupam em desenvolver sua própria lógica, sendo, em verdade, esta negligência uma das grandes "calamidades" da atual sociedade, como afirma Dantas (2016, p. 183). A tecnicidade (que abarca a exclusão dos afetados por decisões políticas ou jurídicas) presente na observação dos problemas sociais é uma das formas encontradas por sistemas sociais para manter sua indiferença.

Assim, se é verdade que, de acordo com o terceiro paradoxo luhmanniano sobre direitos humanos, são tais direitos paradoxalmente afirmados no momento de sua violação, parece que atores de movimentos sociais são fundamentais para que esta afirmação aconteça, pois invocam e demandam o reconhecimento de sua validade em diferentes esferas (Estados, Tribunais nacionais ou não, organismos políticos, empresas etc.), isto é, comunicam a violação, trazendo a atenção mundial para casos escandalosos. Organismos políticos, estatais ou não, bem como empresas, podem ser portadores de uma lógica expansionista que capta esses reclames e os transforma para que haja a satisfação de seus interesses. A afirmação de direitos humanos por organizações jurídicas, políticas e econômicas pode ocasionar, paradoxalmente, a aniquilação destes direitos (Maus, 1999; Palma, 2019, p. 105 e ss.).

Referências

Abbott, P., Sapsford, R., & Binagwaho, A. (2017). Learning from success: how Rwanda achieved the millennium development goals for health. *World development, 92*, 103-116.

Bachur, J. P. (2009). *Distância e crítica: limites e possibilidades da teoria de sistemas de Niklas Luhmann.* (PhD), USP, São Paulo.

Behbehani, A. M. (1983). The smallpox story: life and death of an old disease. *Microbiological reviews, 47*(4), 455.

Brunkhorst, H. (2005). Solidarity: from Civic Friendship to a Global Legal Community, trans. J. Flynn. In: Cambridge, MA: MIT Press.

Cuenca-García, E., Sánchez, A., & Navarro-Pabsdorf, M. (2019). Assessing the performance of the least developed countries in terms of the Millennium Development Goals. *Evaluation and program planning, 72*, 54-66.

Da Silva, V. A. (2008). O Judiciário e as políticas públicas: entre transformação social e obstáculo à realização dos direitos sociais. In C. P. d. S. Neto & D. Sarmento (Eds.), *Direitos sociais: fundamentação, judicialização e direitos sociais em espécies* (pp. 587-599). Rio de Janeiro: Lumen Juris.

Dantas, M. E. B. (2016). *Constitucionalismo periférico e teoria dos sistemas sociais: por uma interpretação pós-colonial da tese da constitucionalização simbólica.* Universidade de Brasília (UnB), Brasília.

Fischer-Lescano, A. (2013). *Rechtskraft.* Köln: August Verlag.

Fischer-Lescano, A., & Möller, K. (2012). *Der Kampf um globale soziale Rechte: zart wäre das Gröbste.* Berlin: Wagenbach.

Fraser, N. (1990). Rethinking the public sphere: A contribution to the critique of actually existing democracy. *Social text*(25/26), 56-80.

Hanna, M. (2017). Between Law and Transnational Social Movement Organizations: Stabilizing Expectations of Global Public Goods. *Journal of Law and Society, 44*(3), 345-373.

Helfer, L. R. (1999). Forum shopping for human rights. *University of Pennsylvania Law Review, 148*(2), 285-400.

Holmes, P. (2012). *Verfassungsevolution in der Weltgesellschaft: Differenzierungsprobleme des Rechts und der Politik im Zeitalter der Global Governance.* Baden-Baden: Nomos.

Hullman, C. (2005). *Konsens oder Zwang: Völkerrechtliche Friedensregelungen der internationalen Gemeinschaft für Bosnien-Herzegowina und Irak.* Berlin: Berliner Wissenschafts-Verlag.

Keck, M. E., & Sikkink, K. (1998). *Activists beyond borders: Advocacy networks in international politics.* Ithaca, NY: Cornell University Press.

Luhmann, N. (1970). Soziologische Aufklärung. In *Soziologische Aufklärung 1* (pp. 66-91). Opladen: Westdeutscher

Luhmann, N. (1993). *Das Recht der Gesellschaft.* Franfurt am Main: Suhrkamp.

Luhmann, N. (1998). *Die Gesellschaft der Gesellschaft.* Frankfurt am Main: Suhrkamp.

Luhmann, N. (2000). *Die Politik der Gesellschaft.* Frankfurt am Main: Suhrkamp.

Luhmann, N. (2008). Die Form "Person". In *Soziologische Aufklärung 6. Die Soziologie und der Mensch* (3. Auflage ed., pp. 142). Wiesbaden: VS Verlag.

Luhmann, N. (2014). *Sociología Política* (I. O. Rodrígues, Trans.). Madrid: Trotta.

Maus, I. (1999). *Menschenrechte als Ermächtigungsnormen internationaler Politik oder: der zerstörte Zusammenhang von Menschenrechten und Demokratie.* Frankfurt am Main: Suhrkamp.

Miguel, L. F. (2013). *Democracia e representação: territórios em disputa.* São Paulo: Unesp.

Neves, M. (1992). *Verfassung und Positivität des Rechts in der peripheren Moderne: eine theoretische Betrachtung und Interpretation des Falls Brasilien.* Berlin: Duncker & Humblot.

Neves, M. (2005). A força simbólica dos direitos humanos. *Revista eletrônica de Direito do Estado*(4).

Neves, M. (2007). The symbolic force of human rights. *Philosophy Social Criticism, 33* (4), 411-444.

Neves, M. (2013). *Transconstitutionalism.* Oxford and Portland: Hart Publishing.

Neves, M. (2015). Direitos humanos: inclusão ou reconhecimento. In C. V. F. e. G. S. Leite (Ed.), *Direito à diversidade* São Paulo: Atlas.

Oeter, S. (2008). Humanitäre Intervention und die Grenzen des völkerrechtlichen Gewaltverbots – Wen oder was schützt das Völkerrecht: Staatliche Souveränität, kollektive Selbstbestimmung oder individuelle Autonomie? In H. Münkler & K. Malowitz (Eds.), *Humanitäre Intervention: ein Instrument außenpolitischer Konfliktbearbeitung. Grundlagen und Diskussion*: VS Verlag.

Palma, M. (2017). Heterarquias hierárquicas: semânticas e paradoxos dos arranjos jurídicos mundias contemporâneos. In C. Calabria & M. Palma (Eds.), *Variações e Fugas sobre o Transconstitucionalismo*. Rio de Janeiro: Lumen Juris.

Palma, M. (2019). *Technocracy and Selectivity: NGOs, the UN Security Council and Human Rights*. Baden-Baden: Nomos.

Robertson, C. B. (2010). Transnational Litigation and Institutional Choice. *BCL Rev., 51*, 1081.

Teubner, G. (2006). The anonymous matrix: Human Rights Violations by 'Private' Transnational Actors. *The Modern Law Review, 69*(3), 327-346.

Teubner, G. (2012). *Verfassungsfragmente: Gesellschaftlicher Konstitutionalismus in der Globalisierung. [English version: Constitutional fragments: Societal Constitutionalism and Globalization]*. Frankfurt: Suhrkamp.

Thornhill, C. (2018). *The sociology of law and the global transformation of democracy*. Cambridge, United Kingdom; New York, NY, USA: Cambridge University Press.

UN General Assembly. (2005). *In Larger Freedom: Towards Development, Security and Human Rights for All, Report of the Secretary-General. UN doc. A/59/2005*. Retrieved from

Urbinati, N. (2000). Representation as advocacy: a study of democratic deliberation. *Political theory, 28*(6), 758-786.

Zangl, B., & Zürn, M. (2003). *Frieden und Krieg: Sicherheit in der nationalen und postnationalen Konstellation*. Frankfurt am Main: Suhrkamp.

O simbolismo na legislação: uma discussão a partir dos pressupostos teóricos de Marcelo Neves

LEONAM LIZIERO
DANUZA FARIAS

1 Uma introdução: semiótica e simbolismo na linguagem jurídica

A Constituição de um Estado representa o acoplamento estrutural entre os sistemas político e jurídico enquanto referencial de poder, resguardando sua legitimidade e seus procedimentos políticos. Nestes aspectos, a Constituição funciona como o símbolo do poder público. A constitucionalização retira certa autonomia de determinados campos de normas com conteúdos específicos e os convergem em uma esfera de diálogo recorrente. Todavia, há enorme contraste entre os países da modernidade central e os da modernidade periférica.

Como campo de conexão não somente entre o jurídico e o político, a Constituição também permite a filtragem entre o Direito nacional e a cada vez mais complexa sociedade internacional, para a qual a soberania se redefine e ganha nova dimensão. São essenciais, para compreender a função da Constituição no sistema jurídico, bem como suas inferências decorrente, estudos conjuntos entre a semiótica e a sociologia do direito no tocante ao simbolismo no direito.

O direito como linguagem específica na comunicação entre autoridade e destinatários é formado por inúmeros símbolos, o que importa no tocante à interpretação de seu sentido, ou seja, no significado das palavras que o formam. Ao mesmo tempo, a linguagem jurídica representa socialmente um símbolo natural de poder político, cumprindo um papel simbólico nas relações de poder, ainda que não com uma função propositalmente simbólica.

2 Semiótica e direito como linguagem

O direito é construído por símbolos. Em outra perspectiva, além da concepção do conjunto de normas jurídicas de Kelsen[1], o direito é um aglomerado de textos de caráter normativo que é distinto das demais literaturas em razão de sua linguagem própria. Na explicação a uma ontologia jurídica pela teoria comunicacional, Gregorio Robles leciona que o ser do direito é um ser texto. Ao dizer que o direito é texto, defende que "o direito aparece ou se manifesta como texto, sua essência é ser texto, e sua existência real é idêntica à existência real de um texto".[2] O direito como texto é um meio-fim de comunicação entre emissor e receptor.

O agir comunicativo é, em uma ideia mais primitiva, uma troca de mensagens entre um emissor e um receptor. Essas mensagens por sua vez são compostas por elementos, os signos. A comunicação é um fenômeno sucessivo de integração entre sujeitos. No caso das relações jurídicas, há uma espécie própria de comunicação, que constitui a linguagem jurídica.

O direito é um fenômeno de comunicação específico que o difere dos demais pelo seu discurso, seu emissor e seu auditório. Nesse sentido, se direito é comunicação e a comunicação se dá por signos,

---

[1] Ao realizar a delimitação de seu objeto de estudo na Teoria Pura do Direito, Kelsen concebe o direito como uma ordem de conduta humana emitida por uma autoridade competente contemplada pela própria ordem. Para o autor, "uma 'ordem' é um sistema de normas cuja unidade é constituída pelo fato de todas elas terem o mesmo fundamento de validade". (KELSEN, Hans. *Teoria Pura do Direito*. 2 ed. Trad. João Batista Machado. São Paulo: Martins Fontes, 2005, p. 33). Além disso, diferentemente das outras ordens sociais, Kelsen identifica no direito o elemento coercitivo, que o diferencia das demais ordens sociais, por ser capaz mediante o emprego da força física se necessário, a obrigatoriedade de uma conduta. O Direito somente pode ser concebido separado de outras ordens sociais, como a moral, "quando se concebe como uma ordem de coação, isto é, como uma ordem normativa que procura obter uma determinada confuta humana ligando à conduta oposta a um ato de coerção socialmente organizado". (KELSEN, Hans. *Teoria Pura do Direito*. 2 ed. Trad. João Batista Machado. São Paulo: Martins Fontes, 2005, p. 71).

[2] ROBLES, Gregorio. *O Direito como Texto:* Quatro Estudos de Teoria Comunicacional do Direito. Trad. Roberto Barbosa Alves. Barueri: Manole, 2005, p. 21.

a semiótica[3] está enraizada na essência do discurso jurídico.

Não há como separar a linguagem jurídica integralmente do direito, portanto a compreensão do direito se dá pela compreensão dos signos que o compõem. Conforme a definição geralista de Peirce, "um signo é aquilo que sob certo aspecto ou modo, representa algo para alguém [...] O signo representa alguma coisa, seu objeto".[4]

A semiótica aplicada ao direito tem como seu objeto de análise dos sistemas de significação, abordando o discurso jurídico como sendo o Direito em si. Não sendo restrita apenas à compreensão da construção das proposições jurídicas ou do signo da linguagem jurídica em si. Há uma ideia de vínculo entre a linguagem se seus efeitos no mundo real, da mesma forma que entre validade e eficácia do direito e seus efeitos na sociedade.

É possível, conforme Anne Wagner e Jan Broekman[5], conceber a semiótica jurídica de diferentes formas. Pode-se abordar esta semiótica aplicada ao problema da unidade do direito enquanto linguagem. Também pode cuidar da análise dos diferentes tipos de signos envolvidos na atividade jurídica. Ainda compreende o estudo das estruturas de significação nos discursos em geral, ou ainda a questão da interpretação na atividade de significação. A semiótica

---

[3] Apesar da conturbada definição de semiótica, para os fins deste trabalho será adotada seu conceito mais amplo, como a ciência dos signos, conforme a definição de Peirce. Em todo caso, a semiologia, definição desenvolvida por Saussure, será aqui utilizada dentro da ideia geral de semiótica, uma vez que não é o objetivo deste trabalho desenvolver um debate entre os dois filólogos neste ponto específico. Nesse sentido, explica Paulo Serra: "A moderna "ciência dos signos"tem origem em duas diferentes tradições, que podemos sintetizar em dois nomes: Semiologia (correspondente à tradição europeia, iniciada por Saussure) e Semiótica (correspondente à tradição anglo-saxónica, iniciada por Peirce). Tendo o mesmo o radical (*semeion*, que se pode traduzir por "signo"ou "sinal"), as duas palavras traduzem, no entanto, duas maneiras diferentes de entender a 'ciência dos signos'". SERRA, Paulo. Peirce e o signo como abdução. *Biblioteca on-line de ciências da comunicação*. Disponível em http://www.bocc.ubi.pt/pag/jpserra_peirce. pdf. Acesso em: 10 março 2020

[4] PEIRCE, Charles Sanders. *Semiótica*. Trad. José Teixeira Coelho Neto. São Paulo: Perspectiva, 2005, p. 46.

[5] WAGNER, Anne; BROEKMAN, Jan. *Prospects of Legal Semiotics*. Springer: New York, 2010, p.4

procura desvendar os problemas relacionados à linguagem e seu sentido, mas termina por ser objeto dela própria, sendo muitas vezes imprecisos alguns de seus principais objetos, como os signos e os símbolos.

A linguagem jurídica é objeto de investigação da semiótica em diversos campos como a questão do símbolo no texto e o texto como símbolo, em um diálogo com a sociologia do Direito, que procura compreender os efeitos da linguagem jurídica na realidade social. Neste sentido, Robles entende que o direito existente é o que "constitui o objeto da sociologia jurídica, mas não para investigar o conteúdo de suas normas, e sim para investigar qual é a realidade social efetiva dessas normas na sociedade à qual se dirigem"[6].

Neste sentido, uma abordagem para o entendimento de uma função simbólica do direito passa por uma compreensão do símbolo na linguagem do direito. O direito como linguagem é uma realização textual de um determinado discurso emitido com um fim normativo. A linguagem jurídica existe enquanto comunicação prescritiva realizada entre emissor e auditório.

Ao conceber o direito como linguagem, é possível compreender seu natural caráter simbólico. Para Bourdieu, "o direito é, sem dúvida, a forma por excelência do poder simbólico de nomeação que cria as coisas nomeadas e, em particular, os grupos;[...] o direito é a forma por excelência do discurso atuante, capaz por sua própria força, de produzir efeitos."[7] O direito, além de ser uma ordem institucionalizada composta por normas, em uma esfera de dever-ser, produz reflexos sociais e políticos e dialogam em seu caráter de legitimação e sustentação. Apesar de serem duas realidades diferentes, a institucional e a social, a primeira é dirigida e tem o escopo de regular a segunda.

A linguagem jurídica, identificada como o discurso entre o poder emissor e a sociedade receptora, é diferente dos demais tipos de linguagem em razão de seus signos, que possuem um significado peculiar arbitrário, e por seus símbolos, que integram a linguagem jurídica ao vinculá-la à realidade e de forma a reforçar sua

---

[6] ROBLES, Gregorio. *O Direito como Texto: Quatro Estudos de Teoria Comunicacional do Direito.* Trad. Roberto Barbosa Alves. Barueri: Manole, 2005, p. 68.
[7] BOURDIEU, Pierre. *O Poder Simbólico.* Trad. Fernando Tomaz. Rio de Janeiro: Bertrand Brasil, 1989, p. 237.

legitimidade e existência. Além desses aspectos, o texto jurídico se destaca dos demais por ser aquele capaz de criar instituições. Esta criação se dá pela conjunção significante/significado que gera o fenômeno da verbalização[8].

O direito é, com base nesta compreensão, um meio de comunicação entre emissores e receptores com uma linguagem própria. Por sua vez, o discurso é composto por signos com significados próprios dirigidos a alguém com a finalidade de que se compreenda o sentido. Nos caminhos da Semiótica as definições e funções dos signos ainda são controversas, portanto, no intuito de apresentar uma compreensão mais ampla, serão utilizadas a dicotomia significante/significado de Saussure e as tricotomias de Peirce para explicar como a linguagem jurídica é composta por signos e como o símbolo se evidencia como um tipo específico de signo de forma a legitimar o discurso jurídico.

3 Linguagem jurídica como sistema estrutural de signos

Entre as diversas concepções, será trabalhada aqui a linguagem como um sistema de comunicação que é composto de diversos signos (em sentido amplo), colocando evidência não somente o problema da correspondência do sentido entre a palavra e seu significado, mas também a coerência fechada do sistema por meio de um paradigma.

Uma vez seriam necessários tomos para esgotar o tema e seus diversos autores na busca de uma definição de signos e posteriores termos no sistema lingüístico, o presente trabalho usará as definições signo e símbolo na semiótica de Ferdinand de Saussure**Erro! Indicador não definido.** (1857-1913) em diálogo com a ciência geral dos signos de Charles Sanders Peirce (1839-1914). Posteriormente, com tais definições, será trabalhada a função simbólica no texto jurídico e do texto jurídico.

---

[8] A verbalização no texto jurídico, de acordo com a teoria comunicacional de Robles é a "expressão externa mediante a linguagem própria das regras ou normas do direito. As instituições são geradas através da linguagem. É graças à linguagem em que as instituições se expressam que podemos conhecê-las. A linguagem geradora do direito pode ser decomposta em várias regras ou normas que são os elementos básicos que configuram as instituições" (ROBLES, Gregorio. *O Direito como Texto...*, p. 54-55

3.1 Saussure: o símbolo como signo não arbitrário

A interpretação dos fenômenos da linguagem por meio de signos permite a construção do discurso jurídico, no qual o objeto é conectado ao seu signo formando uma significação. A compreensão de um signo, conforme apontado por Saussure, necessita ser estabelecida uma dicotomia entre o um plano de conteúdo e um plano de forma. O signo lingüístico é composto por sua vez de dois sentidos: o significante, que é a representação física do signo (por exemplo, a palavra juiz, escrita ou falada), no plano do conteúdo e o significado, a ideia que é dada pelo signo, formando um conceito (a ideia que eu tenho de juiz), no plano da forma.

Neste sentido, o signo é definido como artifício comunicativo utilizados pelos seres humanos quando tem a intenção de se comunicar. Estabelecer signos então é realizar uma comunicação possibilitando um fenômeno mental de entendimento. Toda palavra passível de sentido é um signo para Saussure.

O signo é caracterizado por sua arbitrariedade[9]. A relação entre significante e significado não tem razão lógica de ser. É uma construção histórica, dada pela geração precedente e por isso arbitrária. O signo "juiz" é formado então pela conjunção arbitrária entre a palavra "juiz", o significante, e a ideia de juiz (qualquer que seja a ideia de representação mental), o significado. O conceito é algo separado de sua representação, tanto que para o mesmo conceito pode-se empregar muitos significados diversos. Essa arbitrariedade é uma relação desmotivada, não resultando de uma relação natural entre o significante e o significado[10].

Essa dicotomia de Saussure entre significante e significado, assim como suas outras, permite a língua como um sistema de signos

---

[9] SAUSSURE, Ferdinand. *Curso de Linguística Geral. 27 ed.* Trad. Antonio Chelini. São Paulo: Cultrix, 2006. pp. 94-99.

[10] "Clearly, a claim to the effect that the relation between a signifier and its signified is unmotivated, that is that they are not naturally connected, excludes many different possibilities. It would be difficult to enumerate them, but in general terms, in all of these cases some fact about the world makes the signifier an appropriate one for its signified." In: HOLDCROFT, David. *SaussureErro! Indicador não definido. Signs, System and Arbitrariness.* New York: Cambridge University Press, 2006, p. 54.

separados de seu contexto real. O estruturalismo saussureano, formado por essa concepção formal de língua, preocupa-se somente com a estrutura interna da língua em si e não com o seu contexto. Este estruturalismo lingüístico de Saussure "está ligado ao formalismo por ver a língua em sua forma, como objeto descontextualizado. Com essa metodologia, a língua passa a ser pensada como sistema de signos, e a fala fica excluída dos estudos científicos da linguagem."[11]

Tal concepção puramente formal da língua permite uma alteração no sentido dos signos, uma vez que o signo é a ideia mental da junção entre conceito e forma. Ao se alterar o conceito, ou se alterar a forma, pode-se alterar o signo. Esta mutabilidade é um efeito do tempo, que assegura a continuidade de uma língua, como se observa no pensamento de Saussure, uma vez que "o signo está em condições de se alterar porque é contínuo. O que domina em toda alteração é a persistência da matéria pretérita; a infidelidade ao passado somente é relativa. Por isso o princípio de alteração é baseado no princípio da continuidade."[12]

Nesse raciocínio, se a linguagem é um sistema de signos estruturalmente concebido, o direito pode ser entendido também como um conjunto de signos com um sentido específico e arbitrário, produto da junção entre seu significante – o discurso – e o significado – a representação do conteúdo ao qual se refere. Ainda que essa abordagem de signo separe o direito como texto do mundo real, pode-se verificar que há certa preocupação em se produzir o direito para ter o sentido almejado resultante da junção significante/significado.

Na linguagem nem todos os signos são arbitrários na dicotomia significante/significado. Determinados signos possuem uma função e sentido em uma linguagem específica, não podendo ser inteiramente arbitrário e mutável. Tais signos que não meros produtos da historicidade lingüística arbitrária e cujo conteúdo tem

---

[11] SILVA, José Moreno da. As Dicotomias Saussereanas e suas Implicações sobre os Estudos Linguísticos. *REVELLI – Revista de Educação, Linguagem e Literatura da UEG-Inhumas* v. 3, n.2, p. 38-55, 2011, p. 43.

[12] SAUSSURE, Ferdinand de. *Curso de Linguistica General.*p. 100. Tradução livre do autor. Original em espanhol: "el signo está en condiciones de alterarse porque se continúa. Lo que domina en toda alteración es la persistencia de la materia vieja; la infidelidad al pasado sólo es relativa. Por eso el principio de alteración se funda en el principio de continuidad."

uma associação à forma são os símbolos.

Conforme a definição de Saussure**Erro! Indicador não definido.**, "o símbolo tem por característica não ser completamente arbitrário; não está vazio. há um rudimento de vínculo natural entre o significante e o significado. O símbolo da justiça, a balança, não poderia ser representado por outro objeto qualquer, como um carro por exemplo"[13]. Neste caso, o conceito não é inteiramente separado de sua representação. Diferentemente dos signos comuns, o símbolo guarda uma relação racional entre o significante e o significado.

O símbolo é um mecanismo de intermediação entre o sujeito e a realidade, ou de acordo com Saussure, seria a intermediação não arbitrária entre o conteúdo e a forma, guardando uma relação racional entre os dois. Nesta ideia, o direito aparece exercendo uma função simbólica do poder, no qual há a busca de uma justifica racional, uma legitimação, entre a forma que o texto jurídico é editado com seu conteúdo.

3.2 Peirce, símbolo e interpretação necessária

A proposta teórica de Peirce confronta a separação de signo e símbolo defendida por Saussure, levando a outro conceito do simbólico. Peirce entende signo como um gênero amplo de termos que podem ser classificados de alguns pontos de vista dentro de sua tricotomia[14]. Os signos, considerando sua relação com seu objeto, são classificados em ícone, índice e símbolo.

---

[13] SAUSSURE, Ferdinand de. *Curso de Linguistica General.*p .94. Original em espanhol: "El símbolo tiene por carácter no ser nunca completamente arbitrario; no está vacío: hay un rudimento de vínculo natural entre el significante y el significado. El símbolo de la justicia, la balanza, no podría reemplazarse por otro objeto cualquiera, un carro, por ejemplo"

[14] Peirce em suas três tricotomias dos signos os classifica sob alguns aspectos. Na primeira tricotomia, conforme o signo em si mesmo, em qualissigno, sinsigno e legisigno. Na segunda tricotomia, em relação do signo com seu objeto (o que é o mais relevante para o presente estudo), em ícone, índice e símbolo. A terceira tricotomia, no quanto da representação de seu interpretante, em rema, dicente e argumento. Essas tricotomias originarão as dez classes de signos trabalhadas posteriormente por Peirce. Por tudo isso, conferir em no Capítulo 3 de PEIRCE, Charles Sanders. *Semiótica.* Trad. José Teixeira Coelho Neto. São Paulo: Perspectiva, 2005

O ícone é uma representação de um objeto, "que denota apensa em virtude de seus caracteres próprios, caracteres que ele realmente possui, quer tal objeto exista ou não"[15], como um desenho ou um retrato de um objeto qualquer. Uma lâmpada desenhada é um ícone de uma lâmpada real. O índice é um signo que se refere ao objeto, "que denota em virtude de ser realmente afetado por esse objeto".[16] Há um liame necessário entre objeto e signo.

O símbolo por sua vez é um signo que possui uma obrigatoriedade de interpretação necessária àquele objeto ao qual se refere, "normalmente uma associação de ideias gerais que opera no sentido de fazer com que o Símbolo seja interpretado como se referindo àquele objeto"[17]. Segundo Gradim, o símbolo em Peirce "é 'transuasional' pois a sua significação só pode realizar-se com auxílio do interpretante. Como é puramente convencional, só se realiza por suscitar na mente do intérprete um outro signo"[18]. O símbolo para Peirce sempre será caracterizado por uma ideia geral mental que necessariamente leva à associação do signo ao objeto. Ele não identifica a coisa, mas cria uma ideia na mente que necessariamente a essa associação. Apesar da possibilidade de formarem signos idênticos, a identificação do a tipologia entre ícone, índice e símbolo dependerá do intérprete do texto.

No caso do texto jurídico, o acordo sobre o significado dos símbolos é fornecido pelo próprio texto emitido pelas autoridades. Se for possível considerar o Estado como resultado de um pacto social que legitima o poder da autoridade em escolher a significação, então é correto afirmar que "a relação dos signos e significantes com as coisas é convencional (ou seja, as palavras são escolhidas por convenção entre os homens, os quais poderiam convencionar palavras diferentes das quais que escolheram)"[19].

O terceiro elemento que permite a comunicação jurídica,

---

[15] PEIRCE, Charles Sanders. *Semiótica.* Trad. José Teixeira Coelho Neto. São Paulo: Perspectiva, 2005,p. 52

[16] PEIRCE, Charles Sanders. *Semiótica.* Trad. José Teixeira Coelho Neto. São Paulo: Perspectiva, 2005, p. 52.

[17] PEIRCE, Charles Sanders. *Semiótica.* Trad. José Teixeira Coelho Neto. São Paulo: Perspectiva, 2005, p. 52

[18] GRADIM, Anabela. *Comunicação e Ética:* O Sistema Semiótico de Charles S. Peirce .Corvilhã: Ubianas, 2006, p. 207.

[19] CHAUÍ, Marilena. *Convite à Filosofia.* 13 ed. São Paulo: Ática, 2003, p. 154.

fornecendo o referencial do sentido é a Constituição, como texto que cria e permite a reprodução do sistema do direito, ao mesmo tempo o protege de ser descaracterizado pelo sentido de outros sistemas.

De acordo com essa abordagem, quando se busca no direito uma legitimidade para o conteúdo, há o estabelecimento de relação necessária e motivada entre o significante e o significado. Assim, o direito pode ser concebido como uma composição de inúmeros símbolos, vinculando sua forma ao seu conceito, ao criar instituições que também podem funcionar como símbolos na autorreprodução do texto jurídico. O sistema simbólico na linguagem jurídica estabelece uma conexão com a questão do poder, apresentando-se como meio ideológico que legitima o sistema político.

4 Simbolismo n(d)a linguagem jurídica

O simbolismo como parte integrante do discurso jurídico carrega o texto com determinadas ideologias, caracterizando o conteúdo e o atrelando às suas formas. Além de uma ideia de uma dicotomia independente entre forma e conceito, o simbolismo no discurso tem a função de ressaltar reforçar uma relação de poder que o direito representa. Como observa Alf Ross, "essa função ideológica, geradora de motivos, concede ao direito sua sacralidade ou validade e sem isso não é possível criar uma ordem social"[20]

Isto não significa que o direito meramente é um instrumento do poder que governa para subordinar os governados. Em uma análise da efetividade do direito na sociedade, indo além da eficácia normativa, podem-se identificar basicamente dois tipos de intenção do emissor da norma: uma função instrumental e uma função simbólica.

A função instrumental torna possível um liame entre o meio e o fim. A norma emitida pela autoridade competente tem um fim a ser alcançado mediante a sua produção. Uma lei votada por um parlamento e sancionada pelo executivo tem um texto formado de signos próprios da linguagem jurídica com uma finalidade específica.

Uma legislação que torna proibitiva a conduta de matar um ser

---

[20] ROSS, Alf. *Direito e Justiça.* Trad. Edson Bini. São Paulo: Edipro, 2000, p. 191.

humano tem uma função instrumental, que pode ser desdobrar em outras funções, que é evitar que um destinatário da lei mate outra pessoa. Esta lei tem signos e características que o diferenciam de outro texto qualquer que o faz ser um texto jurídico. Inicialmente pela própria estrutura do texto: a descrição da conduta, envolvendo um verbo e um objeto e a descrição da sanção, que tornando este agir punível caso um destinatário a realize.

Nesse sentido, a norma jurídica enquanto comunicação entre emissor e destinatários tem um papel simbólico na sociedade, ainda que sua finalidade não seja meramente simbólica, conforme será visto adiante. A normatividade é simbolizada pela expectativa de comportamento[21]. A experimentação mencionada por Luhmann talvez se refira à efetividade que a norma possa ter alcançado com sua emissão. Todavia, independentemente do alcance desse objetivo, a norma continua a viger, ao se caracterizar por estar contida no texto, não dependendo da sua efetividade. Sua aplicabilidade não é dependente da satisfação, ou seja, se os fins desejados foram efetivamente alcançados, mas sim se o sistema possui mecanismos que possam proporcionar a expectativa normativa[22]. Por isso, dentro desta ideia, é necessária a institucionalização das expectativas comportamentais para que possam ser bem sucedidas e mais

---

[21] "As normas são expectativas de comportamento estabilizadas em termos contrafáticos. Seu sentido implica na incondicionabilidade de sua vigência na medida em que a vigência é experimentada, e, portanto, também institucionalizada, independente da satisfação fática ou não da norma. O símbolo do "dever ser" expressa principalmente a expectativa dessa vigência contrafática, sem colocar em discussão essa própria qualidade – aí estão o sentido e a função do dever ser" (LUHMANN, Niklas. *Sociologia do Direito*. Vol. I. trad. Gustavo Bayer. Rio de Janeiro: Tempo Brasileiro, 1983, p. 57).

[22]"Um sistema social, sobretudo o sistema social da sociedade abrangida constitui, como direito tornado obrigatório, as expectativas de comportamento e utiliza sua interpretação simbólico-significativa como estrutura de comportamento. A função duma estrutura tal estrutura reside na redução da complexidade das variantes possíveis de comportamento dos indivíduos. [...] só se podem legalizar relativamente poucas expectativas de comportamento; e tem que se tratar de expectativas das quais se possa afirmar, inteligentemente, que sempre foram válidas e que sempre o serão" (LUHMANN, Niklas. *Legitimação pelo Procedimento*. Trad. Maria da Conceição Côrte-Real. Brasília: UnB, 1980, pp. 120-121).

céleres[23], ou seja para que alcancem o máximo de eficácia possível, independentemente da efetividade de seus fins.

O direito como instituição é o direito como texto cuja significação de seus símbolos e signos se mantém condicionada. A linguagem jurídica sendo composta por incontáveis significantes, tem seu significado determinado pelos próprios emissores da norma, muitas vezes contidas na própria norma, como uma descrição-prescrição. Ainda que não haja uma descrição imediata, os atos de conhecimento relativos ao direito podem ser incorporados ao direito como atos de vontade.

Além dos signos que compõem o texto, este discurso é caracterizado pelo significado extraído de sua significação prescritiva e coercitiva, podendo-se abstrair proposições descritivas. É possível, por meio de uma operação intelectual, transformar o direito em literatura jurídica ao realizar o trabalho de significação. É possível dizer que o homicídio é punível com pena de reclusão, utilizando signos como "homicídio", "punível", "pena" e reclusão", que possuem uma significação específica da linguagem jurídica, seja ela prescritiva ou descritiva. Esta significação é dada pelos emissores institucionalizados desta linguagem.

A significação permite identificar determinada norma de acordo com a matéria a ser tutelada. O que permite dizer que uma norma é penal e não tributária analisando somente a estrutura textual é justamente a significação de seus termos. No caso do signo "pena", dentro da linguagem jurídica como um todo pode ser entendida por mais de um sentido, mas neste específico do direito penal, "pena" quer dizer a espécie de sanção aplicada para aquele que age de acordo com uma conduta específica descrita na lei, o tipo penal. Não há relação natural entre "pena" e o conceito trazido pelo signo, mas sim

---

[23] "A função das instituições reside menos na criação e mais na economia do consenso, que é atingida, principalmente, na medida em que o consenso é antecipado nsa expectativas sobre expectativas, ou seja, como pressuposto, não precisando, em geral, ser concretamente expresso. É essa institucionalização que permite uma comunicação rápida, precisa e seletiva entre pessoas. [...] Quando a institucionalização envolve desconhecidos, até mesmo neles pode ser presumido um consenso, e suposto que mesmo sem um entendimento prévio explicito exista uma concordância genérica quanto a um conjunto mínimo de expectativas sobre expectativas." (LUHMANN, Niklas. *Sociologia do Direito*. Vol. I... p. 80).

uma construção resultante de uma construção artificial da linguagem.

O texto jurídico determina correspondência com o ser dos signos, ainda que não seja deste dependente. A significação de uma pena prescritiva de liberdade constitui que aquela ação humana na qual um ser humano tem sua liberdade de locomoção restrita por um espaço físico no qual ele é mantido por outros homens, seja caracterizada como tal. Da mesma forma, a conduta humana em que um homem tira a vida de outro somente é caracterizado como homicídio a partir do momento que é prescrito no texto jurídico. Ainda que fisicamente não haja diferença entre matar um homem antes ou depois da emissão jurígena, a linguagem jurídica determina que aquela conduta seja denominada por homicídio, estando presente a característica arbitrária de Saussure.

O texto também em seu conjunto determina se e em que condições esse signo terá um significado de proibição, permissão ou obrigação. No caso do homicídio, que a norma identifica como aquela conduta na qual um homem mata outro, a significação pode ser diferente conforme a própria norma. Mesmo tendo uma significação proibitiva, esta conduta pode ser permissiva, na hipótese dada pela norma de legítima defesa, que por sua vez tem um sentido construído pelo texto[24].

Ainda que de uma parte fora do texto, é possível caracterizá-lo por um tipo básico da linguagem jurídica, o normativo, pelo emissor do discurso, ou seja, a autoridade que torna o este texto jurídico prescritivo. Uma espécie de emissor diferente pode caracterizar o texto com a linguagem jurídica como científica.

Os efeitos esperados pelo emissor ao tornar o homicídio punível com uma pena, são diversos, como a punição daquele que desobedece a lei, a proteção da vida das pessoas em uma determinada sociedade, de tal forma a desencorajar que os seres humanos se matem, a caracterização da vida como um bem jurídico altamente relevante, a salvaguarda de direitos previstos constitucionalmente etc. É uma relação instrumental do direito, no

---

[24] É a semiótica do Direito que construirá a significação de legítima defesa. Ainda que não definida ontologicamente pelo Direito, a ciência jurídica pode construir esse conceito. O que faz da legítima defesa, nesse caso, uma permissão é a norma. O que dá o conceito de legítima defesa não necessariamente é a norma, mas quaisquer outras manifestações da linguagem jurídica. Ainda sim, mesmo que por meio da interpretação, o paradigma desta linguagem específica é a essência prescritiva.

qual o texto jurídico cumpre uma função que resvala no comportamento social.

Por sua vez o direito também pode ter uma função de feitos simbólicos. Estes efeitos se diferenciam do natural efeito simbólico que o direito enquanto linguagem provoca no ambiente social. Conforme Bourdieu, a comunicação jurídica, ou seja, o discurso entre o emissor da norma e o auditório constitui naturalmente um efeito simbólico. Trata-se de um efeito simbólico não intencional, mas inerente à própria função do direito de regular a conduta humana[25]. A linguagem jurídica resulta em uma relação de poder entre a autoridade e a classe dominada, que vai gerando efeitos na normalização do comportamento social. Esse é o simbolismo da linguagem jurídica, que é independente dos símbolos que formam a linguagem enquanto estrutura fechada em si. A linguagem jurídica possui uma relação entre meio e fim, diferentemente do agir simbólico. É imediato dado a responder necessidades, de tal forma que uma alteração do agir pressupõe uma alteração da necessidade.

5 A contribuição de Marcelo Neves: o simbolismo na legislação

Conforme a leitura de Marcelo Neves, a diferença entre essas duas funções é justamente a intenção do legislador ao realizar o ato de vontade jurígena. Quando a ideia da lei é o alcance de um fim específico, cuja eficácia normativa levará a um efeito desejado pelo legislador de repercussão na estrutura social, a função será a típica e normal do direito, a de servir de meio para um fim específico almejado. Todavia, quando a lei tiver uma intenção inicial de que não essa, mas apenas de gerar efeitos tais como resposta social ou reforço do poder do Estado, há um caso de uma função simbólica, que

---

[25] "Instrumento de normalização por excelência, o direito, enquanto discurso intrinsecamente poderoso, é provido dos meios físicos com que se faz respeitar, acha-se em condições de passar, com o tempo, do estado de ortodoxia, crença correta explicitamente enunciada como deve-ser, ao estado de doxa, adesão imediata ao que é evidente, ao normal, como realização da norma que se anula enquanto tal na sua realização" (BOURDIEU, Pierre. *O Poder Simbólico*. Trad. Fernando Tomaz. Rio de Janeiro: Bertrand Brasil, 1989, p. 249).

Neves nomeia como legislação simbólica[26].

A legislação simbólica teria, então, como uma de suas características a prevalência do sentido político, tanto do ato de produção quanto do texto em si, sobre o sentido-normativo-jurídico, trazendo a este uma referência político-ideológica. Não obstante, esta prevalência não é suficiente, por si só, para caracterização da função simbólica da norma, impedindo que haja uma supervalorização do seu caráter simbólico e do próprio direito. Para que tal enquadramento ocorra, far-se-á necessário que "as declarações estejam em desconformidade com o próprio sistema constitucional em vigor ou em descompasso com a realidade constitucional"[27]

Marcelo Neves retoma as discussões propostas por Kindermann, ao passo que discute eficácia e efetividade como aspectos fundamentais a serem analisados ao se definir uma legislação como "legislação simbólica", impedindo uma análise reducionista e anacrônica sobre a ausência de concretização normativo-jurídica do texto normativo.

Para um aprofundamento da análise sobre a legislação simbólica, Neves apresenta o modelo tricotômico de Kindermann, trazendo uma tipologia da legislação simbólica, que correlaciona o sistema político e o sistema jurídico, destrinchando-a em três categorias, a saber: a) confirmar valores sociais, b) demonstrar a capacidade de ação do Estado ou legislação-álibi e c) adiar a solução de conflitos sociais através de compromissos dilatórios[28].

A atribuição de caráter simbólico da norma com a finalidade de confirmação de valores sociais ocorre quando há vitória legislativa, ou reconhecimento de superioridade entre grupos conflitantes, à medida que a eficácia normativa da respectiva lei vitoriosa tem um caráter secundário. As expectativas sociais acerca do ato legiferante seriam, portanto, satisfativas apenas com a expedição do ato

---

[26] "Considerando-se que a atividade legiferante constitui um momento de confluência concentrada entre sistemas político e jurídico, pode-se definir a legislação simbólica como produção de textos cuja referência manifesta a realidade é normativo-jurídica, mas que serve, primária e hipertroficamente, a finalidades de caráter não especificamente normativo-jurídico". (NEVES, Marcelo. *A Constitucionalização Simbólica*. São Paulo: Martins Fontes, 2011, p. 30).

[27] NEVES, Marcelo. *A Constitucionalização Simbólica...*, p. 32.

[28] NEVES, Marcelo. *A Constitucionalização Simbólica...*, p. 33.

legislativo. Logo, a predominância social de uma determinada concepção valorativa transformada em norma, sem meios torná-la eficaz, teria como fim a mera confirmação de valores sociais, e, portanto, seria considerada uma legislação simbólica.

A existência desta legislação (simbólica), cuja finalidade é confirmar valores sociais, serviria ainda para a diferenciação dos distintos grupos sociais existentes, bem como seus respectivos valores, constituindo uma "política simbólica por 'gestos de diferenciação', os quais "apontam para a glorificação ou degradação de um grupo em oposição a outros dentro da sociedade". Ao mesmo tempo que também demonstra "'gestos de coesão', na medida em que haja uma aparente identificação da 'sociedade nacional' com os valores legislativamente corroborados"[29].

O caráter simbólico da legislação também ocorre quando a sua existência é condicionada unicamente a demonstrar a capacidade de ação do Estado, tornando esta legislação uma "legislação-álibi", cuja função é a de produzir confiança nos sistemas político e jurídico, a partir da atividade legiferante ou a partir da interpretação do ordenamento, sem que haja o mínimo de condições de efetivação das respectivas normas, desonerando-se, assim, o legislador de pressões políticas e sociais, ao mesmo tempo que apresenta o Estado como "sensível às exigências e expectativas dos cidadãos"[30]. Novamente se torna secundário se a lei surtiu os efeitos socialmente desejados. A atividade legiferante serviria, neste caso, como álibi perante a exigência de uma atuação estatal frente a uma casuística específica, ainda que tal posição em nada possa alterar momentaneamente o fato, muito menos resolvê-lo.

A legislação-álibi teria, neste caso, a função de aparentar à sociedade a resolução de problemas sociais, ou de convencimento das boas intenções do legislador; à medida que deixa sem solução tais problemas, e ainda obstrui o caminho para que uma real solução dos problemas sociais existentes seja alcançada[31]. Pode-se concluir

---

[29] NEVES, Marcelo. *A Constitucionalização Simbólica...*, p. 36.

[30] NEVES, Marcelo. *A Constitucionalização Simbólica...*, p. 36-37.

[31] Entretanto, é importante pontuar que as leis não conseguem modificar a realidade de forma direta, pois a sociedade sofre interferência de outros códigos sistêmicos para além do direito, de modo que a resolução dos problemas sociais depende de outras variáveis que não só as variáveis normativo-jurídicas. Ou seja, os problemas sociais não poderão ser sanados

que tal legislação[32] acaba por desempenhar uma função ideológica, que, consequentemente, ocasiona uma função hipertroficamente simbólica de uma lei em detrimento de sua função normativo-jurídica[33]. Desta forma, a legislação-álibi constitui uma forma de manipulação, ou de ilusão, que imuniza o sistema político, visto que possibilita o alívio das tensões sociais ao passo que não sana os problemas aos quais se propõem, colocando inclusive, o sistema jurídico em descredito a partir da ineficácia da norma que se torna usual e cotidiana[34].

A última categoria do modelo tricotômico de Kindermann, ratificado por Marcelo Neves, é de o caráter simbólico da norma ser definido como o ato de adiar a solução de conflitos sociais através de compromissos dilatórios, ao contar intencionalmente com a ineficácia normativo-jurídica. Destarte, a normatização da atividade legiferante, bem como seu conteúdo, são propositadamente insuficientes, transferindo a solução do conflito social para um futuro indeterminado[35].

Tratada a tipologia do modelo tricotômico de Kindermann,

---

apenas à luz da atividade legiferante, não sendo possível uma defesa de crença instrumentalista dos efeitos das leis. Nesse sentido, Neves afirma: "Parece, portanto, mais adequado afirmar que a legislação-álibi destina-se a criar a imagem de um Estado que responde normativamente aos problemas reais da sociedade, embora as respectivas relações sociais não sejam realmente normatizadas de maneira consequente conforme o respectivo texto legal" (NEVES, Marcelo. *A Constitucionalização Simbólica...*, p. 39).

[32] Ainda sobre a função simbólica da legislação-álibi, Neves afirma: "Por fim, é importante salientar que a legislação-álibi nem sempre obtém êxito em sua função simbólica. "Quanto mais ela for empregada, tanto mais frequentemente fracassará". Isso porque o emprego abusivo da legislação-álibi leva à "descrença" no próprio sistema jurídico, "transtorna persistentemente a consciência jurídica. Tornando-se abertamente reconhecível que a legislação não contribui para a positivação de normas jurídicas, o direito como sistema garantidor de expectativas normativas e regulador de condutas cai em descredito; disso resulta que o público se sente enganado, os atores políticos tornam-se cínicos" (NEVES, Marcelo. *A Constitucionalização Simbólica...*, p. 40-41).

[33] NEVES, Marcelo. *A Constitucionalização Simbólica...*, p. 41. Ver também MELO, de Tarso. *Direito e ideologia*: um estudo a partir da função social da propriedade rural. São Paulo: Expressão Popular, 2009.

[34] NEVES, Marcelo. *A Constitucionalização Simbólica...*, p. 39-40.

[35] NEVES, Marcelo. *A Constitucionalização Simbólica...*, p. 41.

outros dois aspectos são fundamentais para uma análise crítica do conceito de legislação simbólica: o da efetividade e o da eficácia, visto que os dois termos são utilizados indiscriminadamente quando se trata de função simbólica da norma, e que precisam ser bem delimitados para compreensão de quais são os seus efeitos específicos.

Ainda sob a perspectiva de Marcelo Neves, a eficácia pode ser distinguida entre sentido jurídico-dogmático – quando existe a "possibilidade jurídica de aplicação da norma", sendo possível sua aplicabilidade, exigibilidade ou executoriedade –, e sentido sociológico (também conhecido como empírico ou real) – quando se trata da "conformidade da conduta dos destinatários à norma". Enquanto a primeira trata do preenchimento das condições intra-sistêmicas para a produção dos efeitos jurídicos da norma, a segunda observa se a norma foi realmente "'observada', 'aplicada', 'executada' (imposta) ou 'usada'"[36]. No caso da presente discussão, é perceptível que a centralidade da discussão se pauta na definição empírica de eficácia como condição de concretização normativo-jurídica.

Tratando de tal concretização, e da eficácia empírica da norma enquanto requisito daquela, far-se-á necessário mais uma distinção, a saber: observância - na qual se analisa a conformidade da ação com a norma legal, sem que haja vinculação a uma atitude sancionatória impositiva (norma primária, que se refere a condutas lícitas ou a fatos jurídicos em sentido estrito) –, e a imposição (também denominada como execução em sentido estrito) – que trata da reação ao descumprimento dos preceitos legais, reação esta que tem uma finalidade de reestabelecimento da ordem e de manutenção do direito (norma secundária, que se refere ao ato ilícito). Assim, a eficácia pode decorrer tanto da observância da lei quanto de sua imposição[37].

As distinções supramencionadas, eficácia em seu sentido juridico-dogmatico e em seu sentido empírico, e esta analisada sob a ótica da observância e da imposição (execução em sentido estrito) também se fizeram necessárias para iniciar uma discussão sobre uma acepção estritamente jurídica da eficácia. Neste caso, uma nova análise e, consequentemente, uma nova distinção precisa ser feita. A

---

[36] NEVES, Marcelo. *A Constitucionalização Simbólica...*, p. 43.
[37] NEVES, Marcelo. *A Constitucionalização Simbólica...*, p. 44.

eficácia empírica se distingue em autônoma, quando ocorre por observância do preceito legal, e em heterônoma, quando há imposição de um preceito normativo realizada por terceiros.

Frise-se que esta nova distinção da eficácia empírica em autônoma e heterônoma é crucial para uma análise crítica do papel da eficácia na imputação de uma função simbólica à norma, impossibilitando uma visão reducionista da observância autônoma ao atribuindo-a "ao tratamento da possível justeza da norma jurídica"[38]. Da mesma forma, a distinção supracitada também impede que haja uma "superestimação da observância ou a ênfase na "eficácia regulativa", na medida em que assim se desconhece o significado da eficácia através de imposição (execução)"[39].

Definidos então os critérios para a observância da eficácia, pode-se compreender que a ineficácia só se configuraria, por conseguinte, na ausência de concreção da norma legal, ou seja, tanto no caso da "norma primaria" quanto da "norma secundaria" fracassarem[40]. Outro ponto importante de ser analisado sobre a ótica da ineficácia, é o fato de a produção e aplicação de normas gerais não serem suficientes para uma caracterização da eficácia do direito. Neste caso, a ausência da observância ou da execução (em sentido estrito) podem também ocasionar uma falha na concretização normativa[41], incorrendo numa função simbólica da norma. Desta forma:

> [...] o processo de concretização normativa sofre bloqueios em toda e qualquer situação na qual o conteúdo do texto legal abstratamente positivado é rejeitado, desconhecido ou desconsiderado nas interações concretas dos cidadãos, grupos, órgãos estatais, organizações etc.; inclusive, portanto, nas hipóteses de inobservância ou inexecução da "norma jurídica" (geral) e da "norma de decisão" (individual) produzidas em um caso jurídico determinado, como também quando ocorrer desuso ou abuso de

---

[38] NEVES, Marcelo. *A Constitucionalização Simbólica...*, p. 44.

[39] NEVES, Marcelo. *A Constitucionalização Simbólica...*, p. 45.

[40] NEVES, Marcelo. *A Constitucionalização Simbólica...*, p. 44-45.

[41] [...] A consonância entre produção e aplicação de normas gerais não é suficiente, portanto, para que se caracterize a eficácia do direito: a falta de observância ou de execução (em sentido estrito) poderá, também nesse caso, quebrar a cadeia da concretização normativa. (NEVES, Marcelo. *A Constitucionalização Simbólica...*, p. 46)

"ofertas de regulamentação"[42].

Tratada a eficácia nos parágrafos anteriores, será discorrido outro ponto fundamental na configuração da função simbólica da norma, tratar-se-á o outro aspecto fundamental ao debate da legislação simbólica da norma, o da efetividade.

Para Neves, a efetividade se refere à concretização do vínculo "meio-fim" que deriva da forma abstrata do texto legal, diferentemente do que se propõe a eficácia que tem a finalidade da concreção do vínculo "se-então" definido de forma abstrata e hipotética pelo texto legal[43]. Aqui já se aponta uma diferenciação crucial ente eficácia e efetividade na análise dos aspectos fundamentais para a atribuição de uma função simbólica à norma. Notório é que a efetividade diz respeito à finalidade da lei ou do legislador, ao passo que a eficácia trata da observância dos pressupostos de incidência e aplicação da norma.

Dessa forma, existe uma distinção a ser feita também quanto à finalidade da norma jurídica, a saber: efetividade, inefetividade e antiefetividade. A efetividade se dará ao se atingir à finalidade da norma ou do legislador ao passo que ocorre a sua observância, aplicação, execução e uso (eficácia). A inefetividade ocorre quando há a observância dos pressupostos de incidência e aplicação da norma (eficácia) ao passo em que está não atinge a sua finalidade ou a finalidade do legislador, isto é, tem-se configurado nesta hipótese uma norma eficaz sem efetividade, portanto, inefetiva. E, por último, exista ainda a possibilidade de haver a observância dos pressupostos de incidência e aplicação da norma (eficácia) e a resposta social obtida ser completamente oposta à resposta esperada pela finalidade da norma ou do legislador, neste caso se configura uma antiefetividade[44].

Percebe-se, portanto, as diferenças entre os conceitos de eficácia e efetividade, ao mesmo passo que a discussão acima apresentada demonstra que ambos os conceitos são analisados de forma relativa/gradual. Não obstante, quando "a ineficácia e a inefetividade atingem um grau muito elevado", significa que "as expectativas normativas das pessoas e dos órgãos estatais, de uma forma

---

[42] NEVES, Marcelo. *A Constitucionalização Simbólica...*, p.47.

[43] NEVES, Marcelo. *A Constitucionalização Simbólica...*, p.48.

[44] NEVES, Marcelo. *A Constitucionalização Simbólica...*, p.48.

generalizada, não se orienta pelos dispositivos legais"[45]. Neste caso, caracterizar-se-á uma falta de vigência social da lei, ou ainda a carência de normatividade do texto legal.

Após as discussões acima apresentadas, chega-se a um clímax nesta parte do presente texto. Apresentou-se, para tanto, os conceitos de eficácia e efetividade, ao mesmo tempo que se ponderou a análise relativa/gradual de ambos. Dito isto, retoma-se agora a análise sobre a legislação simbólica, que se caracteriza por ser normativamente ineficaz. Isto significa que a observância, aplicação, execução e uso da norma – ou ainda a observância dos pressupostos de incidência e aplicação da norma - não ocorre de forma satisfatória. Deste modo Neves[46] é assertivo ao afirmar que "a relação hipotético-abstrata "se-então" da "norma primária" e da "norma "secundária" (programa condicional) não se concretiza regularmente" numa legislação caracterizada como legislação simbólica.

Perceptível é que a observância dos requisitos para categorizar a legislação como legislação simbólica está mais pendente a uma análise crítica da eficácia, e não da efetividade. Por conseguinte, é possível o respeito a observância dos pressupostos de incidência e aplicação da norma ao mesmo passo que não há a realização da finalidade da norma ou do legislador, ou seja, da não realização do vínculo instrumental "meio-fim" que se extrai do texto legal, não há uma função hipertroficamente simbólica de uma lei sendo desempenhada. Logo, uma norma eficaz sem efetividade não é suficiente para a caracterização de uma legislação como legislação simbólica, sendo o seu balizador a percepção da falta de vigência social da norma.

Percebe-se, então, até o presente momento, que se abordou uma perspectiva negativa da legislação simbólica, entendendo-a como uma interferência do sistema político no sistema jurídico, ocasionando uma função hipertroficamente simbólica à norma. Entretanto, é necessário pontuar, a legislação simbólica não possui apenas sentido negativo - que está relacionado à falta de eficácia e vigência social - podendo possuir também um sentido positivo ao produzir efeitos relevantes para o sistema político, de natureza não especificamente jurídica[47].

---

[45] NEVES, Marcelo. *A Constitucionalização Simbólica...*, p.48.
[46] NEVES, Marcelo. *A Constitucionalização Simbólica...*, p.51.
[47] A legislação simbólica não se delineia, quanto aos efeitos, tão somente

Retomando a discussão do modelo tricotômico de Kindermann, por exemplo, no tocante à confirmação de valores sociais: é possível a percepção de três efeitos socialmente relevantes: a) convencimento da sociedade da consistência do comportamento e norma valorados positivamente, gerando, consequentemente, uma aparente paz social; b) afirmação pública de uma norma moral pelo legislador conduz às principais instituições da sociedade a servirem-lhe de sustentação, mesmo que faltem ao respectivo texto legal a força normativo-jurídica e a eficácia que lhe sejam especificas; c) a legislação simbólica, confirmadora de valores sociais, distingue "quais culturas têm legitimação e dominação pública e quais são consideradas desviantes através dos "gestos de diferenciação" e "gestos de coesão", sendo, portanto, geradora de profundos conflitos entre os respectivos grupos[48].

Em se tratando da demonstração da capacidade de ação do Estado a partir da criação de uma legislação - "legislação-álibi"-, o aspecto positivo se daria pela desoneração do sistema político das pressões sociais por modificações do *status quo*, já que se trata de um mecanismo com amplos efeitos político-ideológicos.

E, por último, o efeito positivo da legislação simbólica como fórmula de compromisso dilatório seria o de apaziguamento dos conflitos a partir de uma positivação normativa, esvaziada de eficácia, que serviria para a manutenção do *status quo*, ao mesmo tempo que há uma "cessão" política a partir desta mesma normatização, reconhecendo formalmente determinado direito.

Diante de tudo que foi exposto, chega-se à conclusão de que a função simbólica da norma não pode ser definida apenas a partir das intenções do legislador. A atividade legiferante adquire um caráter

---

em um sentido negativo: falta de eficácia e vigência social. Há atos de legislação e textos normativos que têm essas características, sem que desempenhem nenhuma função simbólica. [...] a legislação simbólica define-se também num sentido positivo: ela produz efeitos relevantes para o sistema político, de natureza não especificamente jurídica. Não se distingue da legislação instrumental por não exercer influência sobre a conduta humana, mas sim pela forma como a exerce e pelo modelo de comportamento que influencia. Conforme o tipo de legislação simbólica, variarão, porém, os seus efeitos (NEVES, Marcelo. *A Constitucionalização Simbólica...*, p.51).

[48] NEVES, Marcelo. *A Constitucionalização Simbólica...*, p.53-54.

simbólico é restringida ao ato da produção normativa sem providenciar o aparato – os pressupostos – para que esta norma seja eficaz, ainda que não seja efetiva.

Outra conclusão fundamental é a impossibilidade de pensar a distinção entre a legislação simbólica - como efeitos não tencionados – e legislação instrumental – como de efeitos tencionados. Recairia em erro quaisquer das duas perspectivas, configurando uma simplificação equivocada[49] de um fenômeno extremamente complexo que é a análise do que seria o efeito simbólico de uma norma e suas consequências para o ordenamento jurídico e para a sociedade.

A limitação da normatização do direito, especialmente a dos direitos sociais, e a negação de sua efetividade, apontando um conteúdo simbólico da norma, foi pontuada também por Ferdinand Lassalle[50], ao afirmar que a Constituição seria o somatório dos fatores reais de poder vigentes na sociedade.

Hesse[51] trouxe uma ideia oposta à de Lassalle, ao discutir a força normativa da Constituição, aqui tratada como legislação instrumental, apontando limitações[52] à normatividade, e que esta

---

[49]Sobre tal afirmativa Marcelo Neves afirma "[...] não concebo a legislação simbólica em termos do modelo simplificador que a explica ou a define a partir das intenções do legislador. Evidentemente, quando o legislador se restringe a formular uma pretensão de produzir normas, sem tomar nenhuma providência no sentido de criar os pressupostos para a eficácia, apesar de estar e condições de criá-los, há indício de legislação simbólica. Porém, o problema da legislação simbólica é condicionado estruturalmente, sendo antes de se falar em interesses sociais que a possibilitam do que de vontade ou intenção do legislador. Por outro lado, não cabe, no sentido oposto, distinguir a legislação simbólica da legislação instrumental com base na diferença entre, respectivamente, efeitos não-tencionados e tencionados, pois nada impede que haja legislação intencionalmente orientada para funcionar simbolicamente" (NEVES, Marcelo. *A Constitucionalização Simbólica...*, p.31).
[50] LASSALLE, Ferdinand. *A essência da Constituição*. 5ª edição. Rio de Janeiro: Editora Lumen Juris, 2010.
[51] HESSE, Konrad. *A força normativa da Constituição*. Trad. Gilmar Ferreira Mendes. Porto Alegre: SAFe, 1991, p. 19.
[52]"[...] Isso significa que o Direito Constitucional deve preservar, modestamente, a consciência dos seus *limites*. Até porque a força normativa da Constituição é apenas uma das forças de cuja atuação resulta a realidade do Estado. E esta força tem limites. A sua eficácia depende da satisfação

deveria romper o isolamento para com a própria realidade ao afirmar que "a Constituição não está desvinculada da realidade histórica concreta de seu tempo. Todavia, ela não está condicionada simplesmente por esta realidade"[53].

Assim, percebe-se que a legislação simbólica possui uma intrínseca ligação com a influência/correlação entre os sistemas político e jurídico, que norteiam a discussão constitucional de forma especifica a cada casuística, modificando assim a relação entre esses dois sistemas e o papel desempenhado pela Constituição enquanto acoplamento estrutural entre eles.

Desta forma, a atividade legiferante ao expedir ato normativo com função meramente simbólica, e ao tornar tal ato norma constitucional – principalmente quando relacionada a uma casuística de direitos sociais -, acaba por recair no que Marcelo Neves denomina de constitucionalização simbólica em sua teoria. Neves[54] demonstra a insuficiência na concretização normativo-jurídica na constitucionalização simbólica, em seu sentido negativo; ao mesmo passo que demonstra, em um viés positivo, o relevante papel político-ideológico da atividade constituinte e da linguagem constitucional, sendo uma característica típica da modernidade periférica, a partir da convivência de supercomplexidade social com falta de autonomia operacional do sistema jurídico. Assim, percebe-se a Constituição enquanto acoplamento estrutural[55] entre o sistema jurídico e político, sendo na concepção moderna "fator e produto da diferenciação funcional entre direito e política como subsistema da

---

dos pressupostos acima enunciados. Subsiste para o direito Constitucional uma enorme tarefa, sobretudo porque a força normativa da Constituição não está assegurada de plano, configurando missão que, somente em determinadas condições, poderá ser realizada de forma excelente. A concretização plena da força normativa constitui meta a ser almejada pela Ciência do Direito Constitucional. Ela cumpre seu mister de forma adequada não quando procura demonstrar que as questões constitucionais são questões de poder, mas quando envida esforços para evitar que elas se convertam em questões de poder (*Machtfragen*)". (HESSE, 1991, p. 26 – 27).

[53] HESSE, Konrad. *A força normativa da Constituição*. Trad. Gilmar Ferreira Mendes. Porto Alegre: SAFe, 1991, p. 25

[54] NEVES, Marcelo. *A Constitucionalização Simbólica...*, p.83.

[55] NEVES, Marcelo. *Transconstitucionalismo*. São Paulo: Martins Fontes, 2009, p. 37.

sociedade", servindo como mecanismo de interpenetração[56] entre os dois sistemas autônomos – direito e política.

Ao ser levado ao código binário direito/política de Luhmann, esse caso de função simbólica da legislação apontada por Neves representa uma corrupção sistêmica, na qual fins políticos obstruem os fins normativo-jurídicos que a legislação normalmente teria. O direito tem uma função estruturante na sociedade, e tal obstrução dos fins compromete a função deste sistema em relação aos demais. Os acoplamentos estruturais desempenham uma função de evitar a corrupção sistêmica[57].

A legislação de fins simbólicos se difere do simbolismo na linguagem jurídica e da linguagem em si. O texto do direito é permeado por símbolos (seja no sentido de Peirce, seja no sentido de Saussure), e desempenha um papel simbólico na sua interação com o ambiente, mas não tem uma função simbólica no sentido de que é emitido com o fim normativo. Nesse raciocínio, o simbolismo provocado propositalmente pelo emissor da norma provoca a corrupção do direito pela política conforme identificado por Neves[58].

Observe-se que a função simbólica não se coaduna exatamente com determinados símbolos na linguagem jurídica. A linguagem jurídica está permeada de símbolos, mas sua função ainda que com uso simbólico, tem um fim de uma concretização normativa. O que define a legislação simbólica é uma exacerbação de fins políticos na atividade legiferante que deveria ter uma função essencialmente de realização dos fins à qual a norma existe[59].

---

[56] NEVES, Marcelo. *A Constitucionalização Simbólica...*, p.65.

[57] "As long as the legal system is direcdy exposed to the pressures of its environment within society, it cannot focus on particular disturbances. Then all possible pressures deform the law, either by ignoring it or by passing it, or they make the system declare legality illegal or illegality legal, as the case may be. Without structural coupling in the relations of the functioning systems of society with each other, law is corrupt in the modern sense of that term". (LUHMANN, Niklas. *Law as a Social System*. Trad. Klaus Ziegert. Oxford: Oxford University Press, 2004, p.385).

[58] NEVES, Marcelo. *Transconstitucionalismo...*, p. 44.

[59] "O conceito de legislação simbólica deve referir-se abrangentemente ao significado específico do ato de produção e do texto produzido, revelando que o sentido político de ambos prevalece hipertroficamente sobre o aparente sentido normativo-jurídico. A referência deôntico-jurídica de ação

A norma, uma vez válida, prescreve determinado comportamento com o fim dirigido aos destinatários para que esses se comportem de acordo com seu conteúdo, em uma relação de imputação: a norma determina como as pessoas devem se comportar, utilizando se necessários meios de coercibilidade também dada por normas para esse fim. Quando a norma é emitida para que os indivíduos se comportem de determinada maneira, há uma função instrumental. Se isso não ocorre, a função é meramente simbólica, colocando em outro patamar a ideia de simbolismo no discurso jurídico: um simbolismo não apensa representado em seus significantes, mas nos significados exteriores e com efeitos além dos juridicamente almejados.

O texto jurídico, suscetível a ser compreendido e interpretado, conforme o que é definido por Constituição. Luhmann ainda destaca um problema no quanto à resolução de aporias no texto, ou seja, o que permite a (re)produção da linguagem jurídica. É a resposta dada pela figura do juiz, como autoridade emissora de atos vontade que dão respostas concretas à aplicação do direito.[60] O intérprete último dos significados dos símbolos (ou signos) da linguagem é a autoridade judiciária, que a todo momento (re)inventam o texto jurídico[61].

A Constituição não dirige uma mensagem prescritiva somente à

---

e texto à realidade torna-se secundária, passando a ser relevante a referência político-valorativa ou 'político-ideológica'". (NEVES, Marcelo. *A Constitucionalização Simbólica...*, p. 30-31).

[60] "A far more important question is to ask how a legal system can be described in which the paradox of its self-constitution emerges more and more clearly and which also reveals the location in which the problem of unfolding the paradox has to be solved: in decision-making by courts" (LUHMANN, Niklas. *Law as a Social System*. Trad. Klaus Ziegert. Oxford: Oxford University Press, 2004, p.292).

[61] "O juiz, ao invés de ser uma simples executante que deduzisse das leis as conclusões diretamente aplicáveis ao caso particular, dispõe antes de uma parte de autonomia que constitui sem dúvida a melhor medida da sua posição na estrutura da distribuição do capital específico de autoridade jurídica; os seus juízos, que se inspiram em uma lógica e em valores muito próximos dos que estão nos textos submetidos à sua interpretação, tem uma verdadeira função de invenção"(BOURDIEU, Pierre. *O Poder Simbólico*. Trad. Fernando Tomaz. Rio de Janeiro: Bertrand Brasil, 1989).

sociedade, mas também aos juízes que reproduzem a linguagem do direito conforme um procedimento normativo específico, que permite sua reprodução e reafirmação. Além deste efeito semiótico, a emissão do dever-ser ainda impõe um caráter simbólico no efeito de obediência esperado, ou seja, a expectativa do comportamento social àquele discurso individualizado.

6 Considerações finais

O simbolismo está presente na ideia de direito enquanto texto e enquanto sistema. O direito está imerso em símbolos, embora a conceituação de símbolo seja de difícil tarefa. Independentemente do que sejam os símbolos, pode-se dizer que os símbolos formam e são formados na linguagem jurídica.

A linguagem, como foi visto, é um conjunto de signos, que podem ou não ser símbolos, dependendo da visão da semiótica adotada. As concepções de Saussure e Peirce suscitam atuais debates de semiótica e servem para o início de um estudo aprofundado no âmbito do direito. Assim, a semiótica jurídica estudará os símbolos e as estruturas que compõem a linguagem do direito. Em um sentido até mais amplo, a semiótica jurídica não se prende apenas à análise do direito, mas também da ciência do direito, uma vez que o campo de investigação são os significados daquilo que compõe a linguagem.

Da forma como está estruturado o direito, há uma convergência nos sentidos em uma direção paradigmática: o sentido dado pela Constituição. Muito além de ser a norma maior de uma ordem jurídica, a Constituição cria o referencial em torno do qual a linguagem do direito em uma determinada sociedade orbitará. Todo o significante encontra seu significado específico no texto jurídico no sentido indicado pela Constituição. Nesta ideia, a Constituição cria hipoteticamente a linguagem jurídica, seja do direito como texto, seja dos textos tendo o direito como objeto de estudo.

Entre tais textos, além dos produzidos pela ciência do direito, encontram-se também os relacionados à sociologia do direito, compreendendo os efeitos que o direito produz no corpo social, tanto pelo significado de seus termos como também pela forma como é estruturado. Em outras palavras, mede o impacto da linguagem jurídica na sociedade e entre esses impactos, a questão do simbolismo que esta linguagem representa.

A linguagem é a forma de comunicação e se comunicar é um dos agires que torna o homem possível de constituir sociedade e de aumentar sua complexidade. O direito é um modo de comunicação usando uma linguagem específica de caráter essencialmente prescritivo. Ainda que muitas vezes seja descritivo, o dever-ser está implícito na linguagem do direito. Essa linguagem é direcionada a um auditório geral, que são os receptores dessa mensagem e tem um determinado fim, controlar o agir daqueles destinatários.

O direito como meio de comunicação entre autoridades e destinatários, uma vez que a mensagem se dá por meio de normas, tem um fim instrumental em fazer com que a sociedade se comporte de determinada maneira, ainda que as normas sejam proibitivas, obrigatórias ou permissivas. Pelo monopólio do uso da força, que é regulada e formada pelo próprio direito, é criada uma expectativa de comportamento, tornando-se símbolo de estabilidade e normalidade.

Em um sistema fechado que se reproduz por si, o direito está em constante transmutação. Diferentemente de uma obra literária que é finita, o texto jurídico, como conjunto geral de todas as prescrições, está em constante produção por procedimentos que ele próprio constitui. Como característica de sua reprodução, o referencial é a Constituição, que estabelece os procedimentos para que o direito se reproduza, além de ditar o sentido das significações do direito.

Nesse raciocínio, o simbolismo está presente na linguagem jurídica como associação de ideias necessárias e constitucionalmente convergentes para que o sistema seja estável e tal estabilidade, sendo a eficácia necessária para tal, leva ao simbolismo do direito na sociedade como expectativa de comportamento.

Referências

BOURDIEU, Pierre. *O Poder Simbólico*. Trad. Fernando Tomaz. Rio de Janeiro: Bertrand Brasil, 1989

ECO, Umberto. *Tratado de Semiótica General*. 5 ed. trad. Carlos Mazano. Lumen: Barcelona, 2000.

FERRAZ JUNIOR, Tércio Sampaio. *Introdução ao Estudo do Direito*. 5 ed. São Paulo: Atlas, 2007.

GRADIM, Anabela. *Comunicação e Ética:* O Sistema Semiótico de Charles S. Peirce. Corvilhã: Ubianas, 2006.

HESSE, Konrad. *A força normativa da Constituição*. Trad. Gilmar

Ferreira Mendes. Porto Alegre: SAFe, 1991.

KELSEN, Hans. *Teoria Pura do Direito*. 2 ed. Trad. João Batista Machado. São Paulo: Martins Fontes, 2005.

LASSALLE, Ferdinand. *A essência da Constituição*. 5ª edição. Rio de Janeiro: Editora Lumen Juris, 2010.

LUHMANN, Niklas. *Law as a Social System*. Trad. Klaus Ziegert. Oxford: Oxford University Press, 2004, p. 85

______. *Legitimação pelo Procedimento*. Trad. Maria da Conceição Côrte-Real. Brasília: UnB, 1980

______. *Sociologia do Direito*. Vol. I. trad. Gustavo Bayer. Rio de Janeiro: Tempo Brasileiro, 1983.

MELO, Tarso de. *Direito e ideologia*: um estudo a partir da função social da propriedade rural. São Paulo: Expressão Popular, 2009.

NEVES, Marcelo. *A Constitucionalização Simbólica*. São Paulo: Martins Fontes, 2011.

______. *Transconstitucionalismo*. São Paulo: Martins Fontes, 2009.

PEIRCE, Charles Sanders. *Semiótica*. Trad. José Teixeira Coelho Neto. São Paulo: Perspectiva, 2005

ROBLES, Gregorio. *O Direito como Texto:* Quatro Estudos de Teoria Comunicacional do Direito. Trad. Roberto Barbosa Alves. Barueri: Manole, 2005

ROSS, Alf. *Direito e Justiça*. Trad. Edson Bini. São Paulo: Edipro, 2000

SAUSSURE, Ferdinand. *Curso de Linguística Geral. 27 ed.* Trad. Antonio Chelini. São Paulo: Cultrix, 2006.

SERRA, Paulo. Peirce e o signo como abdução. *Biblioteca on-line de ciências da comunicação.* Disponível em http://www.bocc.ubi.pt/pag/jpserra_peirce.pdf. Acesso em: 10 março 2020.

SILVA, José Moreno da. As Dicotomias Saussereanas e suas Implicações sobre os Estudos Linguísticos. *REVELLI – Revista de Educação, Linguagem e Literatura da UEG-Inhumas* v. 3,n.2, p. 38-55, 2011.

WAGNER, Anne; BROEKMAN, Jan. *Prospects of Legal Semiotics.* Springer: New York, 2010.

Constituição, texto constitucional e realidade constitucional

José Ernesto Pimentel Filho
José Augusto Segundo Neto

1 Sistema jurídico

Não se pode negar que atualmente as questões mais polêmicas relacionadas com o Direito Constitucional são apresentadas pelo professor Marcelo Neves. Seu arcabouço teórico tem como base os estudos desenvolvidos por Niklas Luhmann. Contingência, complexidade, risco, sentidos e expectativa são variáveis que não podem ser desprezadas no pensamento luhmaniano. Para o pensador alemão[1],

> ... o comportamento social em um mundo altamente complexo e contingente exige a realização de reduções que possibilitem expectativas comportamentais recíprocas e que são orientadas a partir das expectativas sobre tais expectativas. Na dimensão temporal essas estruturas de expectativas podem ser estabilizadas contra frustrações através da normatização. Frente à crescente complexidade social isso pressupõe uma diferenciação entre expectativas cognitivas (disposição à assimilação) e normativas, além da disponibilidade de mecanismos eficientes para o processamento de desapontamentos, frustrações. Na dimensão social essas estruturas de expectativas podem ser institucionalizadas, ou seja, apoiadas sobre o consenso esperado a partir de terceiros. Dada a crescente complexidade social isso exige cada vez mais suposições fictícias do consenso e também a institucionalização do ato de institucionalizar através de papéis especiais. Na dimensão prática essas estruturas de expectativas podem ser fixadas externamente através de um sentido idêntico, compondo uma inter-relação de confirmações e limitações recíprocas. Dada a crescente

---

[1] LUHMANN, Niklas. **Sociologia do direito I**; tradução de Gustavo Bayer. Rio de Janeiro: Edições Tempo Brasileiro, 1983, p. 109-110.

complexidade social isso exige uma diferenciação dos diversos planos da abstração.

A sociedade se compõe unicamente de comunicação. Em um mundo constituído sensorialmente e, portanto, altamente complexo e contingente, torna-se vantajoso referir os diversos passos da seleção uns aos outros. No processo cotidiano de comunicação isso ocorre quando alguém escolhe uma comunicação de diversas outras possíveis e o seu destinatário trate o que foi comunicado como fato ou como premissa de suas próprias seleções (e não como seleção) incorporando a escolha do outro no resultado da seleção prévia. Isso alivia o indivíduo em grande parte do exame próprio das alternativas. As estruturas "potencializam esse efeito aliviante na medida que estabelecem as referências de uma seleção a outra"[2].

A estrutura de seleção é seletiva e continua sendo seletiva mesmo quando não realizada de forma consciente, ou seja, quando é simplesmente vivenciada. Existem outras possibilidades e elas se apresentam ao ocorreram desapontamentos de expectativas. "É nessa possibilidade de desapontamento e não na regularidade da satisfação que se evidencia a referência de uma expectativa à realidade[3]". Todas as estruturas, enfim, se conectam com o desapontamento, sendo imprescindível se aceitar os riscos. Aprofundamento essa questão, observa Luhmann que

> Especialmente em um mundo com crescente complexidade e contingência isso poderia conduzir a um nível insustentável de tensões e problemas de orientação, caso o sistema social da sociedade como um todo não apresentasse duas possibilidades contrárias de reação a desapontamentos de expectativas. Mesmo quando os desapontamentos se tornam visíveis e têm que ser inseridos na visão de realidade como objeto de experimentação, ainda existe a alternativa de modificação da expectativa desapontada, adaptando-a à realidade decepcionante, ou então sustentar a expectativa, e seguir a vida protestando contra a realidade decepcionante. Dependendo de qual dessas orientações predomina, podemos falar de expectativas cognitivas ou normativas[4].

Para Luhmann, as expectativas são capazes de fornecer *"uma contribuição essencial para o esclarecimento dos mecanismos elementares de*

---

[2] LUHMANN, Niklas. **Ob. Cit.** p. 54.
[3] LUHMANN, Niklas. **Ob. Cit.** p. 55.
[4] LUHMANN, **Ob. Cit.** p. 55-56.

formação do direito"[5]. As expectativas cognitivas são aquelas que, ocorrendo o desapontamento, são adaptadas à realidade; os expectantes mantêm um posicionamento favorável em relação aos casos de desapontamento, de forma que sua característica é a disposição para o aprendizado. As normativas, ao contrário, não são abandonadas se alguém as transgride. Assumem uma postura avessa ao aprendizado, ou seja, caracterizam-se pela determinação em não assimilar os desapontamentos.

Observa Marcelo Neves[6] que essa dicotomia está associada ao clássico dualismo ser-dever ser. E esclarece, citando Luhmann, que o sentido contrafático do dever-ser não significa sua idealidade ou sua irrealidade. "Embora seja orientado em termos contrafáticos, o sentido do dever-ser não é menos fático do que o sentido do ser. Todo espectar é fático, tanto na sua satisfação quando no seu desapontamento. O fático abrange o normativo. A oposição que habitualmente se faz entre o fático e o normativo deveria, por isso, ser abandonada. O normativo não encontra sua oposição no fático, mas sim no cognitivo"

Em conformidade com essa construção, Lhumann define normas como "expectativa de comportamento estabilizadas em termos contrafáticos"[7]. Observa Marcelo Neves, que o caráter contrafático significa que o cumprimento ou o [8]não cumprimento do fático das normas é, em princípio, irrelevante para sua validade. O expectante orientado por normas não irá contestar sua validade no caso de um não cumprimento, mas sim confirmá-las, na medida em que ele persiste em suas expectativas e se queixa do comportamento infringente das normas.

Após a conceituação de normas, Luhmann define o direito como "estrutura de um sistema social que se baseia na generalização congruente de expectativas comportamentais normativas".[9]

Nas condições supercomplexas e supercontingenciais da sociedade moderna é que o direito pode positivar-se. A ordem

---

[5] LUHMANN, Niklas. **Ob. Cit.** p. 56.
[6] NEVES, Marcelo. **Constituição e direito na modernidade periférica: uma abordagem teórica e uma interpretação do caso brasileiro**. São Paulo: Editora WMF Martins Fontes, 2018, p. 24.
[7] LUHMANN, Niklas. **Ob. Cit.**, p. 57
[8] Neves, Marcelo. **Ob. Cit.** p. 25.
[9] LUHMANN, Niklas. **Ob. Cit.** p. 121.

jurídica positiva surge na contemporaneidade como decorrência do procedimento legiferante, apesar de esse fato não ser suficiente para a caracterização do direito positivo. Apenas quando decidibilidade e alterabilidade tornam-se características principais do direito é que está presente a positividade: "por direito positivo devem-se entender normas jurídicas que são postas em vigor mediante decisão, e consequentemente, podem ser novamente colocadas fora de vigor mediante decisão", conforme Luhmann, citado por Marcelo Neves[10]. Convém observar, de logo, que "o direito cumpre sua função seletiva (excludente), congruentemente generalizante em detrimento de interesses, classes e grupos 'inferires', 'mais fracos', uma vez que a diferenciação funcional-horizontal, como meio da seletividade, não exclui a estratificação social como fatos da seleção"[11].

Como autodeterminação do direito, a positividade significa a exclusão de qualquer supradetermiação imediata do direito por outros sistemas sociais: política, econômica, ciência etc. Assim, a relação entre sistemas jurídico e político é horizontal-funcional e não vertical-hierárquica. Enfim, "positividade não significa senão que o direito só possa ser criado pelo próprio direito e não ab extra pela natureza ou pela vontade política. Em outras palavras, o termo positividade não faz mais do que expressar em uma linguagem datada a autodeterminação operativa do direito e não, como se afirma frequentemente, a fundação da validade do direito através de um ato de arbítrio político"[12]. O sistema jurídico rege sua própria autonomia pela Constituição.

---

[10] Neves, Marcelo. **Ob. Cit.**, p. 31.

[11] Neves, Marcelo. **Ob. Cit.** p. 34.

[12] LUHMANN, Niklas. A Constituição como aquisição evolutiva. Tradução acadêmica, não revisada, realizada a partir do original ("Verfassung als evolutionäre Errungenschaft". In: *Rechthistorisches Journal*. Vol. IX, 1990, pp. 176 a 220), cotejada com a tradução italiana de F. Fiore ("La costituzione come acquisizione evolutiva". *In*: ZAGREBELSKY, Gustavo. PORTINARO, Pier Paolo. LUTHER, Jörg. *Il Futuro della Costituzione*. Torino: Einaudi, 1996), por Menelick de Carvalho Netto, Giancarlo Corsi e Raffaele De Giorgi. Notas de rodapé traduzidas da versão em italiano por Paulo Sávio Peixoto Maia (texto não revisado pelo tradutor). Disponível em https://edisciplinas.usp.br/course/view.php?id=65509 acessado em 20/04/2019.

2 Texto constitucional e realidade constitucional

No contexto do direito constitucional o professor Marcelo Neves propõe uma discussão sobre a relação entre texto e realidade constitucional, o que é concernente à concretização da norma constitucional. Para tanto, dialoga com Friedrich Müller e Peter Häberle.

A teoria da norma de Friedrich Müller parte do pressuposto de que as normas jurídicas não são puro *dever-ser*, mas uma noção composta de *ser* e *dever-ser*, de dados linguísticos e dados reais; a norma jurídica não se identificaria ao texto da norma, mas seria estruturada na conjugação do programa da norma com o âmbito da norma. Para Müller, o positivismo jurídico sempre diferenciou norma e realidade como polaridades abstratas e a separação da norma e dos fatos, do direito e da realidade, assim como a compreensão da norma como algo que repousa em si e preexiste é um dos seus erros fundamentais.

A alteração da concepção de norma jurídica se reflete, em termos constitucionais, na problemática da relação entre *texto* e *realidade constitucional* e, para Müller, a contraposição abstrata entre constituição e realidade constitucional deriva da equivocada compreensão da norma apresentada pelo positivismo jurídico, incapaz de diferenciar a estrutura da norma da normatividade[13]:

> A norma não deve ser apreendida como limite, mas como elemento da relação com a realidade (...) para essa tarefa não basta tratar o direito como norma de apreciação e, assim, como norma nunca coincidente com as relações que por ele dever ser apreciadas. (...) a questão sobre "direito e realidade" ou sobre "constituição e realidade constitucional" não tem nenhum sentido teórico-normativo, enquanto não só âmbitos normativos, mas também recortes das estruturas fáticas contrários ou indiferentes às normas forem indistintamente apreendidos sob a noção de "realidade".

No âmbito da teoria estruturante do direito a relação entre texto e realidade constitucional dá-se como concretização das normas constitucionais, ou seja, pelo trabalho jurídico que efetiva na prática jurídica a validade das normas. Para o autor alemão, a Constituição

---

[13] MÜLLER, Friedrich. **Teoria estruturante do direito**. São Paulo: Editora Revista dos Tribunais, 2008. p. 222.

é *um dado de linguagem*, e o processo de concretização é um *processo de linguagem*. Há uma integração entre Constituição e sua concretização. A integração de texto e realidade constitucional será efetuada no momento de construção da norma jurídica, durante o processo de concretização.

Conforme alerta Marcelo Neves[14], "não se trata (...) da antiga dicotomia 'norma/realidade', mas sim do problema referente à concretização das normas constitucionais, que, nessa perspectiva, não se confundem com o texto constitucional". Ao integrar direito e realidade na estrutura da norma jurídica, a relação entre texto e realidade constitucional dá-se no processo de concretização que visa à construção da norma jurídica. Segundo Neves tem-se que: "sob esse novo ponto de vista, o texto e a realidade constitucionais encontram-se em permanente relação através da normatividade constitucional obtida no decurso do processo de concretização".

Müller dialoga com Häberle. Para este autor, a teoria da interpretação constitucional não tem se debruçado sobre o problema relativo aos participantes da interpretação, pois a teoria da interpretação constitucional esteve vinculada a um modelo de interpretação de uma "sociedade fechada", reduzindo a investigação da interpretação constitucional dos juízes e nos procedimentos formalizados. Com base nisso, ele pergunta sobre os agentes conformadores da 'realidade constitucional'.

Nesse sentido, argumenta Häberle, permite-se colocar a questão sobre os participantes do processo da interpretação: de uma sociedade fechada dos intérpretes da Constituição para uma interpretação constitucional pela e para uma sociedade aberta. Propõe a seguinte tese[15]: "*no processo de interpretação constitucional estão potencialmente vinculados todos os órgãos estatais, todas as potências públicas, todos os cidadãos e grupos, não sendo possível estabelecer-se um elenco cerrado ou fixado com numerus clausus de intérpretes da Constituição*". Isso significa que a teoria da interpretação deve ser garantida sob a influência da teoria democrática.

---

[14] NEVES, Marcelo. **A constitucionalização simbólica**. São Paulo: Editora Acadêmica, 1994. p76-77.
[15] HÄBERLE, Peter. **Hermenêutica Constitucional**. A sociedade aberta dos intérpretes da constituição: contribuição para a interpretação pluralista e 'procedimental da constituição. Porto Alegre: Sérgio Antonio Fabris Editor, 2002, p. 11-15.

Pois bem.

Na aproximação realizada, nota Marcelo Neves, que as abordagens de Müller e Häberle estão sujeitas a uma diferença semiótica entre sintática, semântica e pragmática. No primeiro autor, apresenta-se a característica semântica da linguagem jurídica: ambiguidade e vagueza, o que exige um processo de concretização e não um processo de aplicação que siga as regras da subsunção. Em Häberle, por seu turno, apresenta-se a pragmática da linguagem constitucional. A ambiguidade e a vagueza da linguagem constitucional provocam o surgimento de expectativas normativas diferentes e contraditórias perante os textos normativos; por outro lado, as contradições de interesses e opiniões indicam variedade do significado do texto constitucional.

Com base em enfoque semiótico-linguistico, o professor Marcelo Neves afirma sustenta que a atividade constituinte forma apenas um dos processos de filtragem para a vigência jurídicas das expectativas normativo-constitucionais: as expectativas diversas e contraditórias em relação ao texto constitucional são filtradas mediante decisões concretizadoras da constituição. A dicotomia 'direito constitucional/realidade constitucional' "significará aqui a distinção entre, de um lado, direito constitucional vigente como complexo das expectativas normativas de comportamento filtradas pela atividade constituinte e pela concretização constitucional, inclusive as comunicações constitucionais correspondentes (sistema constitucional) e, de outro, realidade constitucional como totalidade de expectativas e comportamentos que, mediante outros códigos sistêmicos específicos ou determinações do "mundo da vida", referem-se ao direito constitucional (<u>ambiente</u> da Constituição)".

Para o autor pernambucano, a discussão sobre a relação 'texto constitucional/realidade constitucional" é importante quando se analisa o fato de faltar ao texto constitucional a normatividade constitucional. A partir dai propõe uma reinterpretação da classificação ontológica de Karl Loewenstein.

De acordo com essa classificação, as constituições podem ser diferenciadas segundo seu caráter como normativo, nominal e semântico[16].

Pelo critério de análise ontológica não se busca pesquisar a

---

[16] LOEWENSTEIN, Karl. **Teoría de la constitución**, 2ª edição. Barcelona: Editorial Ariel, 1976, p. 216-222.

essência e o conteúdo das constituições, mas a concordância das normas constitucionais com a realidade do processo de poder.

Seu ponto de partida é a tese de que uma constituição escrita não funciona por si só, uma vez que tenha sido adotada pelo povo, mas sim que uma constituição é o que os detentores e destinatários do poder fazem dela na prática.

Para uma constituição estar viva, deve ser efetivamente vivida por destinatários e detentores de poder, necessitando de um ambiente nacional favorável para sua realização. Para que uma Constituição se apresente viva, não é suficiente que seja válida em sentido jurídico, mas devera ser observada lealmente por todos os interessados e deverá estar integrada na sociedade estatal e esta, refletida na Constituição.

Somente em um caso se pode falar em Constituição normativa: "suas normas dominam o processo político ou, ao inverso, o processo de poder se adapta às normas da Constituição e se submetem a elas. Para usar uma expressão da vida diária: a constituição é como uma roupa que cai bem e que se veste realmente".

O caráter normativo de uma constituição não deve ser tomado como um fato dado e subtendido, mas cada caso deverá ser confirmado pela prática. Uma constituição poderá ser juridicamente válida mas se a dinâmica do processo político não se adapta a suas normas, a constituição carece de realidade existencial. É a constituição nominal. As constituições não são modificadas exceto por meio de emendas constitucionais, mas elas estão submetidas, em maior ou menor grau, a metamorfoses imperceptíveis que sofrem toda norma estabelecida por efeito do ambiente político e dos costumes. O que a constituição nominal implica é que os pressupostos sociais e econômicos existentes no momento atual operem contra uma concordância absoluta entre as normas constitucionais e as exigências do processo do poder. A situação de fato impede, ou não permite por ora, a completa integração das normas constitucionais na dinâmica da via política. Provavelmente a decisão política que conduz a promulgar a constituição ou este tipo de constituição foi prematura. A esperança, sem embargo, persiste, dada a boa vontade dos detentores e dos destinatários do poder, de que tarde ou cedo a realidade do processo do poder corresponderá ao modelo estabelecido na constituição. *"A função primária da constituição normativa é determinar realmente a dinâmica do processo do poder em lugar de estar submetida a ela. E para continuar com a metáfora: a roupa fica pendurada durante certo tempo no armário e será posto quando o corpo nacional tenha crescido".*

Há casos, entretanto, em que a realidade ontológica da constituição não é senão a formalização da existência do poder político em benefício exclusivo dos detentores do poder que dispõem do aparato coativo do Estado. Enquanto que a tarefa original da constituição escrita foi limitar a concentração de poder, dando possibilidade a um livre jogo das forças sociais da comunidade dentro do quadro constitucional, a realidade jungida pelo que se chama de constituição semântica terá restringida a liberdade de ação e será canalizada na forma desejada pelos detentores do poder, independe que estes sejam uma pessoa individual (ditador), uma junta, um comitê, uma assembleia ou um partido. A constituição aqui tratada não se destina à limitação do poder, mas para estabilizar e eternizar a intervenção dos dominadores fáticos. Na metáfora até então usada, aqui não se trata de uma roupa, mas de um disfarce.

Reforça Karl Loewenstein que a classificação[17] de uma constituição como normativa, nominal ou semântica não poderá ser feita a partir do texto e isto com mais razão pelo fato de as constituições poderem guardar silencia sobre alguns dos aspectos mais importantes do processo do poder, como, por exemplo, o processo eleitoral e os partidos políticos. Nas constituições semânticas alguns elementos permitem reconhece seu caráter ontológico: quando o presidente do Estado pode permanecer sem limitação temporal em seu cargo; quando está autorizado a vetar às decisões do legislativo; quando plebiscitos manipulados são utilizados para confirmar decisões políticas fundamentais; quando as eleições são disputadas por um único partido.

Marcelo Neves assume essa classificação, propondo, entretanto, substituição a expressão *"Constituição semânticas"* por *"Constituições instrumentalistas"* – porque se trata, segundo ele, de instrumentos utilizados pelos detentores de poder como puros meios de imposição da dominação, enquanto que o termo "semântico" não apresenta *"quase nenhuma conexão com o sentido usual dessa palavra"*.

---

[17] LOEWENSTEIN, Karl. **Teoría de la constitución**, 2ª edição. Barcelona: Editorial Ariel, 1976, p. 219.

3 A Constituição de 1988 e o problema da soberania.

O regime instaurado com o golpe militar-empresarial de 1964 rompe com a Constituição de 1946 que apontava para um regime democrático de conteúdo social, apontando para uma crise de legitimidade que característico do Estado brasileiro das décadas de 1970 e 1980 do século passado.

O processo de transição para a democracia, entretanto, serviu à institucionalização de dispositivos autoritários de controle do poder de Estado. Em relação à divisão cronológica da história política da ditatura militar brasileira (1964 e 1985) e de sua transição para a democracia liberal, Adriano Nervo Codato[18] propõe categorização constituída por seis fases, subdivididas em várias etapas[19]. Na

---

[18] CODATO, Adriano Nervo. Uma história política da transição Brasileira: da ditadura militar à democracia. **Rev. Sociol. Polít.**, Curitiba, **25**, p. 83-106, nov. 2005.

[19] - Fase 1: *constituição do regime político ditatorial-militar* (governos Castello Branco e Costa e Silva) – etapa 1: março de 1964 (golpe de Estado) – outubro de 1965 (extinção dos partidos políticos) – etapa 2: outubro de 1965 (tornada indireta a eleição de Presidente da República) – janeiro de 1967 (nova Constituição) – etapa 3: março de 1967 (posse de Costa e Silva) – novembro de 1967 (início da luta armada) – etapa 4: março de 1968 (início dos protestos estudantis) – dezembro de 1968 (aumento da repressão política) - Fase 2: *consolidação do regime ditatorial-militar* (governos Costa e Silva e Médici) – etapa 5: agosto de 1969 (Costa e Silva adoece; Junta Militar assume o governo) – setembro de 1969 (Médici é escolhido Presidente da República) – etapa 6: outubro de 1969 (nova Constituição) – janeiro de 1973 (refluxo da luta armada) – etapa 7: junho de 1973 (Médici anuncia seu sucessor) – janeiro de 1974 (eleição congressual (indireta) de Geisel) - Fase 3: *transformação do regime ditatorial-militar* (governo Geisel) – etapa 8: março de 1974 (posse de Geisel) – agosto de 1974 (anunciada a política de modificação do regime) – etapa 9: novembro de 1974 (vitória do MDB nas eleições senatoriais) – abril de 1977 (Geisel fecha o Congresso Nacional) – etapa 10: outubro de 1977 (demissão do Ministro do Exército) – janeiro de 1979 (revogação do Ato Institucional n. 5) - Fase 4: *desagregação do regime ditatorial-militar* (governo Figueiredo) – etapa 11: março de 1979 (posse de Figueiredo) – novembro de 1979(extinção dos partidos políticos Arena e MDB) – etapa 12: abril de 1980 (greves operárias em São Paulo) – agosto de 1981 (Golbery pede demissão do governo) – etapa 13: novembro de 1982 (eleições diretas para governadores dos estados; maioria oposicionista na Câmara dos Deputados) – abril de 1984 (derrotada a emenda das eleições diretas12) – etapa 14: janeiro de 1985 (vitória da oposição na eleição para

realidade, a segmentação proposta não tem o sentido de uma *cronologia* mas uma *periodização*, cuja didática permite melhor observar as fases e etapas de constituição do regime civil-militar, sua consolidação, transformação, desagregação, transição e a consolidação do regime liberal-democrático. Em relação à efetiva transição política da ditadura militar para o regime liberal-democrático, seus aspectos mais significativos estão situados entre os anos de 1974 e 1989.

Com a constituição da Aliança Democrática e a vitória de Tancredo Neves o Brasil afirma José Afonso da Silva[20] ingressava em uma situação constituinte, ou seja,

> situação que se caracteriza pela necessidade de criação de <u>normas fundamentais</u>, consagradoras de <u>nova ideia de direito</u>, informada pelo princípio da justiça social, em substituição ao sistema autoritário que nos vinha regendo havia já cerca de 20 anos. Aquele

---

Presidente da República) – março de 1985 (posse de José Sarney)13 - <u>Fase 5</u>: *transição*, sob tutela militar, *para o regime liberal-democrático* (governo Sarney) – etapa 15: abril-maio de 1985 (falece Tancredo Neves; emenda constitucional restabelece eleições diretas para Presidente da República) – fevereiro de 1986 (anunciado o Plano Cruzado contra a inflação) – etapa 16: novembro de 1986 (vitória do PMDB nas eleições gerais) – outubro de 1988 (promulgada nova Constituição) – etapa 17: março de 1989 (início da campanha para as eleições presidenciais) – dezembro de 1989 (Collor de Mello vence as eleições presidenciais) - <u>Fase 6</u>: *consolidação do regime liberal-democrático* (governos Collor, Itamar Franco e Fernando Henrique Cardoso) – etapa 18: março de 1990 (posse do Presidente eleito, Fernando Collor de Mello; anunciado o Plano Collor I) – janeiro de 1991 (anunciado o Plano Collor II – etapa 19: dezembro de 1992 (impedimento do Presidente Collor; o vice-Presidente Itamar Franco assume a Presidência da República) – julho de 1994 (lançado o Plano Real) – etapa 20: janeiro de 1995 (posse do Presidente eleito, Fernando Henrique Cardoso) – junho de 1997 (aprovada a emenda que permite a reeleição do Presidente da República e dos titulares dos poderes Executivos municipais e estaduais) – etapa 21: janeiro de 1999 (posse do Presidente reeleito, Fernando Henrique Cardoso) – outubro novembro de 2000 (vitória dos partidos de oposição nas eleições municipais) – etapa 22: julho de 2002 (início da campanha para as eleições presidenciais) – janeiro de 2003 (posse do Presidente eleito, Luís Inácio Lula da Silva).

[20] SILVA, José Afonso da. O processo de formação da Constituição de 1988 *In* LIMA, João Alberto de Oliveira, PASSOS, Edilenice e NICOLA, João Rafael. **A gênese da Constituição de 1988**. Brasília: Senado Federal, Coordenação de Edições Técnicas, 2013

espírito do povo, que transmuda em <u>vontade social</u>, que dá Integração à comunidade política, já se despertara, como sempre acontece nos momentos históricos de transição, em que o povo reivindica e retoma o seu direito fundamental primeiro, qual seja, o de manifestar-se sobre a existência política da Nação e sobre o modo desta existência, pelo exercício do <u>poder constituinte originário</u>".

Em 28/06/1985, o Presidente José Sarney envia ao Congresso Nacional a Mensagem nº 330, de 1985, com Proposta de Emenda à Constituição para a convocação da Assembléia Nacional Constituinte proposta de emenda constitucional que foi aprovada como EC nº 26, de 27/11/1985,convocando a assembleia nacional constituinte para o dia 1º/02/1987. Na realidade, se convocou os membros da Câmara dos Deputados e do Senado Federal para se reunirem em assembleia nacional constituinte livre e Soberana no dia 1º/02/1987.

Na realidade, convocou-se não uma assembleia nacional constituinte, plena, exclusiva, mas um congresso constituinte que funcionava concomitantemente como Poder Legislativo ordinário. A forma de funcionamento da constituinte revela evidente déficit democrático. Aliás, foi instalada com 559 membros sendo 487 deputados eleitos em 1986; 49 senadores eleitos em 1986 e 23 senadores eleitos em 1982, ou seja, não foram eleitos constituintes.

A assembleia nacional constituinte foi instalada no dia 1º/2/1987. Após eleito seu Presidente (Deputado Ulisses Guimarães) foi elaborado seu regimento interno, cujo procedimento previa a constituição de comissões e subcomissões temáticas[21], e

---

[21] O artigo 15 do RIANC instituiu as comissões e subcomissões temáticas: I - Comissão da Soberania e dos Direitos e Garantias do Homem e da Mulher a - Subcomissão da Nacionalidade, da Soberania e das Relações Internacionais b - Subcomissão dos Direitos Políticos, dos Direitos Coletivos e das Garantias c - Subcomissão dos Direitos e Garantias Individuais; II - Comissão da Organização do Estado a - Subcomissão da União, Distrito Federal e Territórios b - Subcomissão dos Estados c - Subcomissão dos Municípios e Regiões; III - Comissão da Organização dos Poderes e Sistema de Governo a - Subcomissão do Poder Legislativo b - Subcomissão do Poder Executivo c - Subcomissão do Poder Judiciário e do Ministério Público; IV - Comissão da Organização Eleitoral, Partidária e Garantia das Instituições a - Subcomissão do Sistema Eleitoral e Partidos Políticos b - Subcomissão de Defesa do Estado, da Sociedade e de sua

comissão de sistematização para oferecer o anteprojeto e o projeto de Constituição a serem submetidos ao plenário.

A discussão sobre a soberania foi motivo de algumas divergências tanto na comissão temática, quanto na comissão de sistematização.

A Subcomissão da Nacionalidade, da Soberania e das Relações Internacionais teve sua primeira reunião em 22 de abril de 1987, sendo eleito Presidente e Vices os Constituintes Roberto D'Avila, Aluízio Bezerra e Antônio Ferreira. Em seu discurso, o Relator, João Herrmann Neto disse que seriam ouvidas dezesseis autoridades de diversas áreas nas oito sessões públicas regimentais. Observou que seria analisada questões relativas ao preceito segundo o qual "todo poder emana do povo e em seu nome é exercido". Que povo? Que cidadão é esse? É cidadão abstrato? Trata-se, no caso de inovar um pouco, tratar o ser humano não apenas como aquele que vota, que tem direitos políticos, mas tratar o cidadão como um ser concreto, com direitos políticos, econômicos e sociais. É preciso que desta Subcomissão saia, ao final, a decisão de que todo brasileiro tem direito a um a um teto. Como é que se pode falar cidadão; se, em sua grande maioria, o brasileiro vive na cidade como se estivesse na zona rural, isto é, sem água, sem esgoto, sem saneamento básico, sem escola, sem iluminação, sem condições de saúde, sem condições de higiene? Enfim, como é que vive o cidadão? É preciso que comecemos a imaginar que cidadão é esse, como o inseriremos na sociedade, resguardados todos os seus direitos. Não que a

---

Segurança c - Subcomissão de Garantia da Constituição, Reformas e Emendas V - Comissão do Sistema Tributário, Orçamento e Finanças a - Subcomissão de Tributos, Participação e Distribuição das Receitas b - Subcomissão de Orçamento e Fiscalização Financeira c - Subcomissão do Sistema Financeiro VI - Comissão da Ordem Econômica a - Subcomissão de Princípios Gerais, Intervenção do Estado, Regime da Propriedade do Subsolo e da Atividade Econômica b - Subcomissão da Questão Urbana e Transporte c - Subcomissão da Política Agrícola e Fundiária e da Reforma Agrária VII - Comissão da Ordem Social a - Subcomissão dos Direitos dos Trabalhadores e Servidores Públicos b - Subcomissão de Saúde, Seguridade e do Meio Ambiente c - Subcomissão dos Negros, Populações Indígenas, Pessoas Deficientes e Minorias VIII - Comissão da Família, da Educação, Cultura e Esportes, da Ciência e Tecnologia e da Comunicação a - Subcomissão da Educação, Cultura e Esportes b - Subcomissão da Ciência e Tecnologia e da Comunicação c - Subcomissão da Família, do Menor e do Idoso.

Constituição resolva o problema do saneamento básico, mas cria um canal de participação, de tal forma que o cidadão tem direito a reivindicar. Se isso puder acontecer, a sociedade se liberta. E uma sociedade liberta é uma sociedade que se organiza; uma sociedade organizada tutela o Estado; o Estado tutelado pela sociedade nada mais é do que um Estado democrático. Portanto, por aí começa o exercício da democracia e a luta pela democracia.

Na 5ª Reunião, em 30 de abril de 1987 (4ª Reunião de Audiência Pública) foi ouvido o Sr. Roberto de Siqueira Castro, professor da PUC do Rio de Janeiro, PhD pela Universidade de Harvard, convidado para falar sobre a questão da soberania: centrou a exposição nos aspectos internos da soberania. Falou inicialmente sobre a questão que chamou de metafísica de se incluir ou não no texto constitucional um elenco de princípios atinentes a idéia de soberania nacional, o que não era da tradição constitucional brasileira.

Propõe romper com essa tradição, tomando como referências constituições sociais e democráticas sobretudo as de Portugal e Espanha, que passaram por experiência autoritária e construíram texto constitucional buscando evitar recidiva ditatorial, de um lado, e, de outro, para descortinar um progresso social. E apresentou sugestão sobre o que poderia ser esse capítulo inaugural: Art. 1º "O Brasil é uma República Federativa livre e independente, constituída sob o regime representativo em um Estado social e democrático", fórmula utilizada na velha Carta imperial brasileira de 1824. A ideia de liberdade e de independência reflete, segundo ele, a afirmação da soberania nacional. Acrescentou que *"o conceito mais moderno de soberania não é o clássico proclamado desde a época do absolutismo por Jean Boudin, que procurava mostrar a soberania como prerrogativa inquestionável, indeclinável do Rei e depois do Estado, quando este deixou de ser absolutista e passou a ser liberal democrático"*. Hoje, segundo ele, *"não se fala mais em soberania, mas na teoria da dependência e da independência, porque as constituições de todas as nações do mundo, até mesmo das mais pobres, mais carentes do Terceiro Mundo, da própria América Latina e da África, contêm um dispositivo segundo o qual é o Estado soberano e todo poder emana do povo"*. Continua sugerindo as seguintes normas:

O parágrafo único do art. 1º da sugestão estabelece o seguinte: *"A organização nacional fundamenta-se na supremacia da Constituição, na liberdade, na igualdade, no trabalho. Na justiça social, na dignidade da pessoa humana, no pluralismo democrático, na legitimidade do poder, na legalidade democrática e na descentralização governamental.*" O artigo 2º repete o axioma clássico da soberania popular "*Todo poder emane do povo e em seu nome é exercido*" com dois parágrafos:§ 1º: "*Nenhum indivíduo, grupo, órgão ou instituição pode atribuir-se o exercício da soberania nacional, que pertence ao povo brasileiro e é exercido através de seus representantes, de referendo, de iniciativa popular das leis e da participação e controle dos atos do Estado*". O § 2º desse art. 2º estabelece o seguinte: "*Todos têm direito de garantir o cumprimento da Constituição e de resistir aos atos de violação da ordem constitucional democrática*".

Na 10ª Reunião, realizada em 8 de maio de 1987 e 8ª Reunião de audiência pública o Relator da Subcomissão, Senador José Paulo Bisol fez um discurso no qual indicou qual a redação do dispositivo a ser proposto:

> Hoje, na ordem do dia do Boletim das Forças Armadas, há uma frase que me preocupa: "Se as circunstâncias se criarem, as Forças Armadas estão dispostas a substituir a força de seus argumentos pelo argumento de sua força". Temos, aí, uma dificuldade prática para conquistar a soberania, de acordo com o conceito de V. Sª (referindo-se ao Governador Leonel Brizola, que anteriormente falara perante a comissão), que não é a soberania do soberano, do rei, do Estado, do País, mas do povo, num conceito moderno da palavra. (...)
>
> Temos um princípio, diante do qual muita gente fica genuflexo, achando que é uma produção legal, exemplar, que diz: "Todo poder emana do povo e em seu nome será exercido." A segunda parte desse dispositivo é expressa, objetiva e claramente destinada à justificação dos comportamentos inconstitucionais dos golpes de estado, porque ninguém jamais dará um golpe de estado sem fazer o discurso usando a expressão "em nome do povo", assim como os maiores crimes da humanidade, em todos os tempos históricos, foram cometidos em nome de Deus e da liberdade. Nós, Constituintes, não temos o dever de jogar no arquivo da História, respeitosamente, esse princípio: "Todo poder emana do povo e em seu nome será exercido"? E substituí-lo por alguma coisa mais objetiva, como, por exemplo: "A soberania pertence ao povo." – expressão adotada por todas as Constituições modernas – e acrescentando: "Só pelas formas previstas por esta Constituição, pelas formas de manifestação da vontade do povo, previstas por esta Constituição, é lícito assumir, organizar e exercer o poder.(...).

Já na comissão de sistematização, na 5ª Reunião Extraordinária, o mesmo senador criticou a redação dada pelo substitutivo 1 adotado pelo relator da Comissão de sistematização: É verdade que no parágrafo único do art. 1º do Substitutivo voltamos ao conceito tradicional: "Todo poder emana do povo e em seu nome será exercido". "Tomamos o conceito apenas na sua dimensão genética. O povo é a fonte do poder, mas não é o poder, nem exerce o poder". A mesma redação foi mantida no segundo substitutivo.

No plenário, o Constituinte Lysâneas Maciel. (9ª votação.) apresentou a Emenda nº 109, (Emenda Modificativa) com o seguinte teor:

Modifique-se o Título I – Dos Princípios Fundamentais, e seus artigos, que passa a ter a seguinte redação:

TÍTULO I

"Dos Princípios Fundamentais

Art. 1º O Brasil é uma Nação fundada na dignidade da pessoa humana e na comunhão dos brasileiros, irmanados num povo que visa a construir uma sociedade livre, justa e solidária.

Art. 2º A soberania do Brasil pertence ao povo, de onde emana todo poder, e só pelas formas de manifestação da vontade popular previstas nesta Constituição é lícito assumir, organizar e exercer os Poderes do Estado.

Parágrafo único. O povo exerce a soberania, principalmente:

– pela consulta plebiscitária sobre a Constituição, suas emendas e normas ou atos que lei complementar definir como de transcendente interesse nacional ou comunitário;

– pelo sufrágio universal, secreto e igual no provimento das funções de governo e legislação;

– pelo direito de iniciativa na elaboração da Constituição e das leis;

– pela livre ação corregedora"

Começava, assim, a ser desenhada a escrita da norma referente à soberania. O destaque nº 7.068/87, do Sr. Nelson Jobim – Emenda nº ES-33984-2, dos Srs. Antonio Mariz e Nelton Friedrich, "que dá nova redação aos Títulos I, II e III do Substitutivo nº 1 (Títulos I e II do Substitutivo nº 2) " (14ª votação) foi apresentada nova redação ao dispositivo:

"Art. 1º A República Federativa do Brasil constitui-se em Estado democrático de direito que visa a construir uma sociedade livre, justa e solidária, e tem como fundamentos a soberania, a cidadania, a dignidade das pessoas e o pluralismo político."

O parágrafo único passaria a denominar-se art. 2º, com a seguinte redação:

"Art. 2º Todo o poder pertence ao povo, que o exerce por intermédio de representantes eleitos ou diretamente, nos casos previstos nesta Constituição."

Entretanto, a realidade constitucional difere da letra do texto, na correta análise de Marcelo Neves[22]:

Se os observadores se limitassem a ler o documento constitucional, poderiam sugerir a ilusória noção de um Estado democrático e social de direito ou, pelo menos, de "boas intenções" dos detentores do poder. A observação da respectiva realidade constitucional decepcioná-los-ia profundamente: não há democracia como circulação de poder entre política, administração e o público, muito menos como integração de uma esfera pública pluralista no sistema constitucional. (...). Não há até o momento uma perspectiva segura para a realização do Estado de direito democrático sugerido no documento constitucional. A maioria da população vive, como antes, sob condições de miséria, de modo que os mecanismos constitucionais para a participação democrática podem ser facilmente manipulados, e a abrangente declaração dos direitos fundamentais, bem como os "generosos" dispositivos constitucionais característicos de um Estado de bem-estar social podem ser qualificados como belas fachadas. A proclamação do Estado democrático e social de direito com base no texto constitucional desempenha um papel simbólico-ideológico.

A usurpação da vontade popular pelos detentores do poder revela o escopo de sacrificar o direito constitucional prestigiando o privado ao público. Mesmo em sede da Constituição de 1988, desprestigia-se a cidadania em favor da lógica do neoliberalismo e do predomínio da economia do mercado. É verdade que nas sociedades capitalistas dependentes do capital financeiro internacional, não é possível democracia plena porque ela só opera, e de forma bastante limitada – como demonstra a atual crise política brasileira - ao nível do sistema político, sendo certo que as relações econômicas só "*muito*

---

[22] NEVES, Marcelo. **A constitucionalização simbólica**. São Paulo: Editora Acadêmica, 1994

marginalmente podem ser democratizadas a partir do atual sistema político". Entretanto, também é verdade que a partir do final da década de 80 do século passado novos significados foram dados à noção de cidadania, a ela incorporando novas dimensões, como as relacionadas às mulheres, aos negros e aos índios já abordadas no tópico anterior, sem esquecer das pautas do movimento LGBT.

No Estado moderno, os preceitos relacionados aos direitos individuais e as garantias vinculadas à separação de poderes são reavaliados. Observa Luhmann que com a redefinição do Estado, "*a teoria da representação deve assumir novas formas. É necessário distinguir entre o povo como corpo coletivo e o povo como corpo representativo*". E acrescenta: na consciência européia as Constituições valem não apenas como instituições do sistema jurídico, mas também e, sobretudo, como instituições do sistema político. E também esse fato tem a sua justificativa. Não obstante, o sistema político e o sistema jurídico serem e permanecem sistemas diferentes. Esses sistemas seguem códigos distintos, precisamente, por um lado, o código direito/não-direito, e por outro, o código poder/não-poder. Esses sistemas servem para funções diferentes e assim projetam códigos e funções de modo diverso. São reciprocamente competentes, mas cada um em um sentido diferente. As suas respectivas autoreproduções (autopoiésis) são assim realizadas em redes, *networks*, em tudo muito diferentes. Um mínimo de rigor teorético impede a sua identificação.

Entretanto, a teoria constitucional não foi capaz de resolver esse problema relacionado à ambivalência do conceito de constituição levando a conceber a política e o direito como sistema separado. Na teoria política clássica a necessidade da Constituição está relacionada ao problema de soberania. Entretanto, de outro lado, a mesma Constituição deve decidir de forma não vinculada ao sistema político "*e o sistema só pode se afirmar como uma unidade sem conflito (pacífica) se existir uma instância decisória desse tipo e sempre que não aconteça que todo nobre ou todo sindicado pretenda uma parte para si*".

A questão posta pela contemporaneidade e refletida na concepção ontológica de Constituição quando se submete a jurisdição à pretensão política de soberania decidida pelos poderes estatais. Enfim, como garantir a soberania do direito? À evidência, isso só é possível com as cláusulas democráticas; quando as constituições sejam consideradas normativas, refletindo a independência dos sistemas jurídico e político, apesar dos contatos que necessariamente deve haver. É exatamente por isso, adverte

Luhmann,

> "que uma solução para o problema da soberania ainda não pode ser encontrada, pois ela se coloca no interior do sistema político. No sistema político, mutatis mutandis, são reconhecíveis os problemas de auto-referenciabilidade que também irritam o sistema jurídico. Na fórmula da soberania expressa-se uma tautologia: eu decido como decido. Se se acrescenta uma negação emerge um paradoxo: eu decido sem vínculos com efeitos vinculantes para todos inclusive também para mim mesmo a partir do momento em que faço parte do sistema: eu me vinculo e me desvinculo. Além do mais é evidente que esse "privilégio" só pode ser praticado em um lugar, ou seja, apenas em operações específicas. O sistema soberano requer o soberano - ainda que esse seja o "povo." No sistema, o decidir soberanamente é não apenas respeitado e dotado de poder de ação, mas também observado. Sob esse aspecto, a soberania define não mais o direito a um arbítrio incondicionado (o que no plano empírico seria dificilmente imaginável), mas apenas uma diretriz, daí a regra: observa o observador que exerce a soberania no sistema.

Referências bibliográficas:

CODATO, Adriano Nervo. Uma história política da transição Brasileira: da ditadura militar à democracia. **Rev. Sociol. Polít.**, Curitiba, **25**, p. 83-106, nov. 2005.

HÄBERLE, Peter. **Hermenêutica Constitucional. A sociedade aberta dos intérpretes da constituição: contribuição para a interpretação pluralista e 'procedimental da constituição.** Porto Alegre: Sérgio Antonio Fabris Editor, 2002.

LOEWENSTEIN, Karl. **Teoría de la constitución**, 2ª edição. Barcelona: Editorial Ariel, 1976,

LUHMANN, Niklas. Sociologia do direito I; tradução de Gustavo Bayer. Rio de Janeiro: Edições Tempo Brasileiro, 1983.

__________. A Constituição como aquisição evolutiva. Tradução acadêmica, não revisada, realizada a partir do original ("Verfassung als evolutionäre Errungenschaft". In: *Rechthistorisches Journal*. Vol. IX, 1990, pp. 176 a 220), cotejada com a tradução italiana de F. Fiore ("La costituzione come acquisizione evolutiva". *In*: ZAGREBELSKY, Gustavo. PORTINARO, Pier Paolo. LUTHER, Jörg. *Il Futuro della Costituzione*. Torino: Einaudi, 1996), por Menelick de Carvalho

Netto, Giancarlo Corsi e Raffaele De Giorgi. Notas de rodapé traduzidas da versão em italiano por Paulo Sávio Peixoto Maia (texto não revisado pelo tradutor).

MÜLLER, Friedrich. **Teoria estruturante do direito**. São Paulo: Editora Revista dos Tribunais, 2008. p. 222.

NEVES, Marcelo. **Constituição e direito na modernidade periférica: uma abordagem teórica e uma interpretação do caso brasileiro**. São Paulo: Editora WMF Martins Fontes, 2018.

SILVA, José Afonso da. O processo de formação da Constituição de 1988 *In* LIMA, João Alberto de Oliveira, PASSOS, Edilenice e NICOLA, João Rafael. **A gênese da Constituição de 1988**. Brasília: Senado Federal, Coordenação de Edições Técnicas, 2013

Parte II

Ideias aplicadas a problemas concretos da modernidade periférica

Entre Têmis, Leviatã e Gilead: uma análise da obra de Margaret Atwood à luz da Teoria do Estado

ÂNGELO JOSÉ MENEZES SILVINO
MARIA CREUSA DE ARAÚJO BORGES

1 Introdução

Denominações como "Estado de Direito", "Estado Democrático", "Estado Democrático de Direito" ou "Estado Social Democrático" são visualizados com frequência nas Constituições promulgadas (sobretudo) após a virada para a segunda metade do século XX – o Brasil, por exemplo, não escapa dessa tônica.

Ao avançar na temática, seja nos manuais de direito constitucional, seja em livros voltados à Teoria do Estado ou, ainda, em livros do campo do direito econômico, é comum encontrar diversas outras remissões a essas nomenclaturas.

Em análises mais "manualescas", é frequente encontrar definições que se aproximam de uma utopia alcançada após a promulgação da Declaração Universal de Direitos Humanos de 1948, com a consequente condução da sociedade global à "paz perpétua".

Sair desse senso comum (não científico) e encontrar denominadores comuns ou elementos caracterizadores desses mencionadas modelos de Estado, sustentados por uma (ou por) teoria(s) sólida(s), por sua vez, demanda uma pesquisa científica que saia da superficialidade e se proponha a discutir tais modelos à luz, inclusive, das diferenças inerentes (e inescapáveis) dos diferentes Estados que compõem a sociedade internacional hodiernamente e da realidade conflituosa (como a ascensão de regimes que flertam com o totalitarismo nas últimas décadas) em que muitos deles encontram-se inseridos.

Malgrado, a literatura, por sua vez, nos apresenta em diversos contos, crônicas ou poemas, releituras do mundo que se viveu ou no qual vivemos, seja através do uso de caricaturas, do Realismo

Fantástico (como o faz Gabriel Garcia Márquez) ou da distopia. Esse recurso é muito importante na medida em que nos leva a refletir acerca de características indesejáveis ou que seriam capazes de nos conduzir a um modelo de Estado contrário ao que buscamos efetivar através dos ordenamentos jurídicos que hoje existem.

Desta feita, articulando elementos da literatura, da Teoria do Estado e da Teoria dos Direitos Humanos, a presente pesquisa pretende enfrentar a seguinte problemática principal: dentre os critérios e parâmetros utilizados pela literatura científica para definir os diversos modelos de Estado, seria possível incluir o Estado de Gilead, arquitetado por Margaret Atwood em "O Conto da Aia", como um Estado de Direito?

A hipótese principal por sua vez encontra-se consubstanciada na seguinte afirmação: a partir dos elementos oferecidos pelos marcos teóricos selecionados (Marcelo Neves e Jorge Reis Novais) e dada a aparente configuração do Estado de Gilead, não é possível enquadrá-lo como um Estado de Direito, ainda que suas práticas ocorram nos limites da legalidade local.

Nesta senda, o objetivo principal desta investigação é identificar os principais elementos utilizados para definição de um Estado de Direito e sua eventual presença no modelo de Estado preconizado no universo distópico de Margaret Atwood.

Destacam-se como objetivos específicos da presente pesquisa: (i) investigar a formação dos Estados de Direito desde sua gênese e com enfoque nas transformações sentidas do século XVIII em diante; (ii) avaliar como a Teoria do Estado pode oferecer substrato científico para caracterização dos Estados de Direito; (iii) identificar os principais elementos caracterizadores do modelo de Estado preconizado por Margaret Atwood em "O Conto da Aia"; (iv) analisar se os elementos presentes em "Gilead" o caracterizam como um Estado de Direito.

Como marco teórico da pesquisa serão utilizadas as obras "Transconstitucionalismo" de Marcelo Neves e "Contributos para uma Teoria do Estado de Direito" de Jorge Reis Novais no Capítulo I e "O Conto da Aia" de Margaret Atwood no Capítulo II.

Optou-se, ainda, por se fazer empréstimo de parte do título de outra obra de Marcelo Neves, "Entre Têmis e Leviatã", dada a importância que sua teoria assume na análise das categorias dessa investigação.

Por fim, no que tange aos aspectos metodológicos do trabalho, convém ressaltar, incialmente, que dentro da proposta festa por Gustin essa investigação faz uso da perspectiva jurídico-sociológica[1] buscando compreender o fenômeno jurídico em um ambiente social mais amplo – avaliando seus influxos com outros subsistemas como o político e o econômico, preocupando-se com aspectos (e resultados) concretos e, se possíveis, aplicáveis ao mundo do ser.

O método de abordagem selecionado é o hipotético-dedutivo, caracterizado, nessa pesquisa, pelo embate entre **situação** (dos Estados de Direito do século XXI) e das **teses** formuladas no campo (Teoria do Estado). Assim parte-se de uma problemática pressuposta e já apresentada nesta introdução e de uma hipótese (premissa) que passará por testes de falseamento (sobretudo no último capítulo) para fins de confirmação ou refutação.

Em termos de técnicas de pesquisa, dado o objetivo central e a problemática trabalhados, optou-se pela técnica de documentação indireta consubstanciada no levantamento, catalogação e investigação em livros e periódicos (Plataforma SciELO, Portal Periódico da CAPES, Biblioteca Central da Universidade Federal da Paraíba), teses, dissertações e monografias (Biblioteca Digital Brasileira de Teses e Dissertações – BDTD) e textos constitucionais (*Constitute Project*) de alguns dos países estudados. Para fins de indexação das pesquisas, foram selecionadas as seguintes palavras-chaves: "Estado de Direito", "Estado Democrático de Direito", "Teoria do Estado" e "Gilead".

2 Entendendo a gênese do modelo contemporâneo de "Estado de Direito"

O modelo de Estado de Direito que surge na modernidade, vai se aperfeiçoar na transição para a Idade Contemporânea (sobretudo embebido pelos escritos que precederam as revoluções liberais no Ocidente).

Para que não se incorra no erro de utilizar essa mesma expressão ao designar algum modelo de Estado que o precedeu (como as organizações sociais da antiguidade oriental ou o modelo associativo utilizado ao longo do apogeu da civilização Romana) é necessário

---

[1] GUSTIN, Miracy Barbosa de Sousa. **(Re)Pensando a Pesquisa Jurídica:** teoria e prática. 2. Ed. Belo Horizonte: Del Rey, 2006, p. 22 e ss.

entender, portanto, que tipo de elemento o diferencia dos demais modelos.

Nesse sentido, na primeira parte desse capítulo serão estabelecidas algumas balizas mínimas acerca do Estado de Direito, bem como algum dos elementos considerados como fundamentais de acordo com os marcos teóricos selecionados.

Com base nessa investigação, será possível aprofundar-se momentaneamente nos demais elementos componentes do Estado de Direito e suas importâncias e finalidades na sustentação de tal modelo.

Por fim, encerrando o capítulo, serão apresentadas algumas digressões acerca de outra nomenclatura surgida a partir do Século XX (o Estado Democrático de Direito) e a qual causa alguma confusão dentro da própria literatura científica.

2.1 Principais elementos e denominadores de um "Estado de Direito"

Conforme preceitua Jorge Reis Novais[2] no início da sua obra, há uma multiplicidade de propostas na literatura científica para conceituação e caracterização dos Estados de Direito. Nesse sentido, aponta algumas, como a de Bluntschli, Sartori, Legáz y Lacambra, Kelsen, Carl Schmit, Castanheira Neves, Canotilho, Jorge Miranda, dentre outros[3].

Apesar da multiplicidade de eventuais conceituações que possam existir na literatura científica, dentro da proposta metodológica da presente investigação e do marco teórico selecionado, partiremos da ideia de que os elementos centrais (ou o núcleo) que compõem um

---

[2] NOVAIS, Jorge Reis. **Contributo para uma teoria do Estado de Direito**: do Estado de Direito liberal ao Estado social e democrático de Direito. Almedina: Coimbra, 2006, p. 22.

[3] Muitos desses pensamentos podem ser encontrados de maneira sintética em NOVAIS, Jorge Reis. **Contributo para uma teoria do Estado de Direito**: do Estado de Direito liberal ao Estado social e democrático de Direito. Almedina: Coimbra, 2006, p. 23-24; MORAIS, Manoel dos Reis. **Estado de Direito e Justiça:** o princípio do devido processo legal como instrumento da sua realização. 2001. 258 f. Dissertação (Mestrado) - Curso de Curso de Pós-graduação em Direito, Universidade Federal de Santa Catarina, Florianópolis, 2001, p. 8-22.

Estado de direito são: liberdade e direitos fundamentais do cidadão[4].

Isto importa dizer, necessariamente, que a ideia de Estado de Direito, independentemente do sistema político vigente ou do modelo econômico adotado, está intimamente atrelada com *a limitação do Estado e dos titulares do poder por uma ordem jurídica superior.*

Desta feita, é possível afirmar, portanto, que apesar de eventuais distinções contextuais que possam subsistir em razões de diferentes recortes cronológicos e/ou geográficos, existirá Estado de Direito onde subsistir um Estado que esteja comprometido com a *realização (proteção e garantia) da ordem jurídica ao qual se encontra submetido, sobretudo através da efetivação dos direitos fundamentais dos cidadãos pelos detentores do poder e pelo próprio Estado*[5].

Com base nessa definição e entendendo quais são esses elementos caracterizadores de um Estado de Direito, é possível perceber como seu surgimento está intimamente ligado com o das próprias Constituições[6] – afinal, não seriam elas os documentos responsáveis por estabelecer os limites dos detentores do poder e, ao mesmo tempo, as garantias fundamentais dos cidadãos?

Essa definição, apesar de compilar boa parte daquilo que pode ser encontrado na literatura científica anteriormente apontada, bem como explicar historicamente os movimentos (sobretudo da burguesia) para (e pela) formação dos Estados de Direito, carece de maior substrato para enfrentar alguns questionamentos "básicos": (i) a estrutura da sociedade também não influenciaria nessa definição? (ii) uma sociedade hierarquizada ou onde o direito fosse apenas um instrumento da política, poderia ser considerada um Estado de

---

[4] NOVAIS, Jorge Reis. **Contributo para uma teoria do Estado de Direito**: do Estado de Direito liberal ao Estado social e democrático de Direito. Almedina: Coimbra, 2006, p. 25.

[5] NOVAIS, Jorge Reis. **Contributo para uma teoria do Estado de Direito**: do Estado de Direito liberal ao Estado social e democrático de Direito. Almedina: Coimbra, 2006, p. 26.

[6] Há posicionamentos em sentido diverso (ainda que com pontos de interseção). Nesse sentido Cf. HORTA, José Luiz Borges. **Horizontes jusfilosóficos do Estado de Direito**: uma investigação tridimensional do Estado Liberal, do Estado Social e do Estado Democrático, na perspectiva dos Direitos Fundamentais. 2002. 328 f. Tese (Doutorado) - Curso de Doutorado em Filosofia do Direito, Universidade Federal de Minas Gerais, Belo Horizonte, 2002.

Direito? (iii) Poderíamos afirmar, por exemplo, que a Constituição brasileira de 1824 transformava o Império num Estado de Direito?

Para responder e esses questionamentos e tornar o conceito de Estado de Direito mais sólido, é preciso retroceder no tempo e entender o movimento das formações sociais e da diferenciação funcional do direito no âmbito do grande sistema "Sociedade".

2.2 Da antiguidade as sociedades multicêntricas (policontexturais): a diferenciação funcional do direito dos demais subsistemas da sociedade

Nesse breve resgate histórico, partimos da afirmação feita por outro marco teórico selecionado, o qual assevera que o conceito de Constituição é incompatível com a formação (ou a estrutura) social pré-moderna[7].

Isso se explica, inicialmente, porque todas as formas associativas estudadas no período compreendido entre a antiguidade e a formação das primeiras sociedades multicêntricas (na transição entre modernidade e idade contemporânea), denotam estruturas sociais que são essencialmente *hierárquicas (e de dominação)* com problemas no âmbito da *integração sistêmica* e da *integração social*.

Explica-se. Falar em *integração sistêmica* nesses modelos associativos (hierarquizados) pressupõe, inicialmente, uma assimetria entre as esferas comunicativas, ocasionada por uma estrutura política de dominação que se funda na primazia de uma semântica moral e/ou religiosa que se alicerça integralmente (e somente) na distinção entre o bem e o mal (ou o transcendente e o imanente).

Desta feita, nessas sociedades, a *semântica do bem* apontava sempre para parte superior da estrutura (de dominação) social, isto é, para a nobreza ou qualquer camada social equivalente – a depender da sociedade estudada. A *semântica do mal,* por sua vez, apontava inversamente para a estrutura de dominação social inferior – a plebe ou qualquer camada social equivalente.

Esse modelo de integração sistêmica, portanto, era feito para sustentar a seguinte estrutura social: aqueles que ocupavam os estamentos mais elevados da sociedade só cometeriam o *mal* caso se

---

[7] NEVES, Marcelo. **Transconstitucionalismo**. 1 Ed. São Paulo: Martins Fontes, 2012, p. 6 e ss.

comportassem de acordo com os padrões estabelecidos (por eles mesmos) para os membros dos estamentos mais baixos; ao passo de que esses últimos só agiriam conforme o *bem* se se comportassem dentro daquilo que era apregoado com o *bem* pelos membros dos estamentos sociais mais elevados.

Dessa forma, todas as demais esferas comunicativas, encontravam-se "contaminadas" pelo binômio da esfera moral (bem/mal) sustentada (ou controlada) pelos estamentos mais elevados. Assim, fosse a esfera do direito (lícito/ilícito), a econômica (ter/não ter), a do saber (verdadeiro/falso) ou mesmo a da arte (belo/feio) tudo que fosse classificado nesses termos estava condicionado ao que os estamentos superiores definiriam como bem ou como mal (*i. e.* se uma determinada forma artística fosse considerada temerária por esses estamentos, eles a taxariam como fruto do mal e, por isso, profana, feia e ilícita).

No âmbito da *integração social*, por sua vez, essa mesma estrutura de dominação se reproduzia da seguinte forma: a distinção entre os estamentos superiores e inferiores determinava, necessariamente, na definição daqueles que eram considerados membros e não membros da sociedade.

Sendo assim, a camada social ao que o indivíduo pertencia determinava se ele se encontrava incluído (*i.e.,* se teria amplo acesso aos benefícios e prestações da sociedade) ou excluído (sem qualquer acesso a benefício ou prestações da sociedade). Aqui não é possível falar-se em direitos, mas, sobretudo, em *privilégios* que os detentores dos estamentos mais elevados gozavam em face dessa estrutura de dominação.

Toda essa estrutura de dominação, por fim, era sedimentada por um "Direito Sacro", considerado indisponível e que era a justificativa para o exercício do poder pelo indivíduo (ou coletividade) investido da função de soberano. Isto importa dizer: ainda que existissem formas revestidas da alcunha de *direitos*, o que havia, a bem da verdade, era tão somente uma estrutura social de dominação pautada num poder que era legitimado por uma moral assentada na religião[8].

Conforme preceitua a literatura científica estabelecida como

---

[8] NEVES, Marcelo. **Transconstitucionalismo**. 1 Ed. São Paulo: Martins Fontes, 2012, p. 9.

marco teórico da pesquisa[9], esse modelo de estrutura social de dominação se perpetua por toda antiguidade ("Estado" Oriental teocrático, Grécia Antiga, Roma) e Idade Média.

O processo de transição só começa a ser sentido com o processo de dessacralização do direito (e do próprio Estado), ainda que o direito não obtenha independência e permaneça (nesse momento) instrumentalmente subordinado a esfera comunicativa da política. Há, nesse período, um forte fenômeno de juridificação das relações sociais, surgindo diversas Cartas de Liberdade ou Pactos de Poder, firmados pelos soberanos (príncipes) e seus subordinados.

Nesse aspecto é notável (e vale menção) que as Cartas de Liberdade ou Pactos de Poder (como a *Magna Charta* de 1215) *não* podem ainda ser consideradas constituições dentro de uma acepção moderna em razão das distinções em suas dimensões social, material e temporal (ver adiante Figura 1) e também por conviver com a ideia de que poderiam ser modificadas a qualquer tempo por se sustentar tão somente em um direito natural imutável e verdadeiro dos príncipes.

	CONSTITUIÇÃO	PACTOS DE PODER
Dimensão Social	Universalista	Particulares (Monarca, Burguesia e Nobreza)
Dimensão Material	Pontuais (temas específicos)	Abrangentes (vários ramos)
Dimensão Temporal	Fáticos (simples manifestação jurídica das relações reais)	Normativas (diferenciação funcional entre direito e política)
	Direito mutável subordinado ao direito natural imutável	Direito que se transforma para se tornar permanentemente alterável por decisão

Figura 1 – Distinção entre Constituições e Pactos de Poder
FONTE: (NEVES, 2012, p. 17-22)

---

[9] NEVES, Marcelo. **Transconstitucionalismo**. 1 Ed. São Paulo: Martins Fontes, 2012, p. 11-17.

Entretanto, é através do aumento da complexidade das relações estabelecidas no bojo das formações sociais da modernidade que passa a ser demandado um novo modelo diferente do modelo de dominação estrutural até então estudado. Com os avanços do constitucionalismo, nessa mesma época, também são fornecidos os elementos necessários para o desenho de uma nova sociedade – mais complexa e com uma relação de maior independência entre suas esferas comunicativas.

Nesse novo modelo associativo (também denominado de sociedade multicêntrica ou policontextural), há uma necessidade de uma diferenciação sistêmico-funcional[10] entre as diversas esferas comunicativas, partindo-se de pressuposto básico de que não deve existir um sistema ou mecanismo social através do qual se entendam todos os demais.

Em outros termos, cada sistema (ou subsistema) da sociedade, deve ser comandado pela sua própria linguagem (código binário). Aos elementos presentes dentro do sistema do direito cabe a classificação mediante o seu próprio código, isto é, o binômio do lícito/ilícito; na economia ter/não ter; no político poder/não poder; e assim sucessivamente.

Dessa forma, garante-se, dentro dos modelos associativos pautados nessa lógica, a independência e consequente diferenciação sistêmica-funcional do direito e, automaticamente, de todos os demais elementos que compõem esse subsistema (códigos, leis, condutas).

Assim, pode-se afirmar que para classificarmos um determinado modelo associativo como um Estado de Direito é necessário um *corpus* normativo gestado no âmbito do sistema do direito sem a contaminação pelos códigos dos demais subsistemas (sob o risco de haver corrupção sistêmica), oponível aos detentores do Poder e que assegurem aos cidadãos a efetivação das garantias fundamentais presentes no texto constitucional e nas demais normas desse ordenamento jurídico[11].

---

[10] NEVES, Marcelo. **Transconstitucionalismo**. 1 Ed. São Paulo: Martins Fontes, 2012, p. 23-24.

[11] É importante ressaltar que existem diversas concepções diferentes na literatura científica. À título de exemplificação (e tomando como base a relação entre Estado – dignidade dos membros da sociedade à luz de Jeremy

2.3 As demandas de uma sociedade supercomplexa e o modelo do Século XX: Estado Democrático de Direito, modernidade periférica e o embate entre Têmis e Leviatã.

Prosseguindo é importante, ainda, trazer algumas breves digressões para sanar questões terminológicas e trazer aporte conceitual para algumas expressões comumente utilizadas, sobretudo na literatura científica local.

A Constituição brasileira em vigor (assim como as de alguns outros Estados anteriormente mencionados) faz menção a expressão "Estado Democrático de Direito" o que comumente conduz a questionamentos acerca da diferenciação desse modelo daquele gestado no âmbito das sociedades policontexturais.

Os Estados Democráticos de Direito são gestados ainda no início do século XX, quando as políticas pós I Guerra Mundial tentam conservar o princípio do Estado de Direito adaptado as condições (e necessidades) existentes em um século muito diferente daquele no qual fora preconizado.

Nesse sentido, a reavaliação do modelo liberal de Estado de Direito (o qual, inicialmente, previa uma separação mais aguda entre Estado e Sociedade) e o impacto ocasionado pela I Guerra Mundial (sobretudo no aspecto econômico e social), estimula uma alteração radical na forma de se conceber as relações entre Estado e Sociedade.

As Constituições Soviética (1918), Mexicana (1917) e Alemã (1919) trazem no seu bojo um "princípio de socialidade"[12], ainda que mantendo a antiga fórmula do Estado de Direito. É dizer: as mudanças sentidas não são na forma de integração social ou mesmo

---

Waldron) Cf. GALVÃO, Jorge Octávio Lavocat. **O neoconstitucionalismo e o fim do Estado de Direito.** 2012. 217 f. Tese (Doutorado) - Curso de Doutorado em Direito, Universidade de São Paulo, São Paulo, 2012, p. 164-172.

[12] Os fundamentos sociológicos, axiológicos e jurídicos do que aqui denominamos de maneira sucinta como "princípio de socialidade" podem ser aprofundados na análise do Estado Social. Cf. HORTA, José Luiz Borges. **Horizontes jusfilosóficos do Estado de Direito:** uma investigação tridimensional do Estado Liberal, do Estado Social e do Estado Democrático, na perspectiva dos Direitos Fundamentais. 2002. 328 f. Tese (Doutorado) - Curso de Doutorado em Filosofia do Direito, Universidade Federal de Minas Gerais, Belo Horizonte, 2002, p. 125 e ss.

sistêmica, mas demandam uma postura diferente do Estado em face das demandas da sociedade – sobretudo no campo do trabalho e da saúde pública.

Ainda assim, essa dimensão social ou princípio da socialidade, invariavelmente alicerçado(a) em aspectos de cunho econômico e social, ganha novas roupagens[13] na medida em que o Estado "Social" de Direito amadurece na primeira metade do século XX e se torna mais complexo.

O florescimento desse princípio da socialidade ocorre num modelo mais maduro, denominado de Estado Democrático de Direito[14], o qual busca articular as demandas da sociedade com os limites do Estado de Direito.

Assim, antes de representar uma superação ou negação do modelo até aqui estudado, o Estado (Social) Democrático de Direito apenas reforça algumas questões que poderiam ficar subentendidas[15] na conceituação anterior – ou ser até mesmo subvertidas.

A inserção do princípio democrático no cerne do Estado de Direito visa coibir que as intervenções demandadas pelo princípio da socialidade, tornem-se constantes e arbitrárias ao ponto de virarem decisões unilaterais que contrariem a lógica e os limites do próprio Estado de Direito.

Assim, quando o constituinte opta por trazer a expressão "Estado Democrático de Direito" no preâmbulo da Constituição Federal de 1988, por exemplo, ele reforça todas as características do modelo já devidamente estudado e definido, acrescentando parte dessa nova roupagem fruto das novas interações existentes entre Estado e Sociedade[16].

---

[13] NOVAIS, Jorge Reis. **Contributo para uma teoria do Estado de Direito**: do Estado de Direito liberal ao Estado social e democrático de Direito. Almedina: Coimbra, 2006, p. 208.

[14] Para uma análise mais aprofundada da questão Cf. HORTA, José Luiz Borges. **Horizontes jusfilosóficos do Estado de Direito**: uma investigação tridimensional do Estado Liberal, do Estado Social e do Estado Democrático, na perspectiva dos Direitos Fundamentais. 2002. 328 f. Tese (Doutorado) - Curso de Doutorado em Filosofia do Direito, Universidade Federal de Minas Gerais, Belo Horizonte, 2002, p. 195 e ss.

[15] Nota explicativa: Direitos fundamentais. Direitos Públicos Subjetivos.

[16] Dado o limite físico da presente pesquisa, não é possível avançar, por ora, na análise do modelo preconizado por Marcelo Neves na obra que empresta

O avançar da sociedade moderna, portanto, traz consigo muitas mudanças nas dinâmicas e relações travadas no âmbito da sociedade – e da sua relação com o Estado. A consolidação do capitalismo no bojo do sistema econômico; o amadurecimento dos direitos fundamentais dentro do sistema jurídico; e, também, as novas formas de interação entre sistemas, sobretudo, entre o sistema político e o sistema jurídico, por intermédio das (novas) Constituições – ora vetores desse acoplamento estrutural.

Essa sociedade, cada vez mais complexa (ou "supercomplexa"[17]), além de apresentar novas características e um Estado ora apresentado sob a alcunha de "Estado Democrático de Direito", também apresenta um novo problema: a necessidade de conciliação entre um poder eficiente e um direito legitimador[18].

Se, por um lado, a proliferação de textos legais sedimentou no bojo dos ordenamentos jurídicos dos Estados Democráticos de Direito uma série de garantias fundamentais (apresentadas no início dessa subseção); por outro lado, viu-se no avançar da sociedade mundial, diversos condicionamentos negativos desse "novo" modelo de Estado.

A reprodução da sociedade com base no primado do código "ter/não-ter" (sistema econômico)[19], o qual condiciona os códigos do sistema jurídico ("lícito/ilícito") e do sistema político ("poder/não-poder")[20]; a insuficiência dos mecanismos para

---

parte do seu título para essa pesquisa. Entretanto, para um maior aprofundamento no tema Cf. NEVES, Marcelo. **Entre Têmis e Leviatã: uma relação difícil** – O Estado Democrático de Direito a partir e além de Luhmann e Habermas. São Paulo: Martins Fontes, 2006, p. 123-243.

[17] NEVES, Marcelo. **Entre Têmis e Leviatã:** uma relação difícil – O Estado Democrático de Direito a partir e além de Luhmann e Habermas. São Paulo: Martins Fontes, 2006, p. 15-17.

[18] NEVES, Marcelo. **Entre Têmis e Leviatã:** uma relação difícil – O Estado Democrático de Direito a partir e além de Luhmann e Habermas. São Paulo: Martins Fontes, 2006, p. XVIII

[19] NEVES, Marcelo. **Entre Têmis e Leviatã:** uma relação difícil – O Estado Democrático de Direito a partir e além de Luhmann e Habermas. São Paulo: Martins Fontes, 2006, p. 215-218

[20] Nesse sentido são apresentadas algumas das principais consequências desse condicionamento, como a incapacidade dos mecanismos jurídicos e políticos coibirem práticas que atentam contra questões ecológicas ou, ainda, implicam em restrições severas aos direitos de cidadania. Cf. NEVES, Marcelo. **Entre Têmis e Leviatã:** uma relação difícil – O Estado

resolução de conflitos étnicos-culturais[21]; e, sobretudo, a indiferença dos membros da comunidade com o conteúdo e necessidade de respeito dos procedimentos, decisões políticas e normas jurídicas, ilustram os principais condicionamentos negativos comuns aos diferentes Estados Democráticos de Direito que existem na atualidade[22].

Entretanto, esses problemas ganham novos contornos (e mais desdobramentos) quando a questão passa a levar em conta as especificidades produzidas pela divisão da sociedade mundial ao longo do último século. Nesse sentido, a análise dos Estados Democráticos de Direito deve levar em consideração que apesar dos países desfrutarem de um mesmo espaço de interação (comunidade internacional ou global), onde são diversas as dinâmicas políticas, econômicas e sociais; há enormes diferenças que apontam, de um lado, para existência de uma modernidade central e, de outro, para uma modernidade periférica[23] – onde está situado o Brasil.

Isso ocorre porque em determinados espaços geográficos (países periféricos), os traços que comumente são generalizados como "frutos da modernidade", isto é, a diferenciação funcional dos sistemas (que compõem a sociedade) e a criação de uma esfera pública plural fundada na cidadania, não são percebidas com igual (ou nenhuma) intensidade do que naqueles países centrais.

Como fruto disso, acresce-se àqueles condicionamentos negativos, outro problema no âmbito da autorreferência sistêmica. Em razão de uma diferenciação funcional dos sistemas deficitária (ou inexistente) o que se percebe nos países periféricos é um cenário de completa alopoiese social, onde principalmente o direito (ou o sistema jurídico) é infiltrado pelos códigos de outros sistemas – em

---

Democrático de Direito a partir e além de Luhmann e Habermas. São Paulo: Martins Fontes, 2006, p. 219.

[21] NEVES, Marcelo. **Entre Têmis e Leviatã:** uma relação difícil – O Estado Democrático de Direito a partir e além de Luhmann e Habermas. São Paulo: Martins Fontes, 2006, p. 223-225

[22] NEVES, Marcelo. **Entre Têmis e Leviatã:** uma relação difícil – O Estado Democrático de Direito a partir e além de Luhmann e Habermas. São Paulo: Martins Fontes, 2006, p. 226.

[23] NEVES, Marcelo. **Entre Têmis e Leviatã:** uma relação difícil – O Estado Democrático de Direito a partir e além de Luhmann e Habermas. São Paulo: Martins Fontes, 2006, p. 227 e 237

especial, aquele advindo do sistema econômico.

Como consequência disso, todo o processo de criação e "aperfeiçoamento" do sistema jurídico, não toma como base o binômio "lícito/ilícito", mas, na verdade, o "ter/não-ter". Isso não só explica a ineficiência social da hipertrofia do sistema jurídico (que se mostra cada vez mais incapaz de assegurar igualmente acesso às garantias mínimas elencadas nos textos normativos), mas o verdadeiro processo de exclusão destinado à (imensa) parcela populacional que ocupa estratos mais baixos da sociedade[24].

Dessa forma, o sistema jurídico que cada vez mais produz normas com aparência de proteção dos indivíduos e coletividades, atua seletivamente com base no código oriundo do sistema econômico. Os procedimentos jurídicos são "contaminados" por critérios alocados "fora" do binômio lícito/ilícito, ocasionando tratamento diferenciado (ora através de privilégios; ora através da exclusão) e uma permanente crise de identidade do direito local.

Esse tratamento diferenciado, por sua vez, observado com base na realidade de uma modernidade periférica como a brasileira, se pauta principalmente na instrumentalização do direito que se dá nos casos de sub e sobreintegração.

Quando se fala em subintegração, faz-se referência aos *subcidadãos*, isto é, um conjunto de indivíduos que não possuem de condições reais para gozar das garantias fundamentais plasmadas no ordenamento jurídico e que, ainda assim, estão vinculados a todos os deveres e responsabilidades impostos pelo Estado – inclusive por intermédio das suas estruturas coercitivas. São indivíduos diuturnamente enquadrados como réus, indiciados, condenados e, raramente (ou nunca), considerados sujeitos de direitos e garantias.

A sobreintegração, por sua vez, destina-se aos *sobrecidadãos*, indivíduos que gozam de todos os direitos fundamentais elencados pelas normas locais, mas que, doutra banda, somente se submetem aos deveres e responsabilidades estatais quando lhes é conveniente. Vale ressaltar que no âmbito constitucional (quando o papel do Estado é acentuado no âmbito normativo e plano fático), enquanto esses indivíduos se afastam de qualquer possibilidade de repressão estatal, os subcidadãos sofrem com toda a ação violenta (e ilegal) da

---

[24] NEVES, Marcelo. **Entre Têmis e Leviatã:** uma relação difícil – O Estado Democrático de Direito a partir e além de Luhmann e Habermas. São Paulo: Martins Fontes, 2006, p. 239-240.

polícia – enquanto executora da maior parte da atividade repressiva do aparelho estatal[25].

Desta feita, quando se aprofunda a análise dos modelos de Estados vigentes, o que se percebe nos países de modernidade periférica (principalmente no Brasil) é um "Estado Democrático de Direito" construído sobre uma constituição com pouca (ou nenhuma) força normativa e uma função jurídico-instrumental que traz consigo "efeitos hipertróficos na simbologia política"[26].

Nos Estados (pós) modernos, aqui denominados de Estados Democráticos de Direito, resta claro que o Leviatã que subjuga Têmis, é o mesmo que varre toda sua impotência para debaixo da constituição-álibi – e esse é um problema que não pode ser ignorado e é o desafio a ser superado no contexto atual.

3. A interface entre direito, teoria do estado e a literatura: a ideia de distopia na obra de Margaret Atwood

"Gostaria de acreditar que isso é uma história que estou contando. Preciso acreditar nisso. Tenho que acreditar nisso. Aquelas que conseguem acreditar que essas histórias são apenas histórias têm chances melhores. Se for uma história que estou contando, então tenho controle sobre o final. Então haverá um final, para a história, e a vida real virá depois dele. Poderei recomeçar onde interrompi.

Isso não é uma história que estou contando. É também uma história que estou contando, em minha cabeça, à medida que avanço. Conto, em vez de escrever, porque não tenho nada com que escrever e, de todo modo, escrever é proibido. Mas se for uma história, mesmo em minha cabeça, devo estar contando-a a alguém. [...]

Não estou em nenhum perigo imediato, direi a você.

Fingirei que você pode me ouvir.

---

[25] NEVES, Marcelo. **Entre Têmis e Leviatã:** uma relação difícil – O Estado Democrático de Direito a partir e além de Luhmann e Habermas. São Paulo: Martins Fontes, 2006, p. 239-249.

[26] NEVES, Marcelo. **Entre Têmis e Leviatã:** uma relação difícil – O Estado Democrático de Direito a partir e além de Luhmann e Habermas. São Paulo: Martins Fontes, 2006, p. 256.

Mas não adianta, porque sei que não pode."[27]

Em 1984, Margaret Atwood terminava de escrever a obra intitulada "O Conto da Aia", a qual nos anos seguintes seria publicada no Canadá e, posteriormente, em diversos outros países do globo. Natural de Ottawa, Canadá, Atwood é graduada em Artes pela Universidade de Toronto e, sem embargo da sua carreira como professora de Letras e Literatura Inglesa, investiu sempre no mundo literário.

Antes mesmo da obra "O Conto da Aia" se popularizar ao redor do mundo, Margaret Atwood já colecionava importantes prêmios internacionais no âmbito da Literatura, destacando-se o *Man Booker Prize* (2000) e o *Príncipe de Astúrias* (2008).

A referida obra, por sua vez, recebeu algumas premiações após o seu lançamento, mas ganhou espaço e se tornou um verdadeiro *bestseller* após a adaptação para a série televisa intitulada *"The Handmaid's Tale"* produzida pelo *Hulu* a partir de 2017.

Nessa seção, conheceremos um pouco dos principais aspectos do modelo de Estado (*Gilead*) desenhado por Atwood nas páginas do Conto da Aia para, então, dentro da classificação proposta no capítulo anterior, respondermos ao questionamento se seria possível classificá-lo como um Estado de Direito.

3.1 Conhecendo Gilead: principais características do modelo de Estado do "Conto da Aia"

> Vendo, pois. Raquel que não dava filhos a Jacob, teve Raquel inveja da sua irmã, e disse a Jacob: Dá-me filhos, ou senão eu morro.
>
> Então se acendeu a ira de Jacob contra Raquel e disse: Estou eu no lugar de Deus, que te impediu o fruto de teu ventre?
>
> E ela lhe disse: Eis aqui a minha serva, Bilha; Entra nela para que tenha filhos sobre os meus joelhos, e eu, assim, receba filhos por ela. – GÊNESIS, 30:1-3

O Conto da Aia é uma narrativa distópica sobre uma sociedade do futuro que se volta para o passado e aos valores tradicionais em

---

[27] ATWOOD, Margaret Eleanor. **O Conto da Aia**. Rio de Janeiro: Rocco, 2006, p. 40.

razão do avanço de forças conservadoras que propunham um novo modelo associativo que combateria o principal problema da época: a queda da taxa de natalidade e a quase inexistência do nascimento de novas crianças[28].

Desta feita, através da propaganda em prol do biocontrole (governo passaria a controlar o cidadão não só mentalmente, mas, sobretudo, a ter direito sobre o seu corpo) e da centralização do poder, surge um novo Estado onde outrora existiu os Estados Unidos: surge, assim, Gilead.

Gilead é uma sociedade dividida em diversas castas. Primeiramente, há a nítida divisão entre homens e mulheres. Os homens, a depender do estamento que pertençam, gozam de mais ou menos privilégios; as mulheres, por sua vez, não possuem praticamente (ou, em muitos casos, absolutamente) nenhum direito e/ou privilégio, independentemente do estamento ao qual pertençam.

À título de exemplificação: os *Comandantes*, geralmente indivíduos que integravam o grupo *Filhos de Jacó* (responsável pelo golpe que instaurou o Estado de Gilead), ocupam os cargos mais importantes na condução da vida do Estado; todos eles possuem *Esposas* (como são chamadas as mulheres dos comandantes), empregadas domésticas (chamadas de *Martas*) que cuidam das suas casas e, além disso, uma *Aia*, uma mulher de fertilidade já comprovada que serve eminentemente como escrava reprodutiva – além de desempenhar algumas funções domésticas.

> Ao pé da escada há um suporte para chapéus e guarda-chuvas, daqueles de madeira torneada, longos barrotes arredondados de madeira que se curvam suavemente para cima em forma de ganchos de formato semelhante ao dos fetos de folhas de samambaia ao se abrirem. Há vários guarda-chuvas nele: *um preto para o Comandante, um azul para a Esposa do Comandante, e um que me é destinado, que é vermelho.*[29]

---

[28] VAZQUEZ, Ana Carolina Brandão. Fascismo e O Conto da Aia: a misoginia como política de Estado. **Revista Katálysis**, Florianópolis, v. 22, n. 3, p.597-606, set. 2019. Disponível em: www.scielo.br/pdf/rk/v22n3/1982-0259-rk-22-03-597.pdf. Acesso em: 20 jan. 2020, p. 601.

[29] ATWOOD, Margaret Eleanor. **O Conto da Aia**. Rio de Janeiro: Rocco, 2006, p. 12-13.

Existem ainda outros estamentos (no caso dos homens, os *Anjos, Olhos* e os *Guardiões*, responsáveis por funções vinculadas à inteligência, segurança pública ou tarefas mais simples) e a grande massa representada pelas *Econopessoas*, indivíduos (hoje) evangélicos e pobres que vivem nos subúrbios, fiéis aos mandamentos de Gilead e que, por isso, abandonaram toda e qualquer convicção religiosa que possuíam outrora.

> Os Guardiões não são soldados de verdade. São usados no policiamento de rotina e outras funções sem importância, cavar o jardim da Esposa do Comandante, por exemplo, e ou são burros ou mais velhos ou incapacitados ou muito jovens, exceto pelos que são Olhos ocultos.[30]

Um dos aspectos centrais de Gilead é a forma como o sistema se reproduz e sustenta através do controle sobre o conhecimento e a apropriação de conceitos já existentes que são revestidos pelo caráter religioso das escrituras que servem de fundamento para legitimar o poder do Estado.

Nesse desiderato, quando determinadas questões são importantes para manutenção do sistema, elas automaticamente são legitimadas por aparentemente constarem na escritura sagrada. Entretanto, somente quem pode ler e interpretar a Bíblia (e, automaticamente, determinar o que nela está escrito), são os mesmos indivíduos responsáveis pela gestão de Gilead.

Para evitar que outras pessoas tentem fazê-lo, inclusive, evita-se a todo custo o uso de letras escritas, mesmo para sinalizar o nome de lojas ou, ainda, as cédulas utilizadas para pagamento (dinheiro).

> Não entramos na Lírios, mas seguimos para o outro lado da rua, e um pouco mais adiante por uma rua lateral. Nossa primeira parada é uma loja com outras figuras desenhadas na madeira: três ovos, uma abelha, uma vaca. Leite e Mel. [...] Em seguida entramos no Toda a Carne, que é identificado por uma grande costeleta de porco de madeira pendurada em duas correntes.[31]

Neste pórtico, é importante destacar, portanto, que a principal fonte do direito em Gilead está consubstanciada nas escrituras sagradas (A Bíblia escrita e interpretada pelos Comandantes) e em

---

[30] ATWOOD, Margaret Eleanor. **O Conto da Aia**. Rio de Janeiro: Rocco, 2006, p. 24.

[31] ATWOOD, Margaret Eleanor. **O Conto da Aia**. Rio de Janeiro: Rocco, 2006, p. 30-31.

algumas tradições orais (isto é, aquilo que dizem os comandantes) – sendo estas últimas, ainda assim, muito limitadas.

Além disso, as tradições conservadoras já apresentam traços de estarem arraigadas por toda a sociedade (incorporadas, portanto, como costumes). Em um trecho onde a personagem principal da obra, Offred (uma Aia) se depara com um grupo de turistas japoneses, ela traz uma interessante reflexão acerca dessa questão

> Paro de andar. Ofglen pára ao meu lado e sei que ela também não consegue tirar os olhos daquelas mulheres. Estamos fascinadas, mas ao mesmo tempo sentimos repulsa. Elas parecem despidas. Foi preciso tão pouco tempo para mudar nossas ideias a respeito de coisas como essa.
>
> Então penso: eu costumava me vestir assim. *Isso era liberdade.*[32]

Gilead é um Estado que se apresenta com uma forte faceta totalitária e desumana no que tange a perseguição daqueles que são taxados como opositores, inimigos da nação ou que ainda carregam ideais incompatíveis com o fundamentalismo religioso no qual está alicerçado o modelo vigente.

> Ao lado da entrada do portão principal há mais seis corpos pendurados pelo pescoço, com as mãos amarradas na frente, a cabeça enfiada em sacas brancas caídas para o lado sobre o ombro. Deve ter havido um Salvamento de Homens hoje cedo de manhã. Não ouvi os sinos. Talvez tenha acabado por me acostumar a eles. Nós paramos, juntas como se atendendo a um sinal e olhamos para os corpos. Não faz mal se olharmos. Espera-se que olhemos: é para isso que estão lá, pendurados no Muro. Às vezes ficam lá expostos por dias a fio, até chegar um novo lote, de modo que o maior número possível de pessoas tenha a oportunidade de vê-los. [...] Os homens vestem jalecos brancos, como os que eram usados por médicos e cientistas. Médicos e cientistas não são os únicos, há homens de outras profissões, mas deve ter havido uma investida especial contra eles esta manhã. Cada um tem um cartaz pendurado ao pescoço para mostrar por que foi executado: um desenho de um feto humano. Eles eram médicos, então, no tempo de antes, quando coisas desse tipo eram legais. Fazedores de anjos, costumavam

---

[32] ATWOOD, Margaret Eleanor. **O Conto da Aia**. Rio de Janeiro: Rocco, 2006, p. 31.

chamá-los [...][33]

Por fim, é importante destacar ainda o epílogo da obra, no qual é retratada uma conferência acadêmica realizada aproximadamente 200 anos após o fim de Gilead e que traz um resgate histórico acerca do seu surgimento e consolidação – sobrelevando, portanto, algumas características residuais desse modelo de Estado.

Assim, no Décimo Segundo Simpósio sobre Estudos de Gilead realizado como parte da Convenção da Associação Histórica Internacional, o Professor James Darcy, diretor do Arquivos do Século XX e XXI da Universidade de Cambridge, apresenta algumas considerações interessantes.

A primeira delas é como os dois arquitetos de Gilead dividiram determinadas funções na coordenação das condutas necessárias para surgimento do Estado. Nesse sentido, destaca o papel de Frederick R. Waterford e B. Frederick Judd.

Waterford foi responsável por pensar alguns aspectos de Gilead, como as indumentárias das Aias, o termo "Particicução" (ato onde homens considerados traidores eram entregues às Aias para fins de apedrejamento ou espancamento até a morte) e o "Salvamento" (a eliminação genérica, através do enforcamento no "Muro" de inimigos políticos).

Doutra banda, dando contornos mais estratégicos à ascensão de Gilead, Judd foi responsável por guiar os Filhos de Jacob no que tange a desestabilização do governo estadunidense (redigiu a lista de alvos estratégicos que deveriam ser eliminados; orquestrou o episódio denominado de "Massacre do Dia do Presidente", responsável pela suspensão da Constituição), além de preconizar a forma da cerimônia de Particicução (que na sua visão não somente era uma maneira de aterrorizar subversivos, mas, também, ajudar na canalização da pressão dos elementos femininos de Gilead) e as agências de controle de elite ("Tias").

> Gilead era, embora inquestionavelmente patriarcal na forma, ocasionalmente matriarcal no conteúdo, como alguns setores da estrutura social que lhe deu origem e a levou ao poder. Como sabiam os arquitetos de Gilead, para instituir um sistema totalitarista eficaz ou, de fato, qualquer sistema, seja lá qual for, é preciso que se ofereça alguns benefício e liberdades, pelo menos para uns poucos

---

[33] ATWOOD, Margaret Eleanor. **O Conto da Aia**. Rio de Janeiro: Rocco, 2006, p. 34-35.

> privilegiados, em troca daqueles que se retira. Com relação a isso talvez sejam relevantes alguns comentários sobre a agência de controle de elite conhecida pelo nome de as 'Tias'. Judd [...] era de opinião desde o início que a melhor maneira e a mais eficiente em termos de custos de controlar mulheres, para propósitos reprodutivos e outros, era por meio das próprias mulheres. Quanto a isso havia muitos precedentes históricos; de fato, nenhum império imposto pela força ou de outro modo jamais deixou de ter essa feição característica: o controle dos nativos por membros de seu próprio grupo. No caso de Gilead, existiam muitas mulheres dispostas a servir como Tias, fosse por causa de uma crença genuína no que chamavam de 'valores tradicionais', ou pelos benefícios que poderiam desse modo adquirir. Quando o poder é escasso, ter um pouco dele é tentador.[34]

Todo o epílogo mostra, portanto, como o Estado de Gilead foi gradativamente sendo construído dentro de um contexto favorável existente não somente no território estadunidense e, também, utilizando-se de experiências adotadas em outros países do globo. A reunião desses elementos, associado ao fundamentalismo religioso, práticas totalitárias e supressão de diversas garantias, culminou na gradual implementação de um modelo de Estado que, em sua fase mais aguda, exterminou milhares de mulheres e outros inimigos políticos.

3.2 Poderia Gilead ser considerado um "Estado de Direito"?

> "Como eu costumava desprezar esse tipo de conversa. Agora anseio por elas. Pelo menos eram conversas. Uma troca por menor que fosse."[35]

Para responder ao questionamento final dessa pesquisa, precisamos avançar além das características e elementos presentes na obra de Atwood e já estudados na seção imediatamente anterior, passando a alocá-los ante a classificação construída no primeiro

---

[34] ATWOOD, Margaret Eleanor. **O Conto da Aia**. Rio de Janeiro: Rocco, 2006, p. 264.
[35] ATWOOD, Margaret Eleanor. **O Conto da Aia**. Rio de Janeiro: Rocco, 2006, p. 14.

capítulo da pesquisa.

Desta feita, com base na análise da obra, é necessário entender como Gilead pode ser analisado à luz da Teoria do Estado que serve de embasamento a essa investigação. Nesse desiderato, portanto, avaliaremos quesitos como: (i) integração sistêmica; (ii) integração social; (iii) legitimação e indisponibilidade do poder; (iv) independência funcional do direito; (v) presença de Constituição; e (vi) efetivação de direitos fundamentais pelos detentores do poder.

Em termos de integração sistêmica é nítido que há uma considerável assimetria e relação de dependência entre as esferas comunicativas. Tal como nas sociedades pré-modernas, o Estado de Gilead se constrói tomando como base uma semântica moral e religiosa que reforça uma estrutura política de dominação.

Nesse desiderato, resta claro que o Poder Superior, detido pelos homens que ocupam os estamentos mais elevados da sociedade (*Comandantes*), utiliza-se da semântica do "bem/mal" (moral) ou do "transcendente/imanente" (religiosa) para determinar o conteúdo de todas as demais esferas comunicativas (direito, econômica, saber, arte, etc.) e reforçar uma estrutura hierárquica de dominação.

Através do controle e acesso aos escritos sagrados (principal fonte do direito existente nessa sociedade), determina-se o que é lícito ou ilícito, por exemplo, com base em uma moral conservadora, patriarcal e fundamentalista.

No que tange a integração social, também há um aparente retorno ao modelo adotado por algumas sociedades pré-modernas (sobretudo com a aniquilação do próprio conceito de "pessoa" do âmbito do direito quando se trata de determinados estamentos). Nesse sentido, há uma dupla divisão estamental: (i) a primeira delas se dá entre homens e mulheres; e (ii) a segunda toma como base as posições ocupadas dentro da sociedade de Gilead.

O acesso completo aos benefícios e prestações da sociedade, só ocorre para os homens que ocupam o cargo mais elevado existente na sociedade (*Comandante*). Aqueles que ocupam posições intermediárias (*Anjos, Guardiões, Olhos* ou *Econopessoas*) terão acesso mais restrito, quanto menor for a considerada a função desempenhada em Gilead. Ainda assim, todos possuem acesso a algum tipo de benefício ou prestação.

> Eu não tenho mais essas coisas, as roupas e o cabelo. Queria saber que aconteceu com todas as nossas coisas. Saqueadas, jogadas fora, levadas embora. Confiscadas. Aprendi a viver sem uma porção de

coisas. Quando temos muitas coisas, dizia Tia Lydia, nos tornamos apegados a este mundo material e nos esquecemos dos valores espirituais. Vocês devem cultivar a pobreza de espírito.[36]

No que tange as mulheres, entretanto, a situação é mais aguda. Todas elas tiveram suas propriedades confiscadas e entregues aos respectivos cônjuges e/ou parentes (homens), ainda no processo de implementação de Gilead. Desta forma, desde essa época, suas propriedades, investimentos, contas bancárias e todos os demais bens foram expropriados de sua posse.

As *Esposas*, por pertencerem a um estamento elevado, ainda gozam de alguns benefícios e prestações da sociedade, porém sem desfrutar de qualquer padrão de autonomia. As *Tias, Martas e Econoesposas* também desfrutam de pouquíssimos benefícios, em razão de ocuparem posições intermediárias. As *Aias*, por sua vez, não possuem acesso a qualquer tipo de benefício ou prestação, servindo meramente como escravas reprodutivas[37].

Dessa forma, a integração social em Gilead segue o padrão de exclusão já anteriormente visto em diversas sociedades pré-modernas, onde poucos membros considerados como "incluídos" desfrutam de benefícios e prestações da sociedade, porquanto uma grande massa de não membros (ou "excluídos") não fazem jus aos mesmos benefícios e prestações.

Por fim, a análise dos itens (iii) a (vi) pode ser feita em conjunto através de raciocínio mais abrangente. A legitimação do poder em Gilead mantém o padrão das sociedades pré-modernas, fundando-se em um Direito Sacro (indisponível) que serve de justificação para o exercício do poder pelos soberanos (*Comandantes*), bem como sua investidura nessa função.

Conforme já mencionado alhures, não há qualquer tipo de

---

[36] ATWOOD, Margaret Eleanor. **O Conto da Aia**. Rio de Janeiro: Rocco, 2006, p. 60.

[37] Para uma análise da "não-existência" e exclusão das Aias Cf. ARBO, Jade Bueno; MARQUES, Eduardo Marks de. Confinadas em si mesmas: a morte social e o isolamento do sujeito em O conto da aia, de Margaret Atwood. **Anuário de Literatura**, Florianópolis, v. 24, n. 2, p.164-176, 21 nov. 2019. Universidade Federal de Santa Catarina (UFSC). http://dx.doi.org/10.5007/2175-7917.2019v24n2p164. Disponível em: https://periodicos.ufsc.br/index.php/literatura/article/view/66807. Acesso em: 21 jan. 2020.

limitação normativa estabelecida e imposta por outros indivíduos em Gilead, que não os próprios *Comandantes*, em termos da possibilidade de coerção por eventuais condutas por eles adotadas. Há, assim, nesse modelo de Estado, um poder que é legitimado pela moral e que se assenta fundamentalmente na religião.

Por essa razão, não há uma Constituição (ao menos não nos moldes utilizados como parâmetro nessa pesquisa) que estabeleça a indisponibilidade desse poder aos seus detentores ou, ainda, o dever de assegurar determinadas garantias fundamentais aos cidadãos de Gilead. O que há, a bem da verdade, é um conjunto de normas criadas e interpretadas pelos *Comandantes* sob o pretexto de que emanam diretamente da Bíblia e, portanto, da vontade divina.

Não se pode, portanto, falar em independência funcional do direito, uma vez que o jurídico encontra-se inteiramente subordinado ao político – o qual, por sua vez, está arraigado da semântica moral e religiosa anteriormente mencionada. O direito serve, nesse caso, tão somente para manter uma ordem social hierárquica, fundada numa inquestionabilidade dogmática do *status quo* político dominante[38].

Por fim, ainda que de maneira extremamente redundante, impende ressaltar que não é possível falar na efetivação de direitos fundamentais, uma vez que na estrutura apresentada por Gilead tais garantias inexistem[39].

Analisados assim, os principais elementos e critérios pontuados por essa pesquisa para caracterização de um Estado de Direito, é possível afirmar que dentro desses parâmetros, não é possível caracterizar Gilead como um Estado de Direito.

---

[38] NEVES, Marcelo. **Transconstitucionalismo**. 1 Ed. São Paulo: Martins Fontes, 2012, p. 10.

[39] Uma análise detalhada de como funcionavam algumas das principais garantias que existem nos ordenamentos jurídicos hoje pode ser encontrada em SÖHNGEN, Clarice Beatriz da Costa; BORDIGNON, Danielle Massulo. The Handmaid's Tale: um ensaio jurídico-literário. **Anamorphosis**: Revista Internacional de Direito e Literatura, [s.i], v. 5, n. 1, p.125-147, jun. 2019. Disponível em: http://rdl.org.br/seer/index.php/anamps/article/view/475/pdf. Acesso em: 23 jan. 2020.

Conclusão

A Teoria do Estado oferece substrato para que possamos categorizar diferentes modelos de Estado que surgiram no mundo ao longo dos últimos séculos. Nesse pórtico, entender quais são os principais elementos utilizados para parametrizar um Estado de Direito, por exemplo, é fundamental para que não se incorra nos equívocos de definições manualescas.

Nesse desiderato, a presente pesquisa, partindo de marcos teóricos previamente estabelecidos, identificou importantes elementos conceituais capazes de auxiliar na identificação de um Estado de Direito. Padrões de integração sistêmica e integração social, independência funcional do direito, legitimação e indisponibilidade do poder, presença de Constituição e efetivação dos direitos fundamentais foram os seis principais critérios utilizados para auxiliar nessa categorização.

Ademais, como forma de aproximar a pesquisa da realidade local, buscou-se entender se a nomenclatura utilizada atualmente pela Constituição Federal identificaria o modelo brasileiro com o investigado, ou se se trataria de um modelo diverso. Percebeu-se, assim, que o Estado Democrático de Direito é, em última instância, um Estado de Direito em essência, com uma roupagem um pouco diversa, em razão das demandas surgidas nas sociedades, sobretudo nos séculos XX e XXI.

Após realizar todo esse apanhado, a pesquisa atravessou a barreira do direito, entrando em contato diretamente com a literatura e levando a Teoria do Estado e dos Direitos Humanos para a obra "O Conto da Aia", de Margaret Atwood.

Apesar de ser um livro escrito no início da década de 80 e que propõe arquitetar um universo distópico, o que se pode perceber, de uma análise acurada da obra, é que os precedentes que levaram ao surgimento de Gilead, não são tão diferentes daqueles que encontramos na realidade do Século XXI, sobretudo com o avançar da extrema-direita nacionalista / populista / fundamentalista.

Justamente por essa razão, entender se Gilead poderia se enquadrar como um Estado de Direito tornou-se uma tarefa, ao mesmo tempo, instigante e assustadora, uma vez que o universo distópico de Atwood, cada vez mais, parece se aproximar da realidade.

Isto posto, com base na análise da organização social e das estruturas presentes em Gilead, bem como de acordo com os parâmetros traçados, foi possível identificar que o aludido modelo de Estado preconizado por Atwood, não corresponde ao que essa pesquisa compreende por Estado de Direito.

Sem embargo desses resultados encontrados, é muito importante trazer à título de reflexão nessas considerações finais, um lembrete que se encontra presente em quase todas as passagens da aludida obra.

O avanço da extrema-direita fascista, fundamentalista e totalitária, não é um epifenômeno brasileiro. Nas últimas décadas, a bem da verdade, diversos "Jair Messias Bolsonaros" já haviam ascendido ao poder em diversos outros países do Globo (Donald Trump e seu discurso xenofóbico e sectário nos Estados Unidos; o crescimento do Partido Nacional-Democrata de ultradireita e matriz neonazista, na Alemanha; o fascismo, russofobia e anticomunismo que alimenta os políticos da extrema-direita ucraniana; dentre dezenas de outros exemplos).

As marchas e motes pela desumanização de determinados indivíduos, motivadas pelas mais vis razões (racismo, machismo, xenofobia, lgbtfobia, dentre outros), a crença de que somente determinados indivíduos são humanos (ou "humanos direitos") e que, por isso, devem ser abarcados, incluídos e considerados membros da sociedade, denotam uma fragilização do tecido social que nos conduz (ou, ao menos, nos faz flertar), lentamente, com um modelo associativo superado a séculos.

Todos esses exemplos não ocorreram em um passado distante, sequer em um futuro distópico como na obra de Margaret Atwood, eles fazem parte de um presente cada vez mais perigoso e que se desingrigola no coração daqueles que hoje (*ainda*) categorizamos como Estados de Direito.

Por isso e para fins de encerramento da pesquisa, o lembrete de autora canadense, escrito mais de 30 (trinta) anos atrás, deve fazer parte das nossas reflexões diárias acerca dos rumos que são tomados pelo mundo hoje.

> Era assim que vivíamos então? Mas vivíamos como de costume. Todo mundo vive, a maior parte do tempo. Qualquer coisa que esteja acontecendo é de costume. Mesmo isto é de costume, agora.
>
> Vivíamos, como de costume, por ignorar. Ignorar não é a mesma coisa que ignorância, você tem de se esforçar para fazê-lo.

> Nada muda instantaneamente: numa banheira que se aquece gradualmente você seria fervida até a morte antes de se dar conta. Havia matérias nos jornais, é claro. Corpos encontrados em valas ou na floresta, mortos a cacetadas ou mutilados, que haviam sido submetidos a degradações, como costumavam dizer, mas essas matérias eram a respeito de outras mulheres, e os homens que faziam aquele tipo de coisas eram outros homens. Nenhum deles eram os homens que conhecíamos. As máterias de jornais eram como sonhos para nós, sonhos ruins sonhados por outros. Que horror, dizíamos, e eram, mas eram horrores sem ser críveis. Eram demasiado melodramáticas, tinham uma dimensão que não era a dimensão de nossas vidas.

> Éramos as pessoas que não estavam nos jornais. Vivíamos nos espaços brancos não preenchidos nas margens da matéria impressa. Isso nos dava mais liberdade.

> Vivíamos nas lacunas entre as matérias. (ATWOOD, 2006, p. 54)

Referências

ARBO, Jade Bueno; MARQUES, Eduardo Marks de. Confinadas em si mesmas: a morte social e o isolamento do sujeito em O conto da aia, de Margaret Atwood. **Anuário de Literatura**, Florianópolis, v. 24, n. 2, p.164-176, 21 nov. 2019. Universidade Federal de Santa Catarina (UFSC). Disponível em: https://periodicos.ufsc.br/index.php/literatura/article/view/6 6807. Acesso em: 21 jan. 2020.

ATWOOD, Margaret Eleanor. **O Conto da Aia**. Rio de Janeiro: Rocco, 2006.

GALVÃO, Jorge Octávio Lavocat. **O neoconstitucionalismo e o fim do Estado de Direito**. 2012. 217 f. Tese (Doutorado) - Curso de Doutorado em Direito, Universidade de São Paulo, São Paulo, 2012. Disponível em: https://teses.usp.br/teses/disponiveis/2/2134/tde-29082013-113523/publico/tese_doutorado_jorge_galvao_O_Neoconstitu cionalismo_e_o_fim_do_Estado_de_Direito.pdf. Acesso em: 15 out. 2019.

HORTA, José Luiz Borges. **Horizontes jusfilosóficos do Estado de Direito:** uma investigação tridimensional do Estado Liberal, do Estado Social e do Estado Democrático, na perspectiva dos Direitos Fundamentais. 2002. 328 f. Tese (Doutorado) - Curso de Doutorado em Filosofia do Direito, Universidade Federal de Minas Gerais, Belo Horizonte, 2002. Disponível em: https://repositorio.ufmg.br/handle/1843/BUBD-96KQMD. Acesso em: 12 out. 2019.

MORAIS, Manoel dos Reis. **Estado de Direito e Justiça:** o princípio do devido processo legal como instrumento da sua realização. 2001. 258 f. Dissertação (Mestrado) - Curso de Curso de Pós-graduação em Direito, Universidade Federal de Santa Catarina, Florianópolis, 2001. Disponível em: https://repositorio.ufsc.br/xmlui/bitstream/handle/123456789/80420/178319.pdf?sequence=1&isAllowed=y. Acesso em: 12 out. 2019.

NEVES, Marcelo. **Entre Têmis e Leviatã: uma relação difícil –** O Estado Democrático de Direito a partir e além de Luhmann e Habermas. São Paulo: Martins Fontes, 2006.

NEVES, Marcelo. **Transconstitucionalismo**. 1 Ed. São Paulo: Martins Fontes, 2012.

NOVAIS, Jorge Reis. **Contributo para uma teoria do Estado de Direito**: do Estado de Direito liberal ao Estado social e democrático de Direito. Almedina: Coimbra, 2006.

SÖHNGEN, Clarice Beatriz da Costa; BORDIGNON, Danielle Massulo. The Handmaid's Tale: um ensaio jurídico-literário. **Anamorphosis**: Revista Internacional de Direito e Literatura, [s.i], v. 5, n. 1, p.125-147, jun. 2019. Disponível em: http://rdl.org.br/seer/index.php/anamps/article/view/475/pdf. Acesso em: 23 jan. 2020.

VAZQUEZ, Ana Carolina Brandão. Fascismo e O Conto da Aia: a misoginia como política de Estado. **Revista Katálysis**, Florianópolis, v. 22, n. 3, p.597-606, set. 2019. Disponível em: www.scielo.br/pdf/rk/v22n3/1982-0259-rk-22-03-597.pdf. Acesso em: 20 jan. 2020.

Entre Héstia e Prometeu: partidos políticos e sistema político da modernidade periférica brasileira*

EUDES DA COSTA FILHO

1 Democracia representativa e complexidades à luz da teoria dos sistemas autopoiéticos

O procedimento democrático conduz a uma potencial legitimidade para realização das finalidades constitucionais. Em outras palavras, o processo político-constitucional pode ser considerado legítimo caso haja um procedimento democrático, não apenas na escolha de representantes, mas em todos os aspectos da vida em sociedade democrática tal como um "impulso dirigente" da modernidade.[1]

---

* O presente artigo foi produzido durante o Mestrado em Ciências Jurídicas do Programa de Pós-Graduação em Ciências Jurídicas da Universidade Federal da Paraíba (PPGCJ/UFPB) e faz parte, em parte, embora sob outro enfoque, da dissertação final do curso, onde este estudo foi desenvolvido e aprofundado, conforme autorizado no art. 7º, §§1º e 2º, da Resolução n.º 53/2019, do CONSEPE/UFPB.

[1] "Da mesma forma que o princípio do estado de direito, também o princípio democrático é um princípio jurídico-constitucional com dimensões materiais e dimensões organizativo-procedimentais [...] a constituição condicionou a *legitimidade* do domínio político à prossecução de determinados fins e à realização de determinados valores e princípios (soberania popular, garantia dos direitos fundamentais, pluralismo de expressão e organização política democrática; *normativo-processualmente*, porque vinculou a *legitimação* do poder à observância de determinadas regras e processos (*Legitimations durch Verfahren*). É com base na articulação das bondades materiais e das bondades procedimentais que a Constituição respondeu aos desafios da legitimidade-legitimação ao conformar normativamente o princípio democrático como *forma de vida*, como *forma de racionalização do processo político* e como *forma de legitimação do poder*. O princípio democrático constitucionalmente consagrado, é mais do que um *método* ou *técnica* de os governantes escolherem os governados, pois o princípio

"

Como premissa inicial, pode-se considerar a existência de um sistema político à luz da Teoria dos Sistemas de Niklas Luhmann[2], na medida em que é possível verificar as suas relações internas com o meio externo (ou meio social) em que atua[3]. Também é possível observar a circularidade[4] entre o processo de escolha dos representantes, eleitos por meio do sufrágio universal, o que gera legitimação, e que, em consequência, deve gerar o retorno de políticas eficientes e representatividade aos eleitores, mantendo a circularidade do sistema[5].

---

normativo, considerado nos seus vários aspectos político, econômicos, sociais e culturais, ele aspira a tornar-se *impulso dirigente* de uma sociedade." CANOTILHO, José Joaquim Gomes. **Direito Constitucional e Teoria da Constituição**. 7ª ed. Coimbra: Edições Almedina, 2003. p. 287-288.

[2] "A Teoria dos Sistemas não é senão um correlato desse fato fundamental no mundo: é uma forma de designar que há sistema e há meio. O mundo está cindido, delimitado, dividido entre sistema e meio. O ponto de partida dessa teoria consiste em que o mundo, como infinitude inobservável, é cortado por uma linha divisória: de um lado, está o sistema, e de outro, o meio." LUHMANN, Niklas. **Introdução à teoria dos sistemas.** 2ª Ed. Petrópolis: Editora Vozes, 2010.p. 163.

[3] "El concepto de sistema significa, pues, algo que realmente es um sistema, y por conseguiente asume la responsabilidad de la verificación de sus proposiciones en relación con la realidad." LUHMANN, Niklas. **Sociedade y sistema: la ambición de la teoria**. Tradução de Santiago López Petit e Dorothee Schmitz. Barcelona: Ediciones Paidós Ibérica. 1990. p. 41.

[4] "a determinação de cada elemento depende da determinação de um outro (...). Trata-se, como se vê, de um estrutura essencial extremamente instável , que desagrega imediatamente quando nada mais ocorre (...) ele é fator da própria relação com o ambiente, mas, ao mesmo tempo, ela é núcleo de cristalização para uma relação emergente entre o sistema e ambiente. (...) Ele trabalha com uma estrutura fundamentalmente fechada que se desagrega de momento para momento, quando não há contrarreação." Id. **Sistemas sociais: esboço de uma teoria geral**. Tradução de Antonio C. Luz Costa, Roberto Dutra Torres Júnior, Marco Antonio dos Santos Casanova. Petrópolis: Vozes, 2016. p. 141-142.

[5] "A circulação do poder desenvolve-se na medida em que o público escolhe programas políticos e elege dirigentes, os 'políticos' condensam as premissas para a tomada de decisões vinculantes , a 'administração' (em sentido amplo) decide e vincula o público, que, por sua vez, reage a isso na forma de eleições políticas ou mediante outras manifestações de opinião."

Neste sentido, pode-se também considerar que o processo de escolha de representantes conduz a um alívio de expectativas da sociedade para a manutenção e integridade do sistema político, sendo um fator "descarregante para o sistema político".[6] Tal procedimento de escolha de representantes é um dos fatores que gera circularidade ao sistema político e confere potencial legitimidade popular aos representantes eleitos.

Luhmann, em sua obra denominada "Legitimação pelo procedimento", aborda esta temática. Para ele, a legitimidade seria "uma disposição generalizada para aceitar decisões de conteúdo ainda não definido, dentro de certos limites da tolerância", ressalta, contudo, que a sociedade que se apóia apenas no procedimento "tem de ser altamente instável".[7]

Neste contexto, o autor aprofunda o debate ao dizer que em uma sociedade cada vez mais complexa apenas o procedimento não confere legitimidade às autoridades, é necessário, portanto, que haja aceitação da sociedade, ou seja, um consenso, uma concordância em torno de decisões políticas dos representantes e que são a ela dirigidas.[8]

É dizer, portanto, que apenas a ideia de um procedimento democrático não seria suficiente para gerar um amplo consenso, ou um processo de densa legitimidade, e manter, assim, a circularidade do sistema político, mas é preciso, sobretudo, que a comunicação seja efetiva entre o procedimento de escolha dos representantes e o

---

NEVES, Marcelo. **Entre Têmis e Leviatã: uma relação difícil: o Estado Democrático de Direito a partir e além de Luhmann e Habermas.** São Paulo: Martins Fontes, 2006. p. 87.

[6] Cf. NEVES, Marcelo. **Constituição e direito na modernidade periférica: uma abordagem teórica e uma interpretação do caso brasileiro.** Tradução de Antonio Luz Costa. São Paulo: Editora WMF Martins Fontes, 2018. p. 73. "a eleição constitui mecanismo seletivo de redução de complexidade e de estruturação das expectativas como programas políticos e modelos de normatização jurídica" Id. op cit. Nota 7. p. 187.

[7] LUHMANN, Niklas. **Legitimação pelo procedimento.** Tradução de Maria da Conceição Côrte-Real. Brasília: Editora Universidade de Brasília, 1980. p. 30-31

[8] Ibid. p. 31-32

seu agir democrático[9], de modo que se possa reduzir a complexidade[10] deste sistema político.

Em outras palavras, a legitimidade é diretamente proporcional ao consenso social em torno do agir democrático dos atores que assumem papéis, previstos em normas, neste sistema, tais como: eleitores, candidatos, representantes eleitos e partidos.

Por conseguinte, quanto maior o consenso, ou, nas palavras de Luhmann, quanto maior for a redução da complexidade pela estabilização de expectativas[11], mais legitimidade será conferida a estes atores.

Neste contexto, no Brasil, existe um procedimento pretensamente democrático para escolha dos representantes por

---

[9] "Esse processo democrático estabelece um nexo interno entre considerações pragmáticas, compromissos, discursos de auto-entedimento e discursos da justiça, fundamentando a suposição que é possível chegar a resultados racionais e equitativos. Nesta linha a razão prática passa dos direitos humanos universais ou da eticidade concreta de uma determinada comunidade para as regras do discurso e as formas de argumentação, que extraem seu conteúdo normativo da base de validade do agir orientado pelo entendimento e, em última instância, da estrutura da comunicação lingüística e da ordem insubstituível da socialização comunicativa. HABERMAS, Jügen. **Direito e democracia: entre a facticidade e validade.** Vol. II. 2º Ed. Tradução de Flávio Beno Siebeneichler. Rio de Janeiro: Tempo Brasileiro, 2003. p. 19.

[10] "A maneira mais acessível de entender a complexidade é pensar, primeiramente, no número de possível relações, dos possíveis acontecimentos e dos possíveis processos. Imediatamente, compreender-se-á que cada organismo, máquina e formação social, tem sempre um meio que é mais complexo, e oferece mais possibilidade do que aquelas que o sistema pode aceitar, processar ou legitimar." LUHMANN, Niklas. op. cit. Nota 2. p. 184.

[11] Neste sentido: "A validade jurídica resulta da redução seletiva de complexidade/contingência mediante legiferação, na medida em que as expectativas normativas selecionadas tornem-se congruentemente generalizadas. (...) A função seletiva da legiferação na sociedade moderna implica, pois, destacar, dentro da multiplicidade de expectativas normativas em princípio incongruentes, o direito válido, quer dizer, as expectativas normativas de comportamento congruentemente generalizadas." NEVES, Marcelo. op cit. Nota 6. p. 32.

meio do sufrágio universal e do voto[12], conforme estabelecido no art. 14, *caput*, da Constituição da República. Por seu turno, o §3º, do mesmo artigo, estabelece dentre diversas condições para elegibilidade, ou seja, dentre os pré-requisitos a ser votado, no inciso V, a filiação partidária.

Há, portanto, no Brasil, um monopólio da representação política por meio de Partidos Políticos, onde para ser votado é imprescindível que o cidadão esteja necessariamente e anteriormente filiado a um Partido Político.[13] Acontece que a vontade de se candidatar não é conferida ao cidadão, ainda que filiado, trata-se de uma decisão partidária cuja organização tem autonomia garantida pela própria Constituição da República (art. 17, §§1º e 2º).

Neste contexto, e à luz da Teoria dos Sistemas de Niklas Luhmann, é preciso verificar a possível quebra de circularidade, ou geração de complexidade e instabilidade de expectativas[14] no sistema político, quando, apesar de a Constituição Federal estabelecer a democracia como impulso dirigente da sociedade brasileira, confere, por seu turno, aos Partidos Políticos o monopólio da representação política com autonomia plena.

Isso porque o observador externo ao sistema político observa a quebra de circularidade do sistema na medida em que não escolhe os

---

[12] "O direito de sufrágio é o direito público subjetivo de votar em candidatos a cargo eletivos." COSTA, Adriano Soares da. **Instituições de direito eleitoral**. 9 ed. Belo Horizonte: Fórum, 2013. p. 37.

[13] A Lei Brasileira estabelece a possibilidade de o cidadão ter sua candidatura assegurada, independentemente de vontade partidária, no caso de já possuir mandato em curso (art. 8º, §1º, Lei 9.504/97). Contudo, o Supremo Tribunal Federal suspendeu a eficácia desta norma colocando em primazia o resguardo à autonomia partidária para decidir seus candidatos. Cf. BRASIL. Supremo Tribunal Federal. Ação Direta da Inconstitucionalidade n.º 2530 MC, Tribunal Pleno, Brasília, DF, 24 de abril de 2002. **Diário da Justiça de 21 de novembro de 2003**, vol. 233, p. 277, nov. 2003.

[14] Neste sentido: "A validade jurídica resulta da redução seletiva de complexidade/contingência mediante legiferação, na medida em que as expectativas normativas selecionadas tornem-se congruentemente generalizadas. (...) A função seletiva da legiferação na sociedade moderna implica, pois, destacar, dentro da multiplicidade de expectativas normativas em princípio incongruentes, o direito válido, quer dizer, as expectativas normativas de comportamento congruentemente generalizadas." NEVES, Marcelo. op. cit. Nota 6 2018. p. 32.

eleitos, escolhe os que já foram escolhidos sem processo democrático de base. Neste contexto, a representatividade pode ser questionada gerando, em conseqüência, processos de crise de legitimidade diante da falha de circularidade do sistema[15].

2 Procedimento democrático e processo de legitimação como fator descarregante do sistema político

Segundo Luhmann, o ser humano vive em um ambiente que se apresenta em "uma multiplicidade de possíveis experiências e ações em contraposição ao seu limitado potencial em termos de percepção, assimilação de informação, e ação atual e consciente".[16] E a existência de diversas possibilidades humanas diante de cada circunstância, ou contatos sociais, é denominada de *complexidade*.

Com o surgimento das Constituições, e a consequente dominação da política pelo direito[17], a complexidade dos sistemas

---

[15] "Todos os fenômenos que o observador pode descrever como vivos baseiam-se no fato de que o próprio observador vive. Na base desses novos preceitos teóricos deve ficar claramente entendido que o mundo está constituído por um *continuum* de operações, que se fragmenta no momento em que se introduzem cortes artificiais que correspondem às realidades parciais da física, química, biologia, psicologia, sociedade... Em segundo lugar, a observação e o observador dêem ser considerados previamente como sistemas, uma vez que a observação não é um ato único e isolado, mas sempre se dá em conjunto de conhecimentos, em um espécie de memória, em uma limitação de perspectivas, com restrições de ligação em outras operações de observação. A consideração de *sistema* também resvala para a compreensão psicológica do sujeito: só é possível obter uma representação do sujeito no momento em que se leva em conta a sistematicidade de sua operação." LUHMANN, Niklas. op. cit. Nota 2. p. 76.

[16] Id. **Sociologia do Direito I**. Tradução de Gustavo Bayer. Rio de Janeiro: Edições Tempo Brasileiro, 1983. p. 45.

[17] Para Luhmann, a Constituição se trata de um mecanismo de "acoplamento estrutural" que liga o sistema jurídico ao sistema político. "Nesse sentido, a Constituição 'possibilita uma solução jurídica do problema de auto-referência do sistema político e, ao mesmo tempo, uma solução política do problema de auto-referência do sistema jurídico'." NEVES. Marcelo. **Justiça e diferença numa sociedade global complexa.** *In:* SOUZA. Jessé. (Org.). **Democracia hoje: novos desafios**

políticos e jurídicos aumentou. Isso porque foi necessário que este sistema jurídico, até então eminentemente positivo,[18] buscasse cognição externa no sistema político, institucionalizando, por exemplo, a eleição política, como fator "descarregante do sistema político" que se legitima por meio do papel político atribuído a todos os indivíduos.[19]

Para a manutenção desse sistema jurídico-político constitucional também foram necessárias "modernas formas de estabilização, caso contrário não se mantém"[20]. Isso porque em uma sociedade simples, como a medieval, por exemplo, a autoridade do Rei e da Igreja não detinha complexidade, uma vez que os problemas eram resolvidos por meio da autoridade, real ou divina, plenamente legitimadas.

Já na modernidade, cujo paradigma é a razão[21], se fez necessário que o sistema oferecesse "diferentes modelos de respostas"[22] em razão de maiores demandas e questionamentos sociais para manter a circularidade do sistema político, agora constitucional.

Assim, em uma sociedade cada vez mais complexa, é necessário que ambos os sistemas, jurídico e político, possuam cognição aberta de modo a conferir alterabilidade aos sistemas, ou seja, que as

---

para a teoria democrática contemporânea. Brasília: Editora Universidade de Brasília, 2001. p. 348.

[18] Para Luhmann, diferentemente da complexidade na modernidade, o sistema na Idade Média era baseado em uma complexidade simples, uma vez que todas as respostas às provocações do meio mais complexas eram resolvidas por meio da autoridade divina, já na modernidade "um sistema pode obter a realização de diferentes modelos de respostas". LUHMANN, Niklas. op. cit. Nota 2. p. 187

[19] NEVES, Marcelo. op. cit. Nota 6. p. 69-73.

[20] LUHMAN. Niklas. op cit. Nota 7. p. 127.

[21] "Enfim, para a conclusão dessa moral, decidi passar em revista as diversas ocupações que os homens exercem nesta vida, para procurar escolher a melhor; e, sem que pretenda dizer nada sobre as dos outros, pensei que o melhor a fazer seria continuar naquela mesma em que me achava, isto é, empregar toda a minha vida em cultivar minha razão, e adiantar-me, o mais que pudesse, no conhecimento da verdade, segundo o método que me prescrevera". DESCARTES. René. **Discurso sobre o método: para bem conduzir a própria razão e procurar a verdade nas ciências.** 2ª ed. Tradução de Jacob Guinsburg e Bento Prado Jr. São Paulo: Diefel – Difusão Européia do Livro, 1983. p. 62

[22] LUHMANN, Niklas. op. cit. Nota 2. p. 187.

normas, ou institutos políticos, acompanhem as mudanças sociais.

No sistema jurídico "a decisão, tornou-se fundamento do direito"[23] podendo ser tomada independentemente de apoio político, ou mesmo de mudança legislativa, para conferir alterabilidade ao sistema jurídico, o que se dá por meio de decisões que têm por base normas abstratas que permitem processos de comunicação cada vez mais complexos em consonância com o aumento da complexidade da sociedade.

Já no sistema político, considerando o processo eleitoral como fator descarregante de expectativas[24], ele dificilmente se abre em novos espaços democráticos de representação popular, gerando falha na circularidade do sistema. Nesse aspecto, Luhmann identifica que é necessário romper com a hierarquia no sistema político, assim "se a hierarquia serve como estrutura de sistema, então isso significa que a cúpula simboliza o todo (...) com isso o todo é representado através dum papel, num plano *perigosamente concreto*"[25].

Destarte, para o autor, com o aumento da complexidade é necessário encontrar "formas mais abstratas de simbolização do sistema"[26]. Em outras palavras, é preciso planificar o sistema de hierarquia na política dando mais significado e densidade a novas formas de atuação democrática gerando legitimidade e circularidade no sistema político.

As antigas formas de representação política estabelecidas nas Constituições modernas já não são suficientes para acompanhar o "aumento considerável de complexidade do poder, que devido à sua envergadura, exige novas formas de organização e comportamento", sendo necessária, na política partidária, a existência de abstração cognitiva que "estimule e incite a criação de alternativas e estas têm de ser funcionalmente diferenciadas e especificadas em si mesmas"[27].

---

[23] NEVES, Marcelo. op. cit. Nota 6. p. 30-31.

[24] "a eleição democrática tem, na perspectiva sistêmica, uma função descarregante da política (...) possibilitando que o eleito e eleitor atuem com independência dos seus outros vínculos sociais. Funciona como mecanismo de apoio generalizado do sistema político, exatamente enquanto contribui para sua diferenciação." NEVES, Marcelo. op. cit. Nota 7. p. 104-105.

[25] LUHMAN. Niklas. op. cit. Nota 7. p. 127.

[26] Ibid. p. 127-128.

[27] Ibid. p. 127-128.

O sistema jurídico ao estabelecer procedimentos para atuação do debate público do sistema político acabou por gerar problemas de circularidade, uma vez que em uma sociedade complexa a comunicação é "'ilimitada', no sentido de que seus fluxos comunicacionais não são regulados através de processos", o sistema político, com mediação do direito, deve se abrir em comunicação para descarregar as expectativas, gerando amplitude democrática.[28]

Neste aspecto, aborda Luhmann a questão da necessidade de os partidos políticos abrirem-se democraticamente para absorver dissenso e gerar congruência ao sistema político:

> O processo de eleição política dificilmente se presta a deixar decidir os conflitos sociais básicos através do "próprio povo". Mas presta-se a trazer estes conflitos para dentro do sistema político, em vez de os levar para fora. Tem de ser compreendido como primeiro grau dum processo escalonado de absorção de conflitos. (...) os partidos têm de se colocar perante os conflitos sociais em aberto e que carecem urgentemente de decisão. Senão durante, então antes ou depois das eleições, têm de procurar vias para reconciliar mutuamente as exigências diferentes (...) uma conseqüência desta análise seria a reivindicação de maior publicidade ou facilidade de acesso dos conflitos partidários internos e dos processos de decisão. (...) na eleição são distribuídos apenas lugares e competências e não, simultaneamente, a satisfação das necessidades. A eleição política não se presta para expressão de interesses concretos, como tão pouco para decisão de conflitos concretos. O ato de comunicação nela admitido restringe-se à entrega de votos para um candidato ou uma lista, portanto à cooperação dum preenchimento de papéis e à expressão do apoio político numa forma altamente generalizada.[29]

É dizer que a eleição apenas cumpre a finalidade de estabelecer papéis, o papel do eleitor e o papel do representante eleito, contudo não significa que tal procedimento, por si só, gere absorção de conflitos, sendo necessária a abertura democrática e um elo permanente de comunicação[30] entre os eleitos e os eleitores,

---

[28] HABERMAS, Jügen. op. cit. p. 41.

[29] LUHMAN. Niklas. op. cit. Nota 7. p. 136-137.

[30] No mesmo sentido aponta Habermas que a legitimidade da política deliberativa se dá pelo discurso e não no procedimento de escolha que confere legitimidade aos representantes. Assim arremata: "A política deliberativa obtém sua força legitimadora da estrutura discursiva de uma formação da opinião e da vontade, a qual preenche sua função social e

especialmente com a necessidade da facilidade de acesso aos conflitos partidários internos e dos processos de decisões partidárias.

O autor conclui na mesma perspectiva de que, em que pese ser relevante como fator descarregante de expectativas, apenas o processo eleitoral não é suficiente para gerar legitimidade, ou consenso, em torno do sistema político, contudo, ressalta que esse "sistema político criado por eleições pode conseguir tantas alternativas que se pode autolegitimar num processo seletivo de decisão"[31].

Nesta compreensão, portanto, é possível afirmar que o processo eleitoral, apesar de relevante, não é suficiente para gerar legitimidade entre os representantes eleitos e as decisões políticas tomadas por estes. Contudo, há inúmeras alternativas democráticas que podem ser estabelecidas capazes de manter a circularidade do sistema e absorver dissenso[32].

Assim, enquanto o sistema jurídico propicia alterabilidade por meio de decisões, que independem de apoio político, e que se baseiam em normas abstratas para gerar inúmeras possibilidades de comunicação e, assim, reduzir a complexidade[33], o sistema político deve atuar, em uma sociedade cada vez mais complexa, com abertura e aprofundamento do processo democrático para manter a circularidade do sistema em que atua, quer seja antes do

---

integradora graças à expectativa de uma *qualidade* racional de seus resultados. Por isso, o nível discursivo do debate público constitui a variável mais importante. Ela não pode desaparecer na caixa preta de uma operacionalização que se satisfaz com indicadores amplos." HABERMAS, Jügen. op. cit. p. 27-28.

[31] LUHMAN. Niklas. op. cit. Nota 7. p. 143.

[32] Nesta compreensão é pertinente a citação de Bobbio: "Não quero dizer que a democracia seja um sistema fundado não sobre o consenso mas sobre o dissenso. Quero dizer que, num regime que se apóia no consenso não imposto a partir do alto, alguma forma de dissenso é inevitável e que apenas onde o consenso é real o sistema pode proclamar-se com justeza democrático. Por isto afirmo existir uma relação necessária entre democracia e dissenso, pois, repito, uma vez admitido que democracia significa consenso real e não fictícios, a única possibilidade que temos de verificar se o consenso é real é verificando o seu contrário." BOBBIO, Noberto. **O futuro da democracia.** Tradução de Marco Aurélio Nogueira. 10ª ed. Rio de Janeiro: Paz e Terra, 2006. p. 43

[33] NEVES, Marcelo. op. cit. Nota 6. p. 30-31

procedimento eleitoral, quer seja após o procedimento eleitoral na reconciliação comunicativa e cognitiva entre o sistema político e a sociedade.[34]

Nesse sentido é que diz Habermas[35], para ele, o sistema político enquanto sistema social tem que "aprender a superar suas cegueiras

---

[34] "Os procedimentos democráticos não se legitimam apenas porque canalizam a luta democrática pelo poder, mas sim decisivamente enquanto permanecerem cognitivamente apertos e sensíveis para a pluralidade da esfera púbica e a autonomia dos subsistemas sociais." NEVES, Marcelo. op. cit. Nota 7. p. 140.

[35] Importante mencionar neste momento a crítica de Habermas à Teoria dos Sistemas desenvolvida por Luhmann. Para ele, para na questão da intersubjetvidade "a teoria dos sistemas é incapaz de explicar como sistemas autopoieticamente fechados conseguem romper o círculo da regulação auto-referencial da autopoesis e da auto-referência" assim é que o sistema fechado não se comunicaria com o estranho, não conseguindo "dissolver a obscuridade da intransparência recíproca" HABERMAS, Jügen. op. cit. p. 78-79. Nesse contexto é necessário dizer que inicialmente o próprio Habermas diz que a Teoria dos Sistemas "não é levada necessariamente a negar a existência dos fenômenos de um poder comunicativo" *Idem. Ibidem.* p. 73. Contudo, se entende, e como referencial para o presente trabalho, da leitura que se faz de Luhmann é que ele não só não nega o poder comunicativo como estabelece a necessidade de qualquer sistema fechado se abrir em congnição para manter a circularidade, razão pela qual não é dado a pensar que o sistema não se comunica com o ambiente social em que atua, ao contrário, trata-se de uma necessidade para gerar circularidade. Tanto é verdade que o próprio Luhmann afirma que "nenhum sistema político se pode apoiar apenas sobre a força física de coação", mas sim o sistema deve "alcançar um consenso maior para permitir o domínio duradouro". LUHMANN, Niklas. op. cit. Nota 7. p. 49. Diz ainda que um sistema social não se desenvolve sem comunicação, assim "um sistema social surge quando a comunicação desenvolve mais comunicação, a partir da própria comunicação." Id. op. cit. Nota 2. p. 90. No mesmo sentido Marcelo Neves: "Mesmo os códigos sistêmicos são cortados por códigos lingüísticos binários concretos que se reproduzem conforme as exigências tópicas de sujeitos interagentes". NEVES. Marcelo. **Do consenso ao dissenso.** *In:* SOUZA. Jessé. (Org.). **Democracia hoje: novos desafios para a teoria democrática contemporânea.** Brasília: Editora Universidade de Brasília, 2001. p. 127. Portanto, a Teoria dos Sistemas não só não nega o poder comunicativo como coloca em relevância para manter a durabilidade dos sistemas sociais, dentre eles o sistema político.

específicas e a se observar como sistemas parciais no interior de um sistema mais amplo", assim o sistema político deve se vincular a uma "formação democrática da opinião e da vontade", sendo necessária a quebra do paradigma que "constitui um paternalismo do sistema que coloca em risco a legitimidade".[36]

Assim, para este autor, "as decisões impositivas, para serem legítimas, têm que ser reguladas por fluxos comunicacionais que partem da periferia e atravessam as comportas dos procedimentos próprios à democracia e ao Estado de direito"[37]. É dizer, na mesma perspectiva de Luhmann, que apenas o procedimento regulado não confere legitimidade à decisão política, sendo necessário que o processo de comunicação democrática rompa as barreiras calculadamente estabelecidas[38].

Para Habermas, "os partidos políticos também deveriam participar na formação da opinião e da vontade do público, ao invés de tentar influir no público para manter seu poder político, visando apenas extrair da esfera pública a lealdade das massas"[39].

Ao concluir no trecho que interessa, o autor diz que a Constituição além de ser um documento histórico, "articula o horizonte de expectativas de um futuro antecipado no presente", ganhando relevância a necessidade de um processo democrático legítimo para formulação do direito. Diz ainda que o sistema político "está exposto a perturbações capazes de colocar em risco (...) a legitimidade de suas decisões", quando o sistema se coloca distante e "independente em relação ao poder produzido comunicativamente"[40].

---

[36] HABERMAS, Jügen. op. cit. p. 83.

[37] Ibid. p. 88-89.

[38] "No entanto, a sociologia da comunicação de massas é cética quanto às possibilidades oferecidas pelas esferas públicas tradicionais das democracias ocidentais dominadas pelo poder e pela mídia. (...) agrupamentos da sociedade civil, são sensíveis aos problemas, porém os sinais que emitem e os impulsos que fornecem são, em geral, muito fracos para despertar a curto prazo processos de aprendizagem no sistema político ou para reorientar os processos de decisão". Ibid. op. cit. p. 106-107.

[39] HABERMAS, Jügen. op. cit. p. 112-113

[40] Ibid. p. 119-121.

> o sistema político constituído através do Estado de direito está inserido assimetricamente em processos circulares altamente complexos, que têm que ser levados na devida conta pelos atores caso pretendam, enquanto cidadãos, deputados, juízes, funcionários etc., engajar-se com sucesso, num enfoque performativo, na realização do sistema de direitos. (...) As constituições históricas podem ser entendidas como outras tantas interpretações de uma mesma prática – a da autodeterminação de parceiros do direito, livres e iguais; ora, esta prática, como qualquer outra, não foge à história. E os participantes desejosos de saber o que tal prática significa *em geral*, têm de tomar como ponto de partida a *sua própria* prática.[41]

Isto é, em um o sistema político de natureza democrática, regulado pelo direito, os atores que participam desse sistema político-democrático devem ter como ponto de partida sua própria prática democrática para gerar durabilidade ao sistema.

Aprofundando o debate, Marcelo Neves entende, com base em Luhmann, diz que a Constituição propicia "diversas esferas de comunicação", assim, os procedimentos constitucionais se legitimam na medida em que se comunicam e reconhecem o dissenso, não necessariamente gerando consenso, assim o que é "relevante é que os procedimentos constitucionais (...) permaneçam abertos para diversidade de expectativas, valores e interesses, mesmo o que eventualmente sejam derrotados", contudo, o que se impõe é um consenso em torno dos procedimentos constitucionais[42].

Em outras palavras, para o autor, o procedimento propriamente dito não necessariamente deve gerar consenso, mas sim absorver sistematicamente o dissenso, na medida em que legitimados em razão da abertura e possibilidade de atuação junto a esfera pública. De modo que o procedimento é legítimo quando "é capaz de intermediar o consenso procedimental e o dissenso conteudístico", promovendo, dessa forma, "o respeito das diferenças na sociedade global supercomplexa da contemporaneidade".[43]

Assim, um procedimento pode ser considerado de consenso na medida em que ele "se destina a assegurar o dissenso generalizado que se expressa nos mais diversos tipos de relações interpessoais de

---

41 Ibid. p. 121.
42 NEVES, Marcelo. op. cit. Nota 17. p. 351-352.
43 NEVES, Marcelo. op. cit. Nota 17.. p. 353..

uma pluralidade de esferas de comunicação". Deste modo, quando da existência de mecanismos constitucionais que são capazes de absorverem o dissenso é que "a esfera pública pluralista emerge do mundo da vida em forma de interesses, valores e discursos que pretendem, por meio desses procedimentos, generalizar-se politicamente".[44]

Portanto, diz o autor que o grande desafio do Estado democrático de direito no que tange a esfera pública é propiciar a intermediação do procedimento que permita a absorção de dissenso em uma sociedade cada vez mais complexa e plural. Tal fato só poderá ocorrer se os procedimentos se mantiverem abertos e plurais[45].

> Os procedimentos democráticos não se legitimam apenas porque canalizam a luta democrática pelo poder, e sim, também e decisivamente, enquanto permanecerem cognitivamente abertos e sensíveis para a pluralidade da esfera pública e a autonomia dos subsistemas sociais.[46]

Assim, retorna-se a Luhmann quando se refere de que a existência apenas do procedimento não é suficiente para legitimação, sendo necessária a geração de consenso no procedimento. Dessa forma, é necessário questionar o procedimento adotado aos Partidos Políticos do Brasil como forma de absorção, ou não, de dissenso, e, em conseqüência, sua capacidade de gerar consenso ao procedimento democrático e, igualmente, legitimidade.

3 Partidos políticos na modernidade periférica: uma abordagem prática do caso brasileiro

Os Partidos Políticos, embora atuem no sistema político, são regulados pelo direito. Nesta perspectiva, é possível enxergar uma reciprocidade, enquanto o direito regula o sistema político, a política decide o que deve entrar no direito para concretização de seus fins[47]. Nesse sentido, até que ponto o sistema jurídico invade o sistema político para manter um fechamento operativo deste, ou vice-versa,

---

[44] Ib. op. cit. Nota 35. p. 129-132.

[45] Ibid. p. 135.

[46] Ibid. p. 139-140.

[47] Ib. op. cit. Nota 7. p. 92.

até que ponto o sistema político usa do sistema jurídico para manter-se operativamente fechado? Levando em consideração que a "capacidade operativa depende da distinção entre código e programa, que 'possibilita uma combinação de fechamento e abertura no mesmo sistema"[48].

Desse modo, a Constituição, por meio do sistema jurídico insere no sistema político (cujo código é o de poder/não poder) o código lícito/ilícito. Isso permite que o sistema político se aproprie, indevidamente, do código lícito/ilícito para transformá-lo em poder/não poder, quando, por exemplo, se utiliza do poder para "desconhecerem a pluralidade contraditória de valores, interesses e expectativas, características inerentes à sociedade supercomplexa de hoje"[49], utilizando-se do direito para tal fim.

Nesse sentido, a Constituição cumpre o papel de estabelecer os limites de atuação do direito no âmbito do sistema político enquanto acoplamento estrutural[50], permitindo ainda a "intermediação sistêmica do mundo da vida"[51], promovendo arena para o dissenso em um Estado Democrático de Direito, onde "todos os valores, interesses e expectativas possam apresentar-se livre e igualmente no âmbito dos procedimentos políticos e jurídicos". Assim, só há legitimação do Estado Democrático quando não exista privilégio ou exclusão dos "valores e interesses de determinados grupos,

---

[48] NEVES, Marcelo. op. cit. Nota 7. p. 94.

[49] Ibid. p. 105. Tal circunstância poderia ser descrita que o sistema político se apropria do direito para manter o *status quo*, desvirtuando o código do sistema jurídico ilícito/lícito ao transformá-lo em poder/não poder, utilizando-se, indevidamente, em uma sociedade supercomplexa, do direito, para dominação do poder político.

[50] "a Constituição em sentido moderno pode ser compreendida como via de transmissão de prestações recíprocas e, sobretudo, como mecanismo de interpenetração entre dois sistemas sociais, a política e o direito, uma vez que ela 'possibilita uma solução jurídica para o problema da autorreferência do sistema político e, ao mesmo tempo, uma solução política para o problema de autorreferência do sistema jurídico'". Id. op. cit. Nota 6. p. 262-263.

[51] "O mundo da vida pode ser considerado a esfera social em que a comunicação é reproduzida através da linguagem natural cotidiana, não de acordo com uma linguagem sistêmica especializada." Id. op. cit. Nota 7. p. 125.

indivíduos ou organizações nos procedimentos constitucionais"[52].

Portanto, a Constituição propicia que os procedimentos adotados, a exemplo do procedimento eleitoral por meio de Partidos Políticos, que estes possam atuar como condução da esfera pública com o "respeito recíproco às diferenças no campo jurídico-político da sociedade supercomplexa contemporânea e pode, ao mesmo tempo, atuar como fator construtivo e dinâmico para a reprodução autônoma das esferas plurais de comunicação"[53].

Neste contexto, havendo, no Brasil, o monopólio do acesso à representação política pelos Partidos, só se pode pensar em legitimidade, à luz da teoria dos sistemas, quando se "garante e promove o acesso equânime dos mais diferentes valores e interesses nos seus procedimentos jurídicos-políticos"[54].

Assim, se os Partidos Políticos não forem instrumentos de condução de dissenso em uma sociedade heterogênea e plural, os procedimentos eleitorais e partidários adotados serão questionados (ausência de consenso) na medida em que não propicia espaço para uma "esfera pública pluralista e, por conseguinte, de realização do Estado Democrático do Direito"[55].

> A "relação representativa" está associada à abertura do procedimento eleitoral para as diversas tendências políticas presentes na esfera pública e a possibilidade de "reciclagens" posteriores da composição do parlamento e do governo. O eleito não se legitima nas respectivas funções porque expressa a vontade ou interesse do eleitorado, mas sim na medida em que passou por um procedimento ao qual tiveram acesso as diversas correntes de opinião construídas na esfera pública pluralista [...] Entretanto, o problema da função heterolegitimante do procedimento eleitoral para a respectiva "representação", no Estado Democrático de Direito, diz respeito, em última análise, à capacidade de um fluxo e refluxo permanente de informação entre heterogeneidade do eleitorado e o pluralismo parlamentar, sem exclusões ou privilégios procedimentais.[56]

Nesse contexto, o processo eleitoral periódico não apenas atua

---

[52] Ibid. p. 132-133.
[53] Ibid. p. 144.
[54] NEVES, Marcelo. op. cit. Nota 7. p. 145.
[55] Ibid. p. 151.
[56] Ibid. p. 189-190.

enquanto fator descarregante de expectativas, com a geração de novas expectativas de legitimação a cada novo processo eleitoral, como também permite, caso esteja aberto à pluralidade política, poderá se tornar "veículo de um fluxo permanente de heterolegitimação do Estado", enquanto processo de comunicação contínua entre os representantes e a sociedade, tão quanto mais real, quanto "maior for a força imunizante da regulação jurídica do procedimento eleitoral em relação às interferências das estruturas oligárquicas"[57].

Nesse sentido, um sistema representativo democrático, que possui o monopólio de representação partidária, evidentemente, deve ter base democrática para gerar circularidade ao sistema político. O *caput* do art. 17 da Constituição da República diz que é livre a criação de Partidos resguardados os seguintes princípios: regime democrático, pluripartidarismo e direitos fundamentais. Assim, a autonomia partidária prevista no §1º deste dispositivo não pode estar dissociada do caráter democrático partidário e da garantia do pluripartidarismo, com garantia de igualdade material[58], em sociedade plural, como a brasileira.[59]

Contudo, diversamente da observância do pluripartidarismo e da igualdade manterial, o parlamento promulgou a Emenda Constitucional 97/2017, agravando mais os problemas de reflexividade e alívio das expectativas quando determinou que além de os Partidos terem autonomia plena para definir sua estrutura

---

[57] Ibid. p. 187-188.

[58]. NEVES, Marcelo. op. cit. Nota 6. p. 319-20

[59] "A teoria social do pluralismo insere-se no modelo normativo do liberalismo através de uma simples substituição: o lugar dos cidadãos e de seus interesses individuais é ocupado por organizações e interesses organizados. Ela parte do princípio, segundo o qual os atores coletivos têm aproximadamente as mesmas chances de influenciarem os processos de decisão relevantes para eles: que os membros da organização determinam a política das associações e dos partidos; e que estes, por seu turno, são forçados a assumir compromissos e a entrelaçar seus interesses, levados pelos vários tipos de pertença a associações. A democracia de concorrência forma então um equilíbrio social do poder, no nível de distribuição do poder político, de tal modo que a política estatal leve em consideração um amplo leque de interesses simétricos." HABERMAS, Jügen. op.cit. p. 59-60.

interna; escolha de representantes; tempo de duração de seus órgãos; vetou as coligações partidárias em eleições proporcionais impedindo que Partidos menores cheguem ao Poder Político, limitando, em conseqüência, o pluralismo político; bem como restringindo o acesso aos recursos do fundo partidário apenas para os grandes Partidos, em evidente afronta a necessidade do fomento ao pluripartidarismo e à garantia de igualdade material partidária[60].

Nesse contexto, é possível pensar em um panorama simbólico[61] à normativa constitucional que regula os Partidos Políticos, bem como da legislação de regência, em desarmonia com a necessidade de estes observarem a pluralidade e o regime democrático, isto com a finalidade de obter a "lealdade das massas" por meio de "regras do silêncio [*gag rurles*]" que são procedimentos que simplesmente são "excluídos da discussão jurídico-política nos sistemas constitucionais democráticos", contudo, tais procedimentos, que levam a uma concepção privatística dos Partidos, são fracassados, a sociedade começa a questionar o próprio significado da ordem constitucional[62].

Tais circunstâncias levam, possivelmente, a "crítica generalizada do sistema de dominação encoberto pelo discurso constitucionalista", produzindo movimentos sociais questionadores, em razão de problemas de circularidade em prol de um sistema efetivamente democrático[63].

Em procedimentos simbólicos há o "estabelecimento de textos constitucionais (...) de exceção" que permitem que os detentores do

---

[60] "partindo-se de que a atividade constituinte (e reformadora) e o texto constitucional não estão associados a uma concretização normativo-jurídica relevante, representando antes formas especiais de ação político-simbólica, o próprio direito como sistema de regulação da conduta cai em descrédito; o público sente-se então, iludido; os atores político tornam-se 'cínicos'". NEVES, Marcelo. **A constitucionalização simbólica.** 3ª ed. São Paulo: Editora WMF Martins Fontes, 2011. p. 124.

[61] Utilizado como parâmetro o conceito de legislação simbólica de Marcelo Neves: "a nova legislação constituis apenas mais uma tentativa de apresentar o Estado como identificado com os valores ou fins por ela formalmente protegidos, sem qualquer novo resultado quando à concretização normativa, evidentemente estaremos diante de um caso de legislação simbólica". Ibid. p. 33

[62] Ibid. p. 124-125.

[63] Ibid. p. 126.

poder não sofram limitação da própria Constituição, "excluem os órgãos políticos supremos de qualquer limitação ou controle jurídico, ou porque ocorrem mudanças casuísticas na Constituição no sentido de impedir a invocação dos eventuais instrumento de controle"[64].

É possível pensar, portanto, que a autonomia partidária com o silêncio que ecoa da ausência de controle democrático, se configura em um procedimento simbólico, questionadamente amparado pela Constituição para garantir a lealdade das massas onde sequer há mecanismos democráticos para o debate[65]. Outrossim, a Emenda Constitucional 97/2017 nada mais fez do que aprofundar a impossibilidade de controle em matéria Partidária, com amplos reflexos no próprio sistema representativo.

Mas a problemática no Brasil vai além, para Marcelo Neves, o sistema político em um país periférico não atua como autopoiético à luz da Teoria dos Sistemas, mas sim como alopoiético, uma vez que tal sistema é invadido com critérios e elementos de outros sistemas sociais, como o sistema econômico baseado no ter/não ter, sendo o princípio da igualdade e de eleições democráticas "ilusões ideológicas (...) mecanismos de encobrimento de relações concretas de dominação", isso se agrava em países periféricos onde o poder econômico destrói a generalização de expectativas sociais em tornos dos procedimentos democráticos[66].

Assim, na modernidade periférica brasileira, a situação envolve problemas de funcionalidade, disfunção e funcionamento insuficiente[67]. Tais problemas acarretam falha de generalização de expectativas no ambiente social na medida em que se negligencia a correta seleção e aplicação dos programas constitucionais dirigidos a

---

[64] NEVES, Marcelo. op. cit. Nota 60. p. 148-149.

[65] "Tal situação pode estar vinculada à predominância de uma ideologia totalitária que elimine qualquer autonomia à esfera jurídica; mas é possível que esteja associada a interesses mais concretos de minorias privilegiadas, sem consistência 'ideológica'". Ibid. p. 149.

[66] Ibid. p. 174.

[67] "a primeira leva à generalização congruente de expectativas de comportamento adequada ao ambiente (...) disfunções surgem mediante o estabelecimento de institutos jurídicos inadequados (...) o último resulta da concretização insuficiente ou deficiente das normas jurídicas positivias" Id. op. cit. Nota 6. p. 215.

alterabilidade[68].

É que, segundo o autor, historicamente, no Brasil, as Constituições não serviram de amparo a seleção de programas adequados para atenuar as expectativas da sociedade por meio de uma comunicação efetiva. Assim, a "rápida urbanização e industrialização" não promoveram a Constituição como reconhecimento da sociedade para estabilizar expectativas, sendo que "para a maioria da população, ou seja, os subintegrados ou subcidadãos, os horizontes da ação e vivência permanecem muito distantes dos programas constitucionais"[69].

Assim, o sistema jurídico penetra no sistema político conferindo mecanismo jurídicos para realizar procedimentos políticos, como, por exemplo, os mecanismos previstos na Constituição para realização de eleições políticas, contudo há uma deformação no processo eleitoral quando o sistema econômico, por exemplo, se comunica com o sistema político, contaminando, e deformando, o procedimento regulado pelo direito.

Os "subintegrados" que são a maioria da população são manipulados "seus votos são transformados em bem de troca" em campanhas eleitorais de altos custos. O processo eleitoral, por si só, não se torna eficaz para descarregar as expectativas no sistema político uma vez que não depende apenas da votação dos eleitores, mas sim que critérios externos (econômicos) aos sistemas jurídico e político.[70]

Nesse sentido, é possível pensar que o código lícito/ilícito é subtraído indevidamente pelo código "poder/não poder" que, por sua vez, é subtraído indevidamente pelo código "ter/não ter", consistindo, portanto, em último grau, na apropriação indevida pelo sistema econômico do código "lícito/ilícito" para manter a dominação econômica assegurada pela própria Constituição da República.

Eis que, portanto, a combinação de tais códigos possibilita que o sistema político, regulado pelo sistema jurídico, seja invadido por mecanismos do sistema econômico garantidos, paradoxalmente, pelo sistema jurídico. São facilmente vistos na legislação brasileira mecanismos, regulados pelo direito, que permitem o acoplamento

---

[68] Cf. Ibid. p. 216-217.
[69] NEVES, Marcelo. op. cit. Nota 6. 218-219.
[70] NEVES, Marcelo. op. cit. Nota 6. p. 256.

entre o sistema econômico e o sistema político, deformando-o e desequilibrando-o, tais como:

(a) acesso a recursos do fundo partidário apenas aos Partidos que obtiverem nas eleições para a Câmara dos Deputados, no mínimo, 3% (três por cento) dos votos válidos, distribuídos em pelo menos um terço das unidades da Federação, com um mínimo de 2% (dois por cento) dos votos válidos em cada uma delas ou tiverem elegido pelo menos quinze Deputados Federais distribuídos em pelo menos um terço das unidades da Federação (art. 17, CRFB);

(b) distribuição desigual do Fundo Eleitoral em 35% entre os partidos que tenham pelo menos um representante na Câmara dos Deputados, na proporção do percentual de votos por eles obtidos na última eleição geral para a Câmara dos Deputados; 48% divididos entre os partidos, na proporção do número de representantes na Câmara dos Deputados; 15% divididos entre os partidos, na proporção do número de representantes no Senado Federal; e apenas 2% do total divididos igualitariamente entre todos os Partidos brasileiro. Fica evidente que a regra privilegia os grandes Partidos em afronta à própria pluralidade partidária (art. 16-D, Lei n.º 9.504/97);

(c) tempo de TV, que é custeado também com recursos públicos, destinado à propaganda eleitoral, sendo 90% distribuídos proporcionalmente ao número de representantes na Câmara dos Deputados; e 10% distribuídos igualitariamente (art. 47, §2º, da Lei n.º 9.504/97). Isso sem aprofundar o debate acerca das campanhas publicitárias dispendiosas e cinematográficas dos grandes partidos.

Assim, há uma deturpação no sistema constitucional: o código "lícito/ilícito" se transforma em "ter/não ter", que, por sua vez se transforma em "poder/não poder", e, em última instância, em "lícito/ilícito".

Perceba-se que, no modelo constitucional autopoiético, há o fluxo regulado pela Constituição entre códigos "lícito/ilícito" → "poder/não poder" → "lícito/ilícito", o que pode gerar circularidade para o próprio sistema constitucional.

. Contudo, no Estado brasileiro, são inseridos outros códigos nesta relação que, de forma significativa, desequilibra o sistema constitucional, a exemplo: "lícito/ilícito" → **"ter/não ter"** → "poder/não poder" → "lícito/ilícito".

Portanto, como dito por Marcelo Neves[71], no Brasil, há um sistema político alopoiético, onde há uma deturpação da circularidade, e, em consequência, uma maior complexidade no meio social, para manutenção do poder político numa alopoiese de dominação política, econômica e jurídica.

4 Considerações finais

A democracia e o pluralismo partidário são valores dos mais caros para a sociedade brasileira. A democracia não se encerra na votação de representantes eleitos, invade todas as searas da vida social garantindo a absorção do dissenso em uma sociedade plural. Ao garantir a absorção do dissenso, à luz da Teoria dos Sistemas, promove-se a circularidade no sistema político permitindo a abertura cognitiva com o meio externo (*output*), retornando (*input*), em conseqüência, em legitimação dos representantes eleitos.

É imprescindível, em uma sociedade cada vez mais complexa, que os detentores da prerrogativa constitucional de participação no sistema político representativo abram sua autonomia para abraçar os princípios democráticos e do pluralismo de idéias, constituindo-se em verdadeira arena para o dissenso gerando, em conseqüência, consenso no procedimento de escolha dos representantes. Do contrário, com o passar do tempo, o processo eleitoral que permitiu a legitimação dos representantes eleitos, ruirá na instabilidade das expectativas sociais, gerando, em conseqüência, intermitentes crises de legitimidade.

Assim, à luz da Teoria dos Sistemas de Niklas Luhmann, a autonomia partidária prevista no art. 17, §1º, da Constituição da República Federativa Brasileira não pode estar dissociada do *caput* do mesmo art. 17, que determina aos Partidos Políticos o resguardo, dentre outros princípios, do regime democrático, do pluralismo, e dos direitos fundamentais, como meio de manter a circularidade do sistema político.

Permitir, neste contexto, por meio da Emenda Constitucional 97/2017, a extinção de coligações partidárias proporcionais e o direcionamento dos vultosos recursos do fundo partidário e fundo eleitoral apenas a poucos Partidos Políticos que têm condições de cumprirem os requisitos do art. 17, §3º, I e II, da CRFB e art. 16-D,

---

[71] Cf. Nota 66.

Lei n.º 9.504/97, é conferir, por meio do código binário "lícito/ilícito", a utilização do código binário "poder/não poder" transmutado indevidamente no código analógico "ter".

Referências

BOBBIO, Noberto. **O futuro da democracia.** Tradução de Marco Aurélio Nogueira. 10ª ed. Rio de Janeiro: Paz e Terra, 2006.

BRASIL. Constituição da República Federativa do Brasil de 1988. **Diário Oficial da República Federativa do Brasil.** Brasília, 5 de out. 1988. Disponível em: https://www.planalto.gov.br/ccivil_03/Constituicao/Constitui %C3%A7ao.htm. Acesso em 24 abr. 2019.

______________. Lei n.º 9.504, de 30 de setembro de 1997. Estabelece normas para as eleições. **Diário Oficial da República Federativa do Brasil.** Brasília, 1 de out. 1997. Disponível em: http://www.planalto.gov.br/ccivil_03/leis/l9504.htm. Acesso em: 13 abr. 2020.

______________. Supremo Tribunal Federal. Ação Direta da Inconstitucionalidade n.º 2530 MC, Tribunal Pleno, Brasília, DF, 24 de abril de 2002. **Diário da Justiça de 21 de novembro de 2003,** vol. 233

CANOTILHO, José Joaquim Gomes. **Direito Constitucional e Teoria da Constituição.** 7ª ed. Coimbra: Edições Almedina, 2003.

COSTA, Adriano Soares da. **Instituições de direito eleitoral.** 9 ed. Belo Horizonte: Fórum, 2013.

DESCARTES. René. **Discurso sobre o método:** para bem conduzir a própria razão e procurar a verdade nas ciências. 2ª ed. Tradução de Jacob Guinsburg e Bento Prado Jr. São Paulo: Diefel – Difusão Européia do Livro, 1983.

HABERMAS, Jügen. **Direito e democracia:** entre a facticidade e validade. Vol. II. 2º Ed. Tradução de Flávio Beno Siebeneichler. Rio de Janeiro: Tempo Brasileiro, 2003.

LUHMANN, Niklas. **Introdução à teoria dos sistemas.** 2ª Ed. Petrópolis: Editora Vozes, 2010.

______________. **Legitimação pelo procedimento.** Tradução de Maria da Conceição Côrte-Real. Brasília: Editora Universidade de Brasília, 1980

___________. **Sistemas sociais: esboço de uma teoria geral.** Tradução de Antonio C. Luz Costa, Roberto Dutra Torres Júnior, Marco Antonio dos Santos Casanova. Petrópolis: Vozes, 2016.

___________. **Sociedade y sistema: la ambición de la teoria.** Tradução de Santiago López Petit e Dorothee Schmitz. Barcelona: Ediciones Paidós Ibérica. 1990.

___________. **Sociologia do Direito I.** Tradução de Gustavo Bayer. Rio de Janeiro: Edições Tempo Brasileiro, 1983.

NEVES, Marcelo. **A constitucionalização simbólica.** 3ª ed. São Paulo: Editora WMF Martins Fontes, 2011.

___________. **Constituição e direito na modernidade periférica:** uma abordagem teórica e uma interpretação do caso brasileiro. Tradução de Antonio Luz Costa. São Paulo: Editora WMF Martins Fontes, 2018.

___________. Do consenso ao dissenso. *In:* SOUZA. Jessé. (Org.). **Democracia hoje:** novos desafios para a teoria democrática contemporânea. Brasília: Editora Universidade de Brasília, 2001.

___________. **Entre Têmis e Leviatã:** uma relação difícil: o Estado Democrático de Direito a partir e além de Luhmann e Habermas. São Paulo: Martins Fontes, 2006.

___________. Justiça e diferença numa sociedade global complexa. *In:* SOUZA. Jessé. (Org.). **Democracia hoje:** novos desafios para a teoria democrática contemporânea. Brasília: Editora Universidade de Brasília, 2001.

.

O Simples Nacional em face da concepção de Constituição na obra *Constituição e Direito na Modernidade Periférica*

AENDRIA DE SOUZA DO CARMO MOTA SOARES

1 Introdução

Na obra "Constituição e Direito na Modernidade Periférica", publicada no Brasil em 2018, Marcelo Neves classifica o Brasil como integrante da sociedade periférica e detentor de uma Constituição simbólica que alterna entre o nominalismo e o instrumentalismo, sendo ineficiente ou inoperante na correção das desigualdades sociais e no atendimento das necessidades reais da massa da população, sendo prevalecente a vontade dos grupos econômicos e politicamente privilegiados.

Assim, para Marcelo Neves, as Constituições brasileiras, tanto na concepção originária, quanto na reformadora, não retratariam a vontade real do povo (massa da população), mas a vontade das elites econômicas e políticas e, dessa forma, não seriam eficientes para a promoção da justiça social e de um Estado de bem-estar social considerando, especialmente, a justiça social econômica.

Por outro lado, como o próprio autor declara no prefácio à edição brasileira, a obra "Constituição e Direito na Modernidade Periférica" decorre de seu doutorado, realizado na Alemanha entre os anos de 1987 a 1991, ou seja, no período em que a Constituição de 1988 teve seu texto debatido, promulgado e com início de concretude. Além disso, a obra sob comento foi elaborada numa perspectiva constitucional geral e teve suas conclusões baseadas em todas as Constituições brasileiras.

Entretanto, chegar-se-ia às mesmas conclusões do autor se analisada uma temática específica que está no cerne da discussão sobre igualdade, justiça social, livre iniciativa e trabalho humano, qual seja: a temática do Simples Nacional?

Vale destacar que a Constituição de 1988, que procurou conciliar os interesses econômicos liberalizantes com os interesses sociais atinentes a um Estado de bem-estar social, objetiva corrigir as desigualdades sociais e regionais, tendo por princípio norteador a dignidade da pessoa humana.

Em face do exposto, o objetivo deste estudo é analisar a temática do Simples Nacional a partir da Constituição de 1988, considerando tanto o texto originário quanto o hodierno, especialmente no que tange ao distanciamento ou incapacidade constitucional de corrigir ou minorar as desigualdades e promover a justiça social em face da obra "Constituição e direito na modernidade periférica".

Sobreleva pontuar que o Simples Nacional, instituído a partir da disposição contida na alínea "d", III do art. 146 da Constituição vigente, está inserido no contexto dos fundamentos e objetivos da República, bem como nos preceitos da Ordem Econômica, respectivamente consignados no art. 1º, III (dignidade da pessoa humana), IV (os valores sociais do trabalho e da livre inciativa); art. 3º, I (construir uma sociedade livre, justa e solidária), II (garantir o desenvolvimento nacional), III (erradicar a pobreza e a marginalização e reduzir as desigualdades sociais e regionais) e; no art. 170, incisos IV (princípio da livre concorrência), VII (princípio da redução das desigualdades regionais e sociais), IX (princípio do tratamento favorecido para as empresas de pequeno porte) e no art. 179 (tratamento diferenciado às empresas de pequeno porte). Além da previsão entre os fundamentos, objetivos e preceitos da Ordem Econômica constitucional, o Simples Nacional também tem por fundamento o princípio da igualdade, inserto no art. 5º, caput e no art. 150, II da Constituição de 1988.

Para consecução do objetivo acima consignado, este estudo, no primeiro tópico, abordará a concepção de Constituição de Marcelo Neves, na obra "Constituição e direito na modernidade periférica", direcionada à classificação e as características que o autor apresenta a respeito das Constituições brasileiras. No segundo tópico será analisado o Simples Nacional e seus consectários na perspectiva constitucional e em correlação com a concepção de Constituição de Marcelo Neves.

Ressalte-se que o propósito do presente artigo é apresentar o pensamento de Marcelo Neves numa perspectiva aplicada e comparada com a temática constitucional relativa ao Simples

Nacional em variadas perspectivas, tais como seus fundamentos, motivo de surgimento e destinatários, o que implica uma discussão que medeia o direito constitucional, o direito econômico e o direito tributário.

2 A concepção de Constituição na obra *Constituição e Direito na Modernidade Periférica* e a caracterização brasileira

Abordar a concepção de constituição exposta na obra "Constituição e direito na modernidade periférica" em correlação com específica temática da Constituição de 1988, como é a finalidade deste estudo, demanda a compreensão da definição de Constituição na referida obra.

No percurso traçado para apresentar sua concepção de Constituição, Marcelo Neves parte do sentido político-constitucional-social desse termo, afirmando sua ambiguidade e mudanças semânticas ao longo da história da humanidade, demonstrando que as discussões sobre o conceito de Constituição existem desde Aristóteles.

Essa regressão remota é realizada para demonstrar a alteração de sentido do termo Constituição conforme a mudança político-social no binômio tradição/modernidade, bem como a complexidade semântica que o termo alcançou, sem, contudo, perder seu caráter plurívoco.

Apesar da plurivocidade de conceitos atribuídos ao termo Constituição, Marcelo Neves declara poder se extrair deles quatro tendências fundamentais do sentido de Constituição, quais sejam:

a) sociológico, o qual, em razão do reducionismo à questão socioeconômica e da insuficiência da noção de relações factuais de poder como critérios definidores de Constituição, é rejeitado como concepção adequada de Constituição para o autor em referência;

b) jurídico-normativo, decorrente da Teoria Pura do Direito, pressupõe uma identificação do Ordenamento Jurídico estatal com o Estado, que se aproxima de um modelo ideal e não real de Constituição. Esse afastamento da realidade é a razão de Marcelo Neves não adotar esse sentido como apto a definir a concepção de Constituição;

c) ideal, oriundo do constitucionalismo decorrente das revoluções burguesas, traz em si o conteúdo de Estado

Constitucional, e, por conseguinte, o idealismo constitucional garantista de direitos fundamentais e da limitação do poder estatal. Por essa concepção ideal de Constituição, em razão de não realizar os direitos fundamentais, os Estados autoritários e totalitários não teriam uma Constituição, sendo, por esse motivo, essa concepção ideal de Constituição parcialmente aceita para formação da concepção de Constituição de Marcelo Neves. Isso porque esse autor nega a existência de Constituição somente nos Estados prémodernos, ou seja, nos Estados que são anteriores ao advento do constitucionalismo e não possuem uma Constituição escrita no sentido de positividade jurídica.

d) cultural-dialético, que se opõe às concepções unilaterais contidas nas acepções anteriores, mas propõe que a Constituição deva ser uma síntese dessas concepções unilaterais precedentes. Ainda segundo Marcelo Neves, a concepção cultural dialética contém vertentes diferenciadas que compreendem a noção de ser e dever-ser constitucionais, bem como a concepção de integração entre Estado e Ordem Jurídica, a qual resulta em uma concepção dinâmica entre norma e realidade, entre o ideal e o real. Ressalta o autor que na acepção cultural dialética

> as normas constitucionais (...) são as expectativas jurídico-normativas de comportamento especificamente filtrados pelos procedimentos decisórios constituintes e pelos de concretização constitucional. Não se trata de uma estrutura ideal de sentido em relações recíprocas com a realidade social, mas sim de um subsistema normativo-jurídico, o qual, de um lado, tem uma relativa autonomia e, de outro, encontra-se em relações permanentes e variadas com os sistemas sociais primariamente cognitivos, com os outros sistemas primariamente normativos e, especialmente com outras dimensões do sistema jurídico[1].

A partir dessa concepção cultural-dialética, a qual Marcelo Neves adere, ele constrói sua concepção sistêmico-teórico de constituição que abarca todo o sentido cultural-dialético transcrito em conjunto com a abordagem da sociologia jurídica de Luhmann.

Tendo em vista as teorias de Luhmann,[2] Marcelo Neves, registra

---

[1] NEVES, Marcelo. **Constituição e Direito na Modernidade Periférica**: uma abordagem teórica e uma interpretação do caso brasileiro. Tradução de Antônio Luz Costa. São Paulo: Martins Fontes, 2018, p. 64.

[2] Para vislumbrar a teoria luhmanniana veja o primeiro capítulo da obra "Constituição e direito na modernidade periférica". Tendo em vista que

que sua concepção de Constituição não teve por base o conceito político sociológico, "segundo o qual a Constituição estaria inserida no sistema político"[3], tampouco se trata da concepção luhmanianna de "Constituição como acoplamento estrutural entre política e direito"[4], sendo essas teorias utilizadas na medida em que não divergissem[5] da teoria sociológico-jurídica luhmanniana, "segundo a qual a Constituição faz parte do sistema jurídico como seu subsistema (direito constitucional)"[6].

Partindo do pressuposto dessas teorias, Marcelo Neves declara que "um dos pontos mais importantes da abordagem jurídico-sociológica luhmanniana é o de que a diferenciação funcional da sociedade moderna conduz à positivação do direito"[7], sendo essa positivação correspondente ao surgimento da Constituição no sentido moderno. Tendo em vista essa correspondência registrada entre positivação do direito e Constituição, o significado de positivação do direito e seus consectários são determinantes ao conceito de Constituição por ele formulado.

No que toca ao sentido de positivação do direito, Marcelo Neves, calcado em Luhmann, argumenta que a positividade ou a positivação do direito não se confunde com "o fato de as normas 'aparecerem' mediante legislação" [...], pois "a legislação já se encontra em civilizações antigas [...] Somente quando decidibilidade e alterabilidade tornam-se características principais do direito é que se

---

essa teoria não está contida no objeto do presente estudo, ela não será especificamente abordada.

[3] NEVES, Marcelo. **Constituição e Direito na Modernidade Periférica**: uma abordagem teórica e uma interpretação do caso brasileiro. Tradução de Antônio Luz Costa. São Paulo: Martins Fontes, 2018, p. 65.

[4] NEVES, Marcelo. **Constituição e Direito na Modernidade Periférica**: uma abordagem teórica e uma interpretação do caso brasileiro. Tradução de Antônio Luz Costa. São Paulo: Martins Fontes, 2018, p. 65.

[5] Nesse sentido o autor evidencia a aplicação da teoria do acoplamento estrutural em sua abordagem referente à relação entre o sistema jurídico, o sistema político, o econômico e o social e os subsistemas respectivos.

[6] NEVES, Marcelo. **Constituição e Direito na Modernidade Periférica**: uma abordagem teórica e uma interpretação do caso brasileiro. Tradução de Antônio Luz Costa. São Paulo: Martins Fontes, 2018, p. 62-65.

[7] NEVES, Marcelo. **Constituição e Direito na Modernidade Periférica**: uma abordagem teórica e uma interpretação do caso brasileiro. Tradução de Antônio Luz Costa. São Paulo: Martins Fontes, 2018, p. 66.

pode falar de positividade".[8]

Decidibilidade e alterabilidade são, assim, condição *sine qua non* à positividade ou positivação do direito. A decidibilidade se refere à decisão da entrada em vigor, da revogação ou da modificação de uma norma exclusivamente pelo sistema jurídico, por uma decisão de legiferação a partir das expectativas normativas vigentes. A alterabilidade ou possibilidade de alteração, que está atrelada e interdependente à decidibilidade, é necessária para a abertura futura do direito ante a uma sociedade complexa ou hipercomplexa[9] que sofre transformação rápida e contínua em seu ambiente.

Assim, decidibilidade e alterabilidade traz em seu cerne a não interferência na decisão jurídica por outros sistemas, conduzindo à conceituação da diferenciação do direito, que, por sua vez, "pode ser interpretada como controle do código-diferença 'lícito/ilícito' por um sistema funcional para isso especializado."[10]

Desses conceitos surge a noção de positividade como autodeterminação do direito, ou seja, um sistema jurídico que contém decidibilidade e alterabilidade se autodetermina. "Isso significa que a manutenção/alteração do sistema jurídico não resulta diretamente das determinações do ambiente[11], mas de seus próprios

---

[8] NEVES, Marcelo. **Constituição e Direito na Modernidade Periférica**: uma abordagem teórica e uma interpretação do caso brasileiro. Tradução de Antônio Luz Costa. São Paulo: Martins Fontes, 2018, p. 30-31.

[9] Sobre a caracterização da sociedade moderna, que contém as características de complexidade, hipercomplexidade e hipercontigência veja o primeiro capítulo da obra Constituição e direito na modernidade periférica.

[10] NEVES, Marcelo. **Constituição e Direito na Modernidade Periférica**: uma abordagem teórica e uma interpretação do caso brasileiro. Tradução de Antônio Luz Costa. São Paulo: Martins Fontes, 2018, p. 47.

[11] A utilização do termo ambiente, sistema e subsistema é uma referência à Luhmann e "trata-se da referência sistêmica do direito à sociedade como sistema social abrangente [...] e, ao mesmo tempo, como ambiente do sistema jurídico" na qual, "Sociedade é o sistema abrangente de todas as ações comunicativamente acessíveis umas para as outras (...) Em sociedades funcionalmente diferenciadas, a função de um subsistema exprime sua relação com o conjunto do sistema social." NEVES, Marcelo. **Constituição e Direito na Modernidade Periférica**: uma abordagem teórica e uma interpretação do caso brasileiro. Tradução de Antônio Luz Costa. São Paulo: Martins Fontes, 2018, p. 213.

critérios"[12].

Assim, para Marcelo Neves, "a positivação do direito na sociedade moderna implica, portanto, o controle do código-diferença 'lícito/ilícito' exclusivamente pelo sistema jurídico, o qual, desse modo, adquire seu fechamento operacional."[13], [14].

Em função desse fechamento operacional, a produção do direito não deve ocorrer em razão de "interesses econômicos, critérios políticos, representações éticas"[15], ou pela identificação com a religião, com a filosofia, com a moral etc, mas sim por sua normatividade a partir de seu código de diferenciação (lícito/ilícito), dentro da chamada autodeterminação[16] do direito.

Aliás, a não-identificação[17] do sistema jurídico com os sistemas

---

[12] NEVES, Marcelo. **Constituição e Direito na Modernidade Periférica**: uma abordagem teórica e uma interpretação do caso brasileiro. Tradução de Antônio Luz Costa. São Paulo: Martins Fontes, 2018, p. 41.

[13] NEVES, Marcelo. **Constituição e Direito na Modernidade Periférica**: uma abordagem teórica e uma interpretação do caso brasileiro. Tradução de Antônio Luz Costa. São Paulo: Martins Fontes, 2018, p. 47.

[14] A ideia de fechamento e abertura funcional é afeita à teoria dos sistemas de Luhmann, pela qual o sistema é fechado em si mesmo, mas aberto cognitivamente trocando conhecimentos com os demais sistemas (político, econômico, etc), mas sem sofrer interferências desses outros sistemas, se reproduzindo (autopoiese) mediante seu próprio código, no caso do direito, do código lícito/ilícito. Essa noção pode ser vislumbrada a partir dos capítulos primeiro, segundo e quinto da obra Constituição e direto na modernidade periférica.

[15] NEVES, Marcelo. **Constituição e Direito na Modernidade Periférica**: uma abordagem teórica e uma interpretação do caso brasileiro. Tradução de Antônio Luz Costa. São Paulo: Martins Fontes, 2018, p. 48.

[16] Como ensina Marcelo Neves, "A caracterização do direito como sistema autodeterminado é examinada no âmbito da teoria dos sistemas autorreferentes ou atopoiéticos. Pode se caracterizar um sistema, afirma Luhmann, como autorreferente, se ele, por si mesmo, constituir como unidades funcionais os elementos dos quais ele se compõe." NEVES, Marcelo. **Constituição e Direito na Modernidade Periférica**: uma abordagem teórica e uma interpretação do caso brasileiro. Tradução de Antônio Luz Costa. São Paulo: Martins Fontes, 2018, p. 41-42.

[17] O autor explica que "Uma Constituição que se identifica produz efeitos disfuncionais desdiferenciantes para o direito, na medida em que falta sintonização entre sistema jurídico subcomplexo e ambiente hipercomplexo. Nessa perspectiva, pode-se até mesmo acrescentar que uma

religioso, filosófico, moral, etc. é de extrema importância na concepção de Constituição de Marcelo Neves, tanto que o autor o nomina como princípio da não-identificação e condiciona sua presença à própria existência de positividade e de Constituição no sentido moderno, argumentando que a identificação é fenômeno próprio de sociedades pré-modernas, se admitindo, no muito, na sociedade moderna, uma não-identificação parcial que consiste numa insuficiente positividade, "comum nos países periféricos"[18]. A não-identificação e a desdiferenciação, nas constituições modernas são inerentes à institucionalização da divisão de poderes e dos direitos fundamentais.

Assim, Marcelo Neves reitera que "a positividade como autodeterminação do direito significa a exclusão de qualquer supradeterminação imediata do direito por outros sistemas sociais: política, economia, ciência, etc."[19], cabendo ao direito constitucional (ambiente da Constituição) o papel de previsão de critérios internos de legiferação e aplicação do direito, tendo a Constituição a tarefa de "substituir orientações externas, tais como as que o direito natural havia postulado".[20]

Na inexistência de uma Constituição juridicamente diferenciada na sociedade moderna tem lugar a "manipulação política arbitrária

---

Constituição que se identifica não é Constituição no sentido moderno, uma vez que, em virtude da 'identificação', não consiste em uma Constituição juridicamente diferenciada, mas em determinados princípios constitutivos supremos, que têm a pretensão de valer para todos os domínios ou mecanismos sociais." NEVES, Marcelo. **Constituição e Direito na Modernidade Periférica**: uma abordagem teórica e uma interpretação do caso brasileiro. Tradução de Antônio Luz Costa. São Paulo: Martins Fontes, 2018, p.71).

[18] NEVES, Marcelo. **Constituição e Direito na Modernidade Periférica**: uma abordagem teórica e uma interpretação do caso brasileiro. Tradução de Antônio Luz Costa. São Paulo: Martins Fontes, 2018, p. 65-72.

[19] NEVES, Marcelo. **Constituição e Direito na Modernidade Periférica**: uma abordagem teórica e uma interpretação do caso brasileiro. Tradução de Antônio Luz Costa. São Paulo: Martins Fontes, 2018, p. 67.

[20] NEVES, Marcelo. **Constituição e Direito na Modernidade Periférica**: uma abordagem teórica e uma interpretação do caso brasileiro. Tradução de Antônio Luz Costa. São Paulo: Martins Fontes, 2018, p. 67.

do direito, o que impede sua positivação."[21] A ausência de positivação leva ao comprometimento de validade da Constituição e do próprio direito na sua capacidade de auto-reprodução (autopoeiese) por meio de reformas constitucionais ou de produção de leis infraconstitucionais, comprometendo as expectativas normativas a partir do texto constitucional.

Assim, a concepção sistêmico-teórica de Marcelo Neves baseia-se na capacidade estrutural do sistema jurídico positivado de se reproduzir de forma desdiferenciada e não-identificada, sendo as expectativas normativas decorrentes da Constituição. Essas expectativas significam que todos se orientarão a partir da Constituição.

Para complementar seu conceito sistêmico-teórico, Marcelo Neves apresenta, ainda, a relação existente entre texto constitucional e realidade constitucional. Essa relação se refere especificamente "à concretização da norma constitucional, que nessa perspectiva, não se confunde com o texto constitucional. Sob esse novo ponto de vista o texto e a realidade constitucionais relacionam-se mediante a normatividade constitucional que se obtém no decurso do processo de concretização"[22].

Nesse processo de concretização da norma constitucional, carregado de complexidades decorrentes da dinâmica entre normatividade, linguagem e pragmática, a ausência de normatividade[23] ganha relevo, levando Marcelo Neves a introduzir a concepção de constituição ou constitucionalização simbólica, a qual "na perspectiva sistêmico-teórica, textos constitucionais simbólicos ou a constitucionalização simbólica são considerados sintomas de

---

[21] NEVES, Marcelo. **Constituição e Direito na Modernidade Periférica**: uma abordagem teórica e uma interpretação do caso brasileiro. Tradução de Antônio Luz Costa. São Paulo: Martins Fontes, 2018, p. 67.

[22] NEVES, Marcelo. **Constituição e Direito na Modernidade Periférica**: uma abordagem teórica e uma interpretação do caso brasileiro. Tradução de Antônio Luz Costa. São Paulo: Martins Fontes, 2018, p. 75.

[23] "não lhe correspondem normas constitucionais vigentes como expectativas de comportamento contrafaticamente estabilizadas e congruentemente generalizantes". NEVES, Marcelo. **Constituição e Direito na Modernidade Periférica**: uma abordagem teórica e uma interpretação do caso brasileiro. Tradução de Antônio Luz Costa. São Paulo: Martins Fontes, 2018, p. 82.

insuficiente positivação do direito: o direito não é suficientemente diferenciado para constituir um sistema autodeterminado."[24]

A presença de Constituição simbólica implica numa função não reflexiva[25] do sistema constitucional no sistema jurídico, ou seja, as normas jurídicas, tanto as constitucionais reformadoras como as infraconstitucionais[26] não são um reflexo da Constituição, consistindo a função desempenhada pela Constituição em uma função político-ideológica, ineficiente para a garantia da divisão de poderes e de direitos fundamentais, ou seja, de impossibilidade de realização de inclusão social e, por conseguinte, de impossibilidade de instituição de um Estado de bem-estar social.

Além desses pressupostos teóricos, oriundos da concepção cultural-dialética e da teoria luhmanniana de Constituição, as quais compõem a concepção sistêmico-teórica de Constituição de Marcelo Neves, tendo em vista um maior detalhamento das características constitucionais o autor apresenta uma reinterpretação da classificação ontológica de constituição de Karl Loewenstein, a qual trata "primariamente, da própria função (em sentido mais amplo) da atividade constituinte ou do texto constitucional, particularmente perante a realidade política"[27].

A análise ontológica de Karl Loewenstein, "refere-se à concordância das normas constitucionais com a realidade do

---

[24] NEVES, Marcelo. **Constituição e Direito na Modernidade Periférica**: uma abordagem teórica e uma interpretação do caso brasileiro. Tradução de Antônio Luz Costa. São Paulo: Martins Fontes, 2018, p. 86.

[25] A reflexão, como expõe Marcelo Neves, é uma referência do sistema que consiste na "relação do sistema consigo mesmo" (...) "distingue-se a reflexão como referência recursiva do sistema a si mesmo, à sua própria identidade, tanto da autorreferência de base (elementar) quanto da reflexividade (autorreferência processual)". NEVES, Marcelo. **Constituição e Direito na Modernidade Periférica**: uma abordagem teórica e uma interpretação do caso brasileiro. Tradução de Antônio Luz Costa. São Paulo: Martins Fontes, 2018, p. 163, 297.

[26] Registre-se que o conceito de normas infraconstitucionais parece ser um pouco mais elastecido para além das leis propriamente ditas, alcançando inclusive as decisões dos tribunais como integrantes da autodeterminação e da reflexão do sistema jurídico.

[27] NEVES, Marcelo. **Constituição e Direito na Modernidade Periférica**: uma abordagem teórica e uma interpretação do caso brasileiro. Tradução de Antônio Luz Costa. São Paulo: Martins Fontes, 2018, p. 89.

processo de poder. Conforme esse critério, distinguem-se as Constituições em normativas, nominalistas e semânticas"[28].

Normativas são as Constituições que tem por característica "a concordância com a realidade do processo de poder (...) o processo de poder adapta-se ou fica sujeito às normas da Constituição"[29]. Marcelo Neves alerta que essa concordância não é perfeita e não elimina as tensões existentes entre realidade e texto constitucional, pois "a distância da realidade é inerente à normatividade da Constituição".[30]

As Constituições normativas, segundo Marcelo Neves, são próprias das democracias da Europa ocidental e dos países da América do Norte, nelas ocorre a autorreprodução do direito pelo código lícito/ilícito, consistindo a constituição num subsistema diferenciado, com garantia dos direitos fundamentais inerentes a um Estado de bem-estar social.[31]

As constituições nominalistas, por seu turno, têm como característica "uma profunda discrepância entre 'normas constitucionais' e realidade social. O estado real das coisas não permite, ou ainda não permite a plena integração das normas constitucionais na dinâmica da vida política"[32]. Essas constituições padecem também da falta de "precondições sociais para a realização

---

[28] NEVES, Marcelo. **Constituição e Direito na Modernidade Periférica**: uma abordagem teórica e uma interpretação do caso brasileiro. Tradução de Antônio Luz Costa. São Paulo: Martins Fontes, 2018, p. 87.

[29] NEVES, Marcelo. **Constituição e Direito na Modernidade Periférica**: uma abordagem teórica e uma interpretação do caso brasileiro. Tradução de Antônio Luz Costa. São Paulo: Martins Fontes, 2018, p. 88.

[30] NEVES, Marcelo. **Constituição e Direito na Modernidade Periférica**: uma abordagem teórica e uma interpretação do caso brasileiro. Tradução de Antônio Luz Costa. São Paulo: Martins Fontes, 2018, p. 89.

[31] Marcelo Neves, no posfácio à obra Constituição e direito na modernidade periférica, elaborado quase uma década após essa afirmação, adverte que na contemporaneidade essa caracterização talvez não seja uma realidade integral de todos os países da Europa ocidental, tampouco dos países da América do Norte.

[32] NEVES, Marcelo. **Constituição e Direito na Modernidade Periférica**: uma abordagem teórica e uma interpretação do caso brasileiro. Tradução de Antônio Luz Costa. São Paulo: Martins Fontes, 2018, p. 88.

de seu conteúdo";[33] cumprem função simbólica como primordial e abrangente e "o texto constitucional não serve à mudança social, mas inversamente – na medida em que ele cumpre uma função ideológico-legitimadora (quer dizer, aqui, uma função-álibi[34]) - , à obstrução da via de transformação da sociedade."[35].

Segundo Marcelo Neves, a Constituição nominalista contém os modelos constitucionais relativos à garantia de direitos fundamentais, da divisão de poderes, eleições políticas e democráticas, tal como nas Constituições normativas. Contudo, nas Constituições nominalistas o objetivo não é

> no futuro próximo ou distante se tornar normativa na sua totalidade. Ao contrário: há muitos indicadores de que os detentores do poder e os grupos privilegiados não tenham interesse numa profunda reforma social. No entanto, o discurso do poder invoca o documento constitucional 'democrático', o reconhecimento dos diretos fundamentais, as eleições livres e democráticas, e assim por

---

[33] NEVES, Marcelo. **Constituição e Direito na Modernidade Periférica**: uma abordagem teórica e uma interpretação do caso brasileiro. Tradução de Antônio Luz Costa. São Paulo: Martins Fontes, 2018, p. 88.

[34] A função álibi é caracterizada por Marcelo Neves como integrante da Constituição simbólica. O autor apresenta como "conteúdo de legislação simbólica: a) reforçar valores sociais; b) demonstrar a capacidade de ação do Estado, c) adiar a solução de conflitos sociais mediante compromissos dilatórios. Sobretudo no caso do grupo b (legislação –álibi) tem significado para a constitucionalização simbólica nos países periféricos que adotam, formalmente, instituições democráticas. Trata-se também aqui da tentativa de criar confiança no governo ou no Estado, de 'dar a impressão de uma solução e não de normatizar problemas e relações sociais de maneira eficaz. A legislação-álibi em uma função preponderantemente ideológica: falta ao texto constitucional a sua aparente função jurídico-normativa; a linguagem constitucional serve, no plano pragmático, ao desencargo legitimador do sistema político perante a realidade que se desdobra no sentido contrário". NEVES, Marcelo. **Constituição e Direito na Modernidade Periférica**: uma abordagem teórica e uma interpretação do caso brasileiro. Tradução de Antônio Luz Costa. São Paulo: Martins Fontes, 2018, p. 83-84.

[35] NEVES, Marcelo. **Constituição e Direito na Modernidade Periférica**: uma abordagem teórica e uma interpretação do caso brasileiro. Tradução de Antônio Luz Costa. São Paulo: Martins Fontes, 2018, p. 92.

diante, como conquistas do governo ou do Estado.[36]

Sob a perspectiva de sua concepção sistêmico-teórico, no que toca à Constituições nominalistas, Marcelo Neves conclui que: "a Constituição nominalista implica insuficiente diferenciação do direito, quer dizer, sua deficiente positivação" [...] e não funciona satisfatoriamente nem como controle de comportamento nem como garantia de expectativa"[37]. Marcelo Neves aponta como consequências das Constituições nominalistas a insegurança jurídica e assimetrização, situando esse tipo de Constituição nos países periféricos, dentre os quais o Brasil.

Por fim, as Constituições semânticas são caracterizadas "pelo fato de que, embora sejam 'plenamente aplicadas e postas em funcionamento', 'tornaram-se instrumento para a estabilização e perpetuação do controle da comunidade pelos detentores fáticos do poder, em vez de servirem à limitação do poder político".[38]

Considerando que o termo semântica não guarda sentido com a principal característica desse tipo de Constituição, qual seja: ser utilizada como instrumento de dominação pelos detentores do poder, Marcelo Neves propõe alterar a denominação de semântica para instrumentalista, expondo que nesse tipo de Constituição "os detentores do poder utilizam os textos ou leis constitucionais como puros meios de imposição da dominação, sem estarem vinculados normativamente a esses dispositivos: os 'soberanos' dispõem dos instrumentos e podem reforma-los ou substituí-los sem nenhuma limitação jurídica"[39].

Nesse tipo de Constituição, segundo Marcelo Neves, o direito é integralmente subordinado à política, com total rejeição do

---

[36] NEVES, Marcelo. **Constituição e Direito na Modernidade Periférica**: uma abordagem teórica e uma interpretação do caso brasileiro. Tradução de Antônio Luz Costa. São Paulo: Martins Fontes, 2018, p. 92.

[37] NEVES, Marcelo. **Constituição e Direito na Modernidade Periférica**: uma abordagem teórica e uma interpretação do caso brasileiro. Tradução de Antônio Luz Costa. São Paulo: Martins Fontes, 2018, p. 92-94.

[38] NEVES, Marcelo. **Constituição e Direito na Modernidade Periférica**: uma abordagem teórica e uma interpretação do caso brasileiro. Tradução de Antônio Luz Costa. São Paulo: Martins Fontes, 2018, p. 88.

[39] NEVES, Marcelo. **Constituição e Direito na Modernidade Periférica**: uma abordagem teórica e uma interpretação do caso brasileiro. Tradução de Antônio Luz Costa. São Paulo: Martins Fontes, 2018, p. 94.

constitucionalismo, "com base no texto constitucional a política pode atuar ilimitadamente sobre o direito, inclusive com medidas retroativas. [...] há ausência de legalidade, isto é, de positividade do direito"[40].

Ademais, o texto constitucional pode conter a previsão de garantia dos direitos fundamentais, da divisão dos poderes e de eleições políticas, mas isso terá somente uma função simbólica, já que tanto no autoritarismo quanto no totalitarismo há uma direta desdiferenciação política do direito.[41]

Por fim, o autor declara que as Constituições instrumentalistas são próprias das "autocracias modernas, sejam em suas manifestações autoritárias ou totalitárias"[42], entendendo que em alguns momentos do desenvolvimento constitucional brasileiro o instrumentalismo foi a regra.

Por outro lado, Marcelo Neves ressalta que essas concepções são tipos-ideais, pois "na realidade social encontram-se diferentes graus de normatividade, nominalismos e instrumentalismo constitucional"[43]. O autor argumenta que tal como tipos-ideais em geral, empiricamente não são encontrados exatamente como formulados, mas apresentam elementos que podem ajudar a medir a realidade jurídico-constitucional, inclusive de países com uma "realidade histórica tão variada"[44], como o Brasil.

Ante a exposição e a análise desses elementos tem-se do conjunto que compõe a concepção sistêmico-teórica de Constituição de Marcelo Neves. A partir dessa concepção o autor realiza a

---

[40] NEVES, Marcelo. **Constituição e Direito na Modernidade Periférica**: uma abordagem teórica e uma interpretação do caso brasileiro. Tradução de Antônio Luz Costa. São Paulo: Martins Fontes, 2018, p. 96.

[41] NEVES, Marcelo. **Constituição e Direito na Modernidade Periférica**: uma abordagem teórica e uma interpretação do caso brasileiro. Tradução de Antônio Luz Costa. São Paulo: Martins Fontes, 2018, p. 95.

[42] NEVES, Marcelo. **Constituição e Direito na Modernidade Periférica**: uma abordagem teórica e uma interpretação do caso brasileiro. Tradução de Antônio Luz Costa. São Paulo: Martins Fontes, 2018, p. 88.

[43] NEVES, Marcelo. **Constituição e Direito na Modernidade Periférica**: uma abordagem teórica e uma interpretação do caso brasileiro. Tradução de Antônio Luz Costa. São Paulo: Martins Fontes, 2018, p. 96.

[44] NEVES, Marcelo. **Constituição e Direito na Modernidade Periférica**: uma abordagem teórica e uma interpretação do caso brasileiro. Tradução de Antônio Luz Costa. São Paulo: Martins Fontes, 2018, p. 159.

classificação das Constituições dos países periféricos, dentre os quais ele inclui o Brasil.

Marcelo Neves aduz que nos países periféricos[45] a regra é a presença de Constituições nominalistas e instrumentalistas, com uma patente "incapacidade do direito infraconstitucional de assegurar expectativas e regular condutas"[46].

Nesses países há uma assimetrização entre o texto constitucional e a realidade social decorrente, em grande medida, da origem de suas Constituições, que surgiram no âmbito de um processo de descolonização, em que a cópia de modelos constitucionais democráticos é a regra. Ou seja, nos países periféricos copia-se um modelo constitucional dissociado da estrutura social existente, o que "implica uma discrepância estrutural entre o texto constitucional posto e o vivenciar/agir jurídico da população".[47] Aliás, como aduz o autor, a imitação legislativa, especialmente de modelos constitucionais é a regra nos países periféricos, especificamente no Brasil.

Outra característica[48] marcante das Constituições dos países periféricos é a relativa ausência de garantia de direitos fundamentais sociais inerentes a um Estado de bem-estar social, embora, em regra, previstos no texto constitucional, pois "a estrutura social das sociedades periféricas não é, porém, compatível com as instituições do Estado de bem-estar social, sobretudo quando estas assumem a

---

[45] Para caracterização/diferenciação entre países periféricos e centrais, Marcelo Neves afasta o binômio tradição/modernidade, bem como a teoria da dependência e adota o critério econômico como caracterizador dos países periféricos. No que toca à constituições desses países ele utiliza todos os elementos que compõe sua concepção sistêmico-teórica de Constituição.

[46] NEVES, Marcelo. **Constituição e Direito na Modernidade Periférica**: uma abordagem teórica e uma interpretação do caso brasileiro. Tradução de Antônio Luz Costa. São Paulo: Martins Fontes, 2018, p. 125.

[47] NEVES, Marcelo. **Constituição e Direito na Modernidade Periférica**: uma abordagem teórica e uma interpretação do caso brasileiro. Tradução de Antônio Luz Costa. São Paulo: Martins Fontes, 2018, p. 128.

[48] Não se adentrará nas nuanças da caracterização dos países periféricos e suas respectivas constituições apresentadas por Marcelo Neves na obra Constituição e direito na modernidade periférica, restringindo-se à apresentação das características que afetam o objeto do presente estudo.

forma de direitos fundamentais no plano da Constituição"[49]. O autor conclui que "em relação aos países periféricos, a realização de normas constitucionais próprias do Estado de bem-estar social pressupõe, evidentemente, uma transformação social radical".[50]

Todas essas características dos países periféricos, Marcelo Neves enxerga no Brasil, argumentando que o país vive uma "alternância entre nominalismo e instrumentalismo constitucional"[51].

Com efeito, o autor declara que "a diferenciação da sociedade moderna e, portanto, a positivação do direito exigem a institucionalização dos direitos fundamentais."[52] Contudo, ao analisar as Constituições, o contexto social e político brasileiros e constatar o quadro de exclusão social de grande massa de população, ou seja, o "não funcionamento das Constituições brasileiras no plano do Estado de bem-estar social (problemática da exclusão)"[53], ele reafirma que é característica do "sistema jurídico positivo no Brasil sempre ter falhado tanto em sua função primária de generalização congruente de expectativas de comportamento (vigência) quanto na regulação da conduta (eficácia)."[54]

No que tange à Constituição de 1988, Marcelo Neves expõe que:

> com a elaboração da Constituição de 1988, completou-se a transição do instrumentalismo constitucional para um novo nominalismo constitucional. Não há até o momento uma

---

[49] NEVES, Marcelo. **Constituição e Direito na Modernidade Periférica**: uma abordagem teórica e uma interpretação do caso brasileiro. Tradução de Antônio Luz Costa. São Paulo: Martins Fontes, 2018, p. 138.

[50] NEVES, Marcelo. **Constituição e Direito na Modernidade Periférica**: uma abordagem teórica e uma interpretação do caso brasileiro. Tradução de Antônio Luz Costa. São Paulo: Martins Fontes, 2018, p. 138.

[51] NEVES, Marcelo. **Constituição e Direito na Modernidade Periférica**: uma abordagem teórica e uma interpretação do caso brasileiro. Tradução de Antônio Luz Costa. São Paulo: Martins Fontes, 2018, p. 211.

[52] NEVES, Marcelo. **Constituição e Direito na Modernidade Periférica**: uma abordagem teórica e uma interpretação do caso brasileiro. Tradução de Antônio Luz Costa. São Paulo: Martins Fontes, 2018, p. 166.

[53] NEVES, Marcelo. **Constituição e Direito na Modernidade Periférica**: uma abordagem teórica e uma interpretação do caso brasileiro. Tradução de Antônio Luz Costa. São Paulo: Martins Fontes, 2018, p. 167.

[54] NEVES, Marcelo. **Constituição e Direito na Modernidade Periférica**: uma abordagem teórica e uma interpretação do caso brasileiro. Tradução de Antônio Luz Costa. São Paulo: Martins Fontes, 2018, p. 166.

perspectiva segura para a realização do Estado de direito democrático sugerido pelo documento constitucional"[55].

[...]

"a abrangente declaração dos direitos fundamentais, bem como os generosos dispositivos constitucionais característicos de um Estado de bem-estar social podem ser qualificados como belas fachadas"[56].

A abordagem das Constituições brasileiras na obra sob comento se concentra nas questões relativas à formação dos textos constitucionais; às eleições (questões políticas); à revoluções e/ou golpes de Estado; à divisão/interferência entre os poderes; à garantia dos direitos fundamentais, abordando a situação de exclusão social de grande massa de população que não tem acesso à direitos fundamentais básicos e; à relação entre todos esses elementos.

Assim, de uma forma geral, não há uma abordagem específica e direta na obra "Constituição e direito na modernidade periférica" da Ordem Econômica e Tributária nacionais. Ao abordar a Constituição de 1988, no entanto, o autor é mais detalhista com outras questões, tecendo breves comentários sobre as questões constitucionais relativas à matéria ambiental, à trabalhista e a alguns preceitos da Ordem Econômica, especificamente, aduzindo que "manifestam-se tendências protecionistas e nacionalistas"[57], no que se refere à previsão dos arts. 170, IX, 171 e 176, relatando a dura crítica sofrida nos debates constituintes a eles referentes.

Contudo, como Marcelo Neves declara no prefácio à obra, a mesma foi elaborada entre 1987 e 1991 e, desde então, muita coisa mudou no sistema jurídico e social do Brasil. Aliás, os dispositivos relativos à Ordem Econômica mencionados pelo autor já foram

---

[55] NEVES, Marcelo. **Constituição e Direito na Modernidade Periférica**: uma abordagem teórica e uma interpretação do caso brasileiro. Tradução de Antônio Luz Costa. São Paulo: Martins Fontes, 2018, p. 208.
[56] NEVES, Marcelo. **Constituição e Direito na Modernidade Periférica**: uma abordagem teórica e uma interpretação do caso brasileiro. Tradução de Antônio Luz Costa. São Paulo: Martins Fontes, 2018, p. 209.
[57] NEVES, Marcelo. **Constituição e Direito na Modernidade Periférica**: uma abordagem teórica e uma interpretação do caso brasileiro. Tradução de Antônio Luz Costa. São Paulo: Martins Fontes, 2018, p. 207.

profundamente modificados (art. 170, IX, 176) ou revogados (art. 171, 192, §3º).

Em razão do lapso temporal existente entre a elaboração da obra (1987-1991) e a publicação no Brasil (2018), Marcelo Neves elaborou o posfácio da obra, no qual reafirmou a condição nominalista da Constituição de 1988, ressaltando, dentre outras questões que: "as condições de um constitucionalismo periférico, no qual os pressupostos não constitucionais da Constituição estão ausentes, ainda perduram no Brasil, havendo atualmente probabilidade de agravamento da situação social".[58]

Entretanto, inclusive no posfácio à obra, a abordagem que Marcelo Neves realiza é uma abordagem geral, ampla, considerando a mudança radical do contexto social, normativo, político e econômico brasileiros.

Mas, se analisados temas específicos da Constituição de 1988, como o Simples Nacional, ou seja, uma análise parcial da Constituição, chegar-se-ia a mesma conclusão de permanência das características das Constituições periféricas, tais como o simbolismo constitucional e a imitação de modelos jurídicos de países centrais ou, ainda, se confirmaria que não se alterou, com possibilidade de agravamento, a situação de exclusão em determinadas camadas que consistem em grande massa de população? Ou seja, será que não se alterou parcialmente, no que se refere à Ordem Econômica, a situação de nominalismo para normativismo a partir da alterabilidade do texto constitucional de 1988? Para refletir sobre isso passa-se ao exame do Simples Nacional, disposição decorrente de disposição reformadora da Constituição de 1988 e inovadora a cargo de norma infraconstitucional.

3 O Simples Nacional e a Constituição de 1988

O denominado Simples Nacional, que consiste num regime especial e favorecido de tributação, de âmbito nacional, aplicável às microempresas e às empresas de pequeno porte que por ele optarem, para apurarem, lançarem e recolherem os tributos que a lei

---

[58] NEVES, Marcelo. **Constituição e Direito na Modernidade Periférica**: uma abordagem teórica e uma interpretação do caso brasileiro. Tradução de Antônio Luz Costa. São Paulo: Martins Fontes, 2018, p. 405.

instituidora menciona, mediante uma sistemática unificada, inclusive para obrigações acessórias. Essa sistemática submete a União, os Estados, o Distrito Federal e os Municípios e decorre de norma inserida na Constituição de 1988 em 2003, a qual tem por fundamento norma originária do texto constitucional de 1988, atinente às políticas públicas referentes às microempresas e às empresas de pequeno porte.

Assim, no que tange ao Simples Nacional, é no âmbito das discussões acerca das políticas públicas destinadas às micro e pequenas empresas que deve ser averiguado o caráter simbólico e/ou nominalista da Constituição de 1988, bem como à capacidade de reflexão e autoprodução constitucional tendente à correção das desigualdades sociais (exclusão).

O tratamento especial e favorecido às microempresas e às empresas de pequeno porte surgiu no cerne de uma grave crise econômica, pela qual passava o Brasil, no final do regime militar. Para conter essa crise foi instituída, em 1979, uma política de desburocratização[59] no cerne do II Plano Nacional de Desenvolvimento (PND), o qual

> procura consolidar um modelo econômico-social baseado numa economia moderna de mercado, num forte conteúdo social, num pragmatismo reformista, nos campos econômico e social, e numa orientação de nacionalismo positivo voltada para assegurar a execução de estratégia nacional de desenvolvimento, realizando o equilíbrio entre capital nacional e estrangeiro, e garantindo, na articulação com a economia internacional, a consecução das metas do País[60].

Nessa perspectiva, o ex-Ministro Hélio Beltrão deu início à política nacional de desburocratização[61], tendo como "ponto alto [...]

---

[59] Nesse sentido veja: REQUIÃO, Rubens. **Curso de Direito Comercial**. 29. ed. São Paulo: Saraiva, 2010, v. I.

[60] FONSECA, João Bosco Leopoldino da. **Direito econômico**. 5. ed. Rio de Janeiro: Forense, 2005, p. 392.

[61] Existiam normas esparsas anteriores, mas elas não tendiam a uma sistematização, tampouco a um tratamento diferenciado a todas as micro e pequenas empresas que atuassem no território nacional, tal como se viu no programa de desburocratização. Nesse sentido veja: CUNHA, Carlos Renato; ESTEVES, João Luiz Martins. O tratamento tributário diferençado

sua investida para livrar as empresas comerciais, industriais ou civis, de regulamentos e portarias, que nada impediam as fraudes. Daí dar à publicidade, para debate público, um projeto de lei chamado de Estatuo das Microempresas."[62]

O motivo de se voltar as atenções às microempresas decorria do fato de elas estarem no centro das questões sociais e econômicas imprescindíveis ao desenvolvimento pretendido pelo Estado brasileiro, tais como: necessidade de descentralização econômica; alta informalidade; elevada utilização de mão de obra; elevada sonegação fiscal; morte constante das empresas que integravam esse porte empresarial; impossibilidade de concorrer com as médias e grandes empresas; incapacidade financeira dessas empresas de atender às exigências legais onerosas, principalmente de ordem tributária.

Esses eventos geravam também outros problemas que repercutiam fortemente na dignidade humana, no mercado de trabalho e na vida econômica e social do país, tais como: impossibilidade de assegurar direitos trabalhistas; baixa concorrência comercial, o que não contribuía para a evolução de novas tecnologias e não gerava os benefícios ordinários ao consumidor; ausência de acesso aos direitos previdenciários e a demais políticas públicas pelos trabalhadores do setor e redução ou ausência de arrecadação tributária. Assim, "impunha-se, de fato, enfrentar os problemas do comércio e da indústria de pequeno porte."[63]

Por outro lado, encontrar um caminho que resolvesse esses problemas que afetavam às micro e pequenas empresas implicava, além de atingimento dos objetivos do II PND, em cumprimento dos preceitos da Ordem Econômica consignados no art. 157 da Constituição de 1967, concernentes à liberdade de iniciativa; à valorização do trabalho humano; à dignidade humana e ao desenvolvimento econômico.

Nesse sentido, foi publicado, em 14 de abril de 1980, o Decreto-

---

às microempresas e às empresas de pequeno porte e a ordem econômica na Constituição da República de 1988. **Scientia Iuris**, Londrina, v. 20, n. 3, p.292-323, nov. 2016 e REQUIÃO, Rubens. **Curso de Direito Comercial**. 29. ed. São Paulo: Saraiva, 2010, v. I.

[62] REQUIÃO, Rubens. **Curso de Direito Comercial**. 29. ed. São Paulo: Saraiva, 2010, v. I, p. 86.

[63] REQUIÃO, Rubens. **Curso de Direito Comercial**. 29. ed. São Paulo: Saraiva, 2010, v. I, p. 87.

Lei nº 1.780 que instituiu a isenção do Imposto de Renda para micro e pequenas empresas[64], sendo considerada como tal a empresa que obtivesse determinado limite de receita bruta.

Adite-se que diversos são os critérios para enquadramento em determinado porte empresarial[65], mas "as leis fiscais têm utilizado, preponderantemente, o critério econômico relativo ao faturamento da empresa."[66] Esse critério econômico adotado pelo Decreto-Lei nº 1.780, desde então, para fins tributários, jamais foi alterado, permanecendo na normativa atual que caracteriza as micro e pequenas empresas, a partir de determinada receita bruta, além de impor outros critérios.

Em 27 de novembro de 1984 foi instituída a Lei nº 7.256, que estabeleceu normas integrantes do Estatuto da Microempresa, relativas ao tratamento diferenciado, simplificado e favorecido, nos campos administrativo, tributário, previdenciário, trabalhista, creditício e de desenvolvimento empresarial, normatizando esse tratamento no âmbito da legislação federal.

Assim, o tratamento tributário diferenciado e favorecido no Brasil não surge por norma expressa da Constituição vigente, já que a Constituição de 1.967 não continha essa determinação, mas sim de forma indireta, dentro da perspectiva dos motivos de surgimento do próprio tratamento diferenciado, dos princípios gerais da Ordem Econômica e em razão da realidade socioeconômica da época.

Embora essa norma, tal qual o Dec.-Lei 1.780 que lhe antecedera, tratasse da questão no âmbito federal, seus efeitos foram muito positivos tanto na perspectiva econômica quanto social, motivo pelo

---

[64] Já havia sido concedida isenção de Imposto de Renda para empreendimentos menores, mas o escopo dele não se localizava numa política pública com os propósitos constantes no programa de desburocratização, no que tange às micro e pequenas empresas.

[65] Oportuno esclarecer que as pesquisas anuais sobre emprego da mão de obra em razão do porte empresarial são realizadas com base no número de trabalhadores empregados a partir do relatório anual do Cadastro Geral de Empregados e Desempregados-CAGED, pois o critério do faturamento não é capaz de transmitir essa informação. Veja a critério de classificação conforme a mão de obra empregada em: BRASIL. SEBRAE. Análise do CAGED – Janeiro/2019. Brasília: SEBRAE.

[66] PETTER, Lafayete Josué. **Princípios Constitucionais da Ordem Econômica.** São Paulo: RT, 2005, p. 264.

qual os debates acerca do tratamento favorecido ganhava contornos de verdadeiro fundamento ou princípio econômico norteador nacional, verificando-se uma elevada normatização no âmbito Estadual e Federal para instituição desse tratamento.

Assim, os debates acerca do tratamento diferenciado e favorecido às micro e pequenas empresas, que culminou no Simples Nacional, principia no âmbito da Constituição brasileira de 1967, no cerne de uma realidade econômica e social nacional que clamava por essa normativa, o que, na classificação de Marcelo Neves, poder-se-ia considerar que não se trataria de Constituição simbólica, tampouco instrumentalista, pelo menos a partir do surgimento da normativa infraconstitucional.[67]

Pois bem, com o fim do regime militar brasileiro, foi enviada, em 28 de junho de 1985, proposta de Emenda à Constituição para convocação de Assembleia Nacional Constituinte, convocada para 1º de janeiro de 1987 e instalada em 1º de fevereiro de 1987, resultando na Constituição de 1988, a qual, segundo José Afonso da Silva "tem influência das Constituições portuguesa de 1976 e espanhola de 1978, fecundou-se no clima da alma do povo, por isso não se tornou, como outras, uma mera constituição emprestada ou outorgada. Não tem cheiro de Constituição estrangeira como tinham as de 1891 e 1934"[68]. Ou seja, para esse autor, a Constituição de 1988 não se tratava de uma cópia de modelos constitucionais estrangeiros, sendo genuinamente brasileira no atendimento da vontade de seu povo, principalmente no que tange à previsão dos direitos sociais.

A Constituição de 1988 é também chamada de Constituição cidadã, porque coloca o homem e sua valorização em primeiro plano:[69] "o homem é o problema da sociedade brasileira: sem salário,

---

[67] A Constituição de 1967 é caracterizada como instrumentalista por Marcelo Neves, na obra Constituição e direito na modernidade periférica, mas o autor faz uma abordagem geral, considerando a divisão de poderes, eleições democráticas, direito à voto e exclusão social e aqui se aborda um tema específico.

[68] LIMA; João Alberto O.; PASSOS, Edilenice; NICOLA, João R. **A gênese do texto da Constituição de 1988**. Brasília: Senado Federal, 2013, v. I- prefácio de José Afonso da Silva, p. xxvi.

[69] Marcelo Neves reconhece a farta previsão de direitos sociais próprias de um Estado de bem estar na Constituição de 1988, mas, considerando a falta de condições sociais de sua concretude é que ele os denomina de fachada e caracteriza a Constituição de 1988 como nominalista. Por outro lado,

analfabeto, sem saúde, sem casa, portanto, sem cidadania."[70] Em razão dessa diretiva foi que a Ordem Econômica da Constituição de 1988, desde o primeiro texto apresentado à Assembleia Nacional Constituinte, previu como fundamento da Ordem Econômica a valorização do trabalho humano, a livre iniciativa, a dignidade e a justiça social e, como princípio, a livre concorrência, a defesa do consumidor e o tratamento favorecido de diferenciado à micro e pequenas empresas, dentre outros.

Com efeito, esse tratamento favorecido e diferenciado foi contemplado como princípio da Ordem Econômico desde o primeiro projeto constituinte, estando presente em todos os substitutivos.

No entanto, não se pode olvidar do contexto e da ideologia adotada referente ao momento em que o tratamento favorecido às micro e pequenas empresas ingressaram no Ordenamento Jurídico brasileiro, tampouco que os atores daquele contexto participaram da formação do texto constitucional de 1988, ou seja, o contexto e a ideologia de proteção ao capital nacional. Isso porque essa perspectiva nacionalista e protecionista foi inserida nesse tratamento favorecido e diferenciado.

A proposta constituinte de 1988 apresentou como princípio da Ordem Econômica o tratamento favorecido e diferenciado de micro e pequenas empresas nacionais, sendo considerada nacional a empresa que fosse constituída sob as leis brasileiras, cujo controle decisório e de capital pertencesse a brasileiros. Após os substitutivos e as modificações de cada turno de votação,[71] o que resultou foi a

---

Marcelo Neves somente endossava o coro dos que acreditavam que os ditames da Ordem Econômica não seriam concretizados, pois esse entendimento era expressado também por ministro do Supremo Tribunal Federal que assim se pronunciou: "Pela tônica nos direitos sociais, nas regras a respeito da ordem econômica e nas novas garantias constitucionais, os críticos consideravam a nova Constituição inviável". KOERNER, Andrei; FREITAS, Lígia Barros de. O supremo na constituinte e a constituinte no supremo. Lua Nova, São Paulo, 88: 141-184, 2013. p. 10.

[70] LIMA; João Alberto O.; PASSOS, Edilenice; NICOLA, João R. **A gênese do texto da Constituição de 1988**. Brasília: Senado Federal, 2013. v. II, mensagem de Ulysses Guimarães.

[71] Veja o texto dos substitutivos e suas emendas em cada votação e até a redação final em LIMA; João Alberto O.; PASSOS, Edilenice; NICOLA,

previsão de aplicação desse princípio somente às empresas de capital nacional nos termos do art. 170, IX cc art. 171, sendo essa restrição, como menciona Marcelo Neves, fortemente criticada, pois consistia em protecionismo estatal[72].

Eros Roberto Grau[73] também relata que a restrição ao capital nacional provocou intensos debates, mas que essa previsão teve por mira uma real e extrema necessidade de promoção da base tecnológica e científica incipiente no país, a qual deveria ser desenvolvida a partir do interesse nacional e que também era objetivada pela proposição do art. 218 na Constituição de 1988.

Por outro lado, esse autor salienta que, embora a Constituição de 1988, em uma análise sistemática, abarque a proteção ao mercado, no dispositivo que trata especificamente dessa proteção (art. 219) não se vê uma assecurabilidade do mercado nacional, mas tão somente seu incentivo, sendo interessante que o legislador constitucional se detivesse na formulação de empresa brasileira já constante da legislação infraconstitucional existente.[74] Ademais, não se tinha no Brasil, pelo menos de forma considerável, empresas estrangeiras de pequeno e micro porte e que a inserção da natureza do capital foi objeto de barganha.

Washington Peluso Albino de Souza[75], também salienta a necessidade da promoção de empresas de capital nacional para a consecução de desenvolvimento econômico real, em especial da necessária promoção de tecnologia nacional. Contudo, esse autor também reconhece que já existia norma infraconstitucional disciplinando o conceito de empresa nacional e que a questão relativa à restrição do tratamento favorecido ao capital nacional se referia a

---

João R. **A gênese do texto da Constituição de 1988**. Brasília: Senado Federal, 2013, p. 299.

[72] NEVES, Marcelo. **Constituição e Direito na Modernidade Periférica**: uma abordagem teórica e uma interpretação do caso brasileiro. Tradução de Antônio Luz Costa. São Paulo: Martins Fontes, 2018, p. 207.

[73] Eros Roberto Grau. **A Ordem Econômica na Constituição de 1988**. ed. 14. São Paulo: Malheiros, 2010.

[74] Destaca-se que a lei federal nº 7.256/1984 não fazia a distinção entre capital nacional e estrangeiro, concedendo o tratamento diferenciado a qualquer empresa que atendesse seus requisitos, cujo critério de qualificação era a receita bruta anual.

[75] SOUZA, Washington Peluso Albino de. **Teoria da Constituição Econômica**. Belo Horizonte: Del Rey, 2002.

uma questão ideológica.

Contudo, com o advento do neoliberalismo e da globalização[76], após sete anos de vigência da Constituição de 1988, essa restrição ao capital nacional foi revogada[77] por meio da Emenda Constitucional nº 06 de 1995[78], provocando a alteração do art. 170, IX e a revogação do art. 171, dentre outros dispositivos constitucionais que também abordavam o capital nacional. Assim, se se enxergava simbolismo e nominalismo na Constituição de 1988 por esse viés, ele deixara de existir com essa modificação do texto constitucional.

No que tange, especificamente, ao tratamento diferenciado que a União, os Estados e os Municípios deveriam conceder às micro e

---

[76] Conforme se verifica da proposta de Emenda à Constituição relativa à retirada do qualificativo de capital nacional que resultou na revogação do art. 171 e modificação do inciso IX do art. 170, dentre outros dispositivos relativos ao capital nacional, realmente era a globalização e neoliberalismo o norte, veja: Exposição de motivos nº 37 – Presidência da República (Ministros de Estado Nelson A. Jobim; Pedro Malan; José Serra; Reinhold Stephanes; Luis Carlos Bresser Pereira; Raimundo Brito); fundamentos: a) aperfeiçoamento do texto constitucional; b) conjunto de alterações necessárias à viabilização da retomada do desenvolvimento econômico e social do país; c) a discriminação ao capital estrangeiro perdeu sentido no contexto de eliminação da reservas de mercado, maior interrelação entre as economias e necessidade de atrair capitais estrangeiros para complementar a poupança interna (BRASIL. Emenda Constitucional nº 6, de 1995).

[77] Considerando o objeto desse estudo, aqui não se fará nenhum comentário acerca da adequabilidade ou não da retirada desse critério constitucional, mas, registre-se que não são poucos os entendimentos tanto pelo acerto quanto pelo desacerto dessa medida, para tanto veja: Eros Roberto Grau. **A Ordem Econômica na Constituição de 1988**. ed. 14. São Paulo: Malheiros, 2010 e SOUZA, Washington Peluso Albino de. **Teoria da Constituição Econômica**. Belo Horizonte: Del Rey, 2002.

[78] Conforme se verifica da tramitação na Câmara e no Senado, a proposta teve uma grande aceitabilidade da maioria dos parlamentares, com voto em separado e consistente de alguns argumentando equívoco de se retirar o condicionante do capital nacional do texto constitucional, dentre outros, contudo a proposta já principia com a seguinte mensagem do relator: Deputado Ney Lopes – 03/03/1995: "Embora nos seja vedado opinar quanto ao mérito, permitimo-nos apenas registrar desde logo nossa solidariedade das medidas propostas, com as quais nos identificamos desde logo, por serem essenciais na busca de novos caminhos para o progresso e o desenvolvimento econômico e social do Brasil".

pequenas empresas, previsto como princípio no inciso IX, do art. 170 cc art. 179 da Constituição de 1988, ao se analisar os textos em votação na Assembleia Nacional Constituinte, não se verifica divergências ou alterações de conteúdo, pois desde o processo originário até a redação final se teve somente ajuste de redação. Aliás, o art. 179 permanece inalterado até o momento e o art. 170, IX foi modificado apenas no que diz respeito à qualificação empresarial, ou seja, retirada do termo capital nacional e inclusão do que já se tinha em normas infraconstitucionais.

Conforme expõe Washington Peluso Albino de Souza[79] as divergências quanto a previsão constitucional do tratamento diferenciado e favorecido foram encontradas na doutrina jurídica, mas não tinha grande vulto, pois somente alguns poucos autores "chegaram a considerar 'heresia jurídica econômica incompreensível', a ponto de indagarem se não se tratava de 'dispositivo constitucional inconstitucional'".

A ausência de modificações substanciais nos substitutivos da Assembleia Nacional Constituinte, bem como a ausência de árduos debates relativos ao tratamento diferenciado e favorecido às micro e pequenas empresas em si, previsto como princípio da Ordem Econômica no art. 170, IX e obrigatório a todos os entes que compõem a federação pelo art. 179, justifica-se a partir dos fundamentos variados desse tratamento, os quais compõem o todo da Constituição, seja no tocante aos fundamentos e objetivos da República, consignados no art. 1º, III, IV e art. 3º, I, II III, bem como no contexto do princípio da igualdade (art. 5º, *caput* e art. 150, II), ou ainda, em correlação com os demais princípios e fundamentos da Ordem Econômica, em especial, o princípio da concorrência, a valorização do trabalho humano e a livre inciativa[80]. Isso porque:

a) "As micro e pequenas empresas representam 99% das empresas no país, sendo responsáveis por 27% do Produto Interno

---

[79] SOUZA, Washington Peluso Albino de. **Teoria da Constituição Econômica**. Belo Horizonte: Del Rey, 2002.

[80] No sentido desse tratamento favorecido e diferenciado estar fundamentado em todos esses preceitos constitucionais veja a decisão do STF proferida nos autos da ADI n. 1.643 em que foi relator o Min. Maurício Corrêa, j. 5.12.2002, DJ, 14.3.2003 e Brasil. Supremo Tribunal Federal. ADI nº. 4.033, relator Min. Joaquim Barbosa, j. 5.9.2010, DJe 7. 2.2011.

Bruto (PIB) e mais da metade dos empregos formais"[81]. Aliás, enquanto as micro e a pequenas empresas são geradoras de postos de trabalho formal, as médias e grandes empresas caminham em sentido oposto[82], assim seu tratamento favorecido está diretamente correlacionado à valorização do trabalho humano e à higidez do sistema econômico nacional; b) "a descentralização de atividades industriais em unidades menores que funcionam com relativa autonomia e certo grau de liberdade é, em muitas situações, representada por pequenas empresas. Na relação pequeno-grande aumenta-se o grau de eficiência"[83], evitando-se assim a concentração econômica que não é desejada como regra pelo Ordenamento Jurídico brasileiro; c) "exercem no contexto da economia papel mais versátil e próximo do consumidor do que o desempenhado por grandes estruturas empresariais"[84] d) Em razão de sua diminuta capacidade econômica não sobreviveriam à concorrência das médias e grandes empresas em situações idênticas e têm maior dificuldade de acesso ao crédito, atendendo sua norma diferenciada à igualdade material, ao princípio da livre concorrência e da livre inciativa[85].

No âmbito internacional, especialmente nos países centrais, esses

---

[81] Fundação Getúlio Vargas. 10 anos do Simples Nacional. Cadernos FGV Projetos. Dezembro 2016, ano 11, n° 29. Editorial, p. 3

[82] Conforme se verifica dos relatórios do CAGED, a cada ano esse fato tem se agravado. Os dados já coletados em 2019 retratam que: "Em janeiro de 2019, os pequenos negócios geraram 60,7 mil empregos formais celetistas, sustentando uma vez mais a geração de empregos na economia. As médias e grandes empresas começaram o ano registrando extinção líquida de 25,7 mil empregos. Somando-se a esses saldos o da Administração Pública, constatamos que, em janeiro/2019 foram gerados um total de 34,3 mil empregos no país". BRASIL. SEBRAE. Análise do CAGED – Janeiro/2019. Brasília: SEBRAE, 2019. p. 3.

[83] PETTER, Lafayete Josué. **Princípios Constitucionais da Ordem Econômica**. São Paulo: RT, 2005, p. 265.

[84] PETTER, Lafayete Josué. **Princípios Constitucionais da Ordem Econômica**. São Paulo: RT, 2005, p. 264.

[85] Nesse sentido veja: CUNHA, Carlos Renato; ESTEVES, João Luiz Martins. O tratamento tributário diferençado às microempresas e às empresas de pequeno porte e a ordem econômica na Constituição da República de 1988. **Scientia Iuris**, Londrina, v. 20, n. 3, p.292-323, nov. 2016 e PETTER, Lafayete Josué. **Princípios Constitucionais da Ordem Econômica**. São Paulo: RT, 2005.

conforme a classificação de Marcelo Neves, o tratamento diferenciado e favorecido contém a mesma relevância e cumpre os mesmos fins dos objetivados no Brasil.

Nesse sentido, José Casalta Nabais sustenta que as micro e pequenas empresas "constituem 99% do tecido empresarial da União Europeia, sendo que nove em cada dez de tais empresas constituem microempresas"[86], aduzindo que esse porte empresarial está no cerne do desenvolvimento da União Europeia, implementa a concorrência, a descentralização econômica e promove a ocupação de mão de obra, razão pela qual o Tratado da União Europeia prevê exceção à restrição de concessões de benefícios fiscais pelos Estados membros. Nesse sentido, o Estado português, país no qual o autor foca sua análise, possui diversas normas voltadas ao tratamento favorecido e diferenciado às micro e pequenas empresas.

Sob o mesmo fundamento e objetivo do direito brasileiro e do direito europeu encontra-se a previsão dos países asiáticos, os quais, porém elevam esse tratamento favorecido ao parâmetro de "mito fundador" ou "vontade coletiva nacional", como relata Mauro Oddo Nogueira[87]. O que, fazendo uma analogia com Marcelo Neves, poderia ser interpretado como normativismo constitucional.

Essa vontade coletiva nacional resulta em maior eficiência das políticas públicas voltadas às micro e pequenas empresas e a ausência de questionamentos judiciais sobre os mesmos, o que, infelizmente no Brasil é o oposto, pois os benefícios relativos ao Simples foram veementemente questionados nos tribunais, como se observa do julgamento da ADI nº 4.033, em que foi relator o Min. Joaquim Barbosa, j. 5.9.2010, DJe 7.2.2011, e da ADI nº 1.643 em que foi relator o Min. Maurício Corrêa, j. 5.12.2002, DJ, 14.3.2003. Ainda segundo Mauro Oddo Nogueira, essa ausência de uma vontade coletiva nacional brasileira relativa ao tratamento favorecido às micro e pequenas empresas não quer dizer propriamente algo de negativo, mas simplesmente um produto ou efeito da cultura nacional.

---

[86] NABAIS, José Casalta. O Regime Fiscal das Pequenas e Médias Empresas (PME). **Cadernos do Programa de Pós-Graduação em Direito–PPGDir./UFRGS**, v. 11, n. 2, p.46-76, 2016, p. 49

[87] NOGUEIRA, Mauro Oddo. Uma análise contextual das políticas públicas voltada para as empresas de pequeno porte no Brasil. **Texto para discussão nº 2233 – IPEA**. Brasília: IPEA, 2016.

Diante da relevância nacional e internacional do tratamento favorecido e diferenciado à micro e pequenas empresas, por que a Constituição de 1988 possibilitou o surgimento do Simples Nacional somente em 2003? Seria em razão de nominalismo, simbolismo e/ou ausência de autodeterminação do direito? Aliás, a normativa nacional do Simples Nacional consiste em cópia de modelos dos países centrais?

A resposta a essas indagações está afeita à falta de compreensão e de maturidade jurídica da temática do simples nacional no ambiente nacional, bem como à ausência de compreensão dessa temática em face da especificidade do sistema jurídico-constitucional brasileiro.

O Brasil não inovou ao atribuir tratamento diferenciado e favorecido às micro e pequenas empresas[88], mas seu sistema tributário, como soe ocorrer por todo o mundo, tem especificidades que impactam gravemente a temática do Simples Nacional.[89] Embora o código tributário brasileiro represente, em grande parte, uma cópia do código alemão, o sistema tributário brasileiro decorre primeiro da Constituição de 1988, que estabeleceu um regime tributário diferenciado em associação com a divisão de competências oriunda da divisão de poderes (regime federativo) que é tipicamente brasileira.

Assim, qualquer previsão legislativa que afete essas competências, como é o caso do tratamento tributário diferenciado instituído pelo Simples Nacional, adentrará nas competências constitucionais tributárias e afetará a autonomia dos entes federativos[90].

---

[88] CUNHA, Carlos Renato; ESTEVES, João Luiz Martins. O tratamento tributário diferençado às microempresas e às empresas de pequeno porte e a ordem econômica na Constituição da República de 1988. **Scientia Iuris, Londrina,** v. 20, n. 3, p.292-323, nov. 2016.

[89] No sentido de especificidades do sistema nacional frente o tratamento diferenciado da micro e pequenas empresas veja as particularidades do Sistema Português e no âmbito da União Europeia em NABAIS, José Casalta. **O Regime Fiscal das Pequenas e Médias Empresas (PME).** Cadernos do Programa de Pós-Graduação em Direito–PPGDir./UFRGS, v. 11, n. 2., p.46-76, 2016.

[90] CARRAZA, Roque Antônio. **Curso de Direito Constitucional Tributário.** ed. 27. São Paulo: Malheiros, 2011.

Nesse ponto, enquanto a Constituição de 1967 permitia à União conceder benefícios fiscais de tributos de competência de outros Estados da Federação, o que é doutrinariamente denominado de isenções heterônomas, a Constituição de 1988 traz vedação a essa prática no art. 151, III, ou seja, a União não pode, a partir da Constituição de 1988, conceder tratamento diferenciado referente à tributos Estaduais e Municipais, incluindo o Distrito Federal. Assimilar essa compreensão é fundamental para a instituição de um regime diferenciado e favorecido de tributação de âmbito nacional e efetivamente se concretizar o art. 170, IX e 179, ou seja, é preciso a produção de uma norma genuinamente nacional, voltada para o contexto jurídico constitucional brasileiro.

Entretanto, é nessa compreensão que residiu a dificuldade de implantação imediata do Simples Nacional, isso porque, quando foi questionada a não regulamentação do art. 179 da Constituição de 1988, por meio do Mandado de Injunção nº 73, o Supremo Tribunal Federal decidiu pela "Inexistência, no caso, de falta de regulamentação do artigo 179 da Constituição Federal, por permanecer em vigor a Lei 7.256/84."[91]

Ocorre que, a lei nº 7.256/84 além de se aplicar somente ao âmbito federal, não instituía uma forma ampla de simplificação da sistemática tributária, empresarial e creditícia por todos os entes da federação, como determina o art. 179, da Constituição. Assim, o Supremo Tribunal Federal parece não ter compreendido a intersecção entre a Ordem Econômica e Tributária e a divisão de poderes (competência e autonomia).

Em seguida foi editada a lei nº 8.864/1994, que não trouxe avanços sobre a temática. Posteriormente foi editada a lei nº 9.317/96 que dispôs sobre o regime tributário das microempresas e das empresas de pequeno porte e instituiu o Sistema Integrado de Pagamento de Impostos e Contribuições das Microempresas e das Empresas de Pequeno Porte – SIMPLES. Essa norma, denominada Simples Federal, instituindo um sistema integrado de recolhimento, representou um grande avanço da matéria e foi o embrião para a futura sistemática do Simples Nacional, contudo, em função do regime federativo, não foi efetiva no âmbito nacional, por não poder, por determinação constitucional, se imiscuir nas normas tributárias

---

91 Brasil. Supremo Tribunal Federal - STF, Tribunal Pleno, MI 73/DF, Rel. Min. Moreira Alves, j. 07 dez. 1944, DJ 19 dez. 1994, p. 35-77.

dos Estados e Municípios. Em 1999 foi editada a lei n° 9.841 que instituiu o Estatuto das micro e pequenas empresas, revogando as Leis n° 7.256/84 e 8.864/94, vigendo em conjunto com a Lei n° 9.317/96.

No período de vigência dessas normas federais, Estados e Municípios também instituíram seus próprios tratamentos diferenciados, o que gerava confusão, ausência de uniformidade, insegurança jurídica e mais atenção às burocracias, tudo refletindo em impacto oneroso para as micro e pequenas empresas.

Pois bem, a partir dessa longa maturação e tendo em vista a integralidade do Sistema Constitucional encontrou-se a alternativa adequada ao Ordenamento Jurídico brasileiro, qual seja: estabelecer a competência da União para disciplinar normas gerais relativas ao tratamento favorecido e especial às micro e pequenas empresas, o que ocorreu por meio da Emenda Constitucional n° 42/2003[92], que assim estabeleceu:

> Art. 146. Cabe à lei complementar:
>
> III - estabelecer normas gerais em matéria de legislação tributária, especialmente sobre:
>
> d) definição de tratamento diferenciado e favorecido para as microempresas e para as empresas de pequeno porte, inclusive regimes especiais ou simplificados no caso do imposto previsto no art. 155, II, das contribuições previstas no art. 195, I e §§ 12 e 13, e da contribuição a que se refere o art. 239.
>
> Parágrafo único. A lei complementar de que trata o inciso III, d, também poderá instituir um regime único de arrecadação dos impostos e contribuições da União, dos Estados, do Distrito Federal e dos Municípios, observado que:
>
> Parágrafo único. A lei complementar de que trata o inciso III, d, também poderá instituir um regime único de arrecadação dos impostos e contribuições da União, dos Estados, do Distrito Federal

---

[92] A Emenda Constitucional n° 42/2003, também chamada de minirreforma tributária, consignou diversas modificações do texto constitucional. A análise da proposição e dos substitutivos conduz à conclusão que, em relação a inserção da alínea d, no inciso III do art. 146 não ocorreu controvérsias relevantes, mantendo-se o texto final inalterado desde a proposição. Para uma análise da tramitação na Câmara e no Senado veja: BRASIL. Emenda Constitucional n° 42, de 2003.

e dos Municípios, observado que:

I - será opcional para o contribuinte;

II - poderão ser estabelecidas condições de enquadramento diferenciadas por Estado;

III - o recolhimento será unificado e centralizado e a distribuição da parcela de recursos pertencentes aos respectivos entes federados será imediata, vedada qualquer retenção ou condicionamento;

IV - a arrecadação, a fiscalização e a cobrança poderão ser compartilhadas pelos entes federados, adotado cadastro nacional único de contribuintes.

Observe-se que o art. 146, III, "d", está contido no título VI da Constituição de 1988, intitulado "Da Tributação e do Orçamento" e tem por objeto expresso o princípio constante do inciso IX do art. 170 e o preceito do art. 179, ambos integrantes da Ordem Econômica constitucional, contida no título VII da Constituição de 1988, intitulado "Da Ordem Econômica e Financeira", sendo o inalterado art. 179[93] decorrente da redação originária da Constituição de 1988, e o inciso IX do art. 170, parcialmente originário[94], pois sofreu alteração em 15 de agosto de 1995 pela EC n° 6, a qual, também revogou o art. 171 da Constituição de 1988, como já analisado neste estudo. Assim, a temática que originalmente estava contida expressamente na Ordem Econômica, com o aprendizado constitucional passou a integrar dois subsistemas constitucionais

---

[93] "Art. 179. A União, os Estados, o Distrito Federal e os Municípios dispensarão às microempresas e às empresas de pequeno porte, assim definidas em lei, tratamento jurídico diferenciado, visando a incentivá-las pela simplificação de suas obrigações administrativas, tributárias, previdenciárias e creditícias, ou pela eliminação ou redução destas por meio de lei".

[94] "Art. 170. A ordem econômica, fundada na valorização do trabalho humano e na livre iniciativa, tem por fim assegurar a todos existência digna, conforme os ditames da justiça social, observados os seguintes princípios: IX - ~~tratamento favorecido para as empresas brasileiras de capital nacional de pequeno porte.~~ IX - tratamento favorecido para as empresas de pequeno porte constituídas sob as leis brasileiras e que tenham sua sede e administração no País. (Redação dada pela Emenda Constitucional n° 6, de 1995)."

(econômico e tributário).

Por outro lado, a disposição do inciso, III, alínea d, do art. 146 da Constituição de 1988 consigna todas as complexidades e alternativas que eram obstáculos à normativa nacionalmente uniforme do tratamento favorecido e diferenciado às micro e pequenas empresas, ou seja, de efetivação do inciso IX do art. 170 e do art. 179 da Constituição de 1988.

Assim, estavam instalados os pressupostos constitucionais para instituição do Simples Nacional, o que ocorreu a partir da edição da Lei Complementar n° 123/2006, a qual inseriu[95] no Ordenamento Jurídico infraconstitucional, regramento diferenciado e favorecido, a partir da determinação de "apuração e recolhimento dos impostos e contribuições da União, dos Estados, do Distrito Federal e dos Municípios, mediante regime único de arrecadação, inclusive obrigações acessórias[96]", trazendo também isenção de tributo federal relevante para a perspectiva dos micro e pequenos empreendimentos.

Assim, a normativa do Simples Nacional foi implementada a partir das normas, das decisões judiciais e do cenário econômico e social nacional no decurso do tempo. A modificação da Constituição que culminou com a edição da Lei Complementar n° 123/2006, dessa forma, decorreu de aprendizado constitucional, de se olhar o próprio sistema jurídico constitucional e se reproduzir.

Essa capacidade do sistema de aprender consigo mesmo, nessa temática, parece ser inerente à autoprodução e à reflexão do sistema

---

[95] Inserido no sentido de promulgação e publicação, já que a LC 123/2006 teve *vacatio legis* diferida e progressiva, conforme suas diversificadas matérias. Em relação ao Simples Nacional (regime especial de tributação) a vigência ocorreu a partir de 1° de julho de 2007, conforme o art. 88 da lei.

[96] A LC n° 123/2006, instituiu o Estatuto Nacional da Microempresa e da Empresa de Pequeno Porte, traçando, nos termos da Constituição de 1988 (art. 146, III, d; art. 170, IX e art. 179), um tratamento específico e diferenciado amplo, que abrange além da questão tributária propriamente dita (Simples Nacional), as questões relativas ao Direito Empresarial (registro, abertura, encerramento, obrigações empresariais escriturárias e contabilísticas, etc.); às licitações públicas (preferências, etc.); questões previdenciárias (forma e valor contributivo, etc.) e trabalhistas (quantitativo de empregados, etc). Entretanto, em razão de o objeto do presente estudo ser o Simples Nacional na perspectiva predominantemente constitucional não se abordou as outras temáticas constantes da lei.

constitucional na perspectiva de Marcelo Neves, que afasta o caráter simbólico e nominalista.

4 Conclusão

Analisada a concepção de constituição de Marcelo Neves na obra "Constituição e direito na modernidade periférica", pode-se afirmar que ela tem por base o contexto social, político e econômico em face do texto constitucional. As classificações de Constituição que o autor realiza em simbólica, normativista, instrumentalista e nominalista se situam nessa perspectiva e consideram uma perspectiva geral que tem por foco de análise a divisão de poderes, a eleição política democrática e a garantia de direitos fundamentais sociais num Estado de bem-estar social.

Assim, quando o autor realiza as classificações das constituições brasileiras, baseou-se nesses parâmetros e, por enxergar constituições brasileiras em períodos de autoritarismo as classificou como simbólicas e instrumentalistas. Da mesma forma o fez quando classificou as constituições brasileiras como simbólicas e nominalistas, identificando como tais as constituições brasileiras cujo texto constitucional está dissociado da realidade, não se reproduz conforme o padrão do direito e não promove a garantia de direitos fundamentais sociais próprios de um Estado de bem-estar.

A Constituição de 1988 foi classificada como simbólica e nominalista por Marcelo Neves, pois em seu entendimento os direitos fundamentais sociais nela previstos constituem uma fachada em razão de não se ter condições sociais de concretização. Direitos sociais que, inclusive integram a Ordem Econômica, na qual está inserido o substrato do Simples Nacional, qual seja: o tratamento diferenciado e favorecido às micro e pequenas empresas.

Ao se analisar o Simples Nacional pode-se afirmar que essa temática está inserida na realização concreta de direitos fundamentais sociais, pois são as que mais geram postos de trabalhos no Brasil, promovem a concorrência e seus benefícios consequentes ao consumidor, provocando efeitos diretos na situação econômica do país e nos direitos previdenciários e sociais de todos os que nesse porte empresarial labutam, especialmente da massa de população (mais da metade da mão de obra nacional labora nas micro e pequenas empresas, as remunerações são medianas, como regra, por se tratar de micro e/ou pequenos negócios).

O regime diferenciado e especial de tributação denominado Simples Nacional, correlacionado com a concepção de Constituição de Marcelo Neves proporcionou a reflexão relativa aos motivos pelos quais esse regime foi objeto de norma infraconstitucional somente em 2006, por meio da Lei Complementar nº 123, com o escopo de se aferir se isso ocorreu em razão de efetiva constitucionalização simbólica inserida numa constituição nominalista de seu fundamento, qual seja: o princípio do tratamento especial e favorecido às micro e pequenas empresas constantes no art. 170, IX da Constituição de 1988, oponível a todos os entes políticos, nos termos do art. 179.

A partir das análises realizadas pode-se concluir que a edição da Lei Complementar nº 123 somente em 2006, como fruto da Emenda Constitucional nº 42/2003, decorreu de aprendizado e maturidade da temática no âmbito nacional, com produção da norma jurídica em razão da realidade e da necessidade jurídico-constitucional, como uma forma de autorreprodução e reflexão do direito. Ou seja, o oposto do nominalismo constitucional.

Por outro lado, a análise das propostas e substitutivos da Assembleia Nacional Constituinte, bem como a Emenda Constitucional nº 42/2003, no que se refere especificamente ao tratamento especial e favorecido às micro e pequenas empresas, não foi objeto de árduos debates e substanciais resistências, embora esteja direcionado aos micro e pequenos negócios, ou seja, não se dirigindo a fazer prevalecer os interesses diretos de elites econômicas.

Assim, analisada a concepção de Constituição de Marcelo Neves na perspectiva da temática específica do Simples Nacional pode-se afirmar que, exclusivamente neste ponto, a Constituição de 1988 não se classifica como simbólica e nominalista.

Referências bibliográficas

BRASIL. Constituição BRASIL. Constituição (1988). **Constituição da República Federativa do Brasil, 1988**. Disponível em:< http://www.planalto.gov.br/ccivil_03/Constituicao/Constituic ao.htm.> Acesso em: 22 fev. 2019.

BRASIL. **Emenda Constitucional nº 42, de 19 de dezembro de 2003**. Altera o Sistema Tributário Nacional e dá outras providências. <http://www.stf.jus.br/portal/cms/verTexto.asp?servico=bibliotecaConsultaProdutoBibliotecaPec&pagina=principal>. Acesso em: 20 fev. 2019.

BRASIL. **Emenda Constitucional nº 6, de 15 de agosto de 1995**. Altera o inciso IX do art. 170, o art. 171 e o § 1º do art. 176 da Constituição Federal. Disponível em: <http://www.stf.jus.br/arquivo/biblioteca/pec/1995/6/ec6.html>. Acesso em: 30 jan. 2019.

BRASIL. **Lei Complementar Nº 123, de 14 de dezembro de 2006**. Institui o Estatuto Nacional da Microempresa e da Empresa de Pequeno Porte. Disponível em: <http://www.planalto.gov.br/ccivil_03/leis/lcp/Lcp123.htm>. Acesso em: 20 jan. 2019.

BRASIL. **SEBRAE**. Análise do CAGED – Janeiro/2019. Brasília: SEBRAE.

Brasil. Supremo Tribunal Federal. **ADI nº. 1.643**, relator Min. Maurício Corrêa, j. 5.12.2002, DJ. 14.3.2003.

Brasil. Supremo Tribunal Federal, Tribunal Pleno, **MI 73/DF**, Rel. Min. Moreira Alves, j. 07 dez. 1944, DJ 19 dez. 1994, p. 35-77.

Brasil. Supremo Tribunal Federal. **ADI nº. 4.033**, relator Min. Joaquim Barbosa, j. 5.9.2010, DJe 7 fev. 2011.

CARRAZA, Roque Antônio. **Curso de Direito Constitucional Tributário**. ed. 27. São Paulo: Malheiros, 2011.

CUNHA, Carlos Renato; ESTEVES, João Luiz Martins. O tratamento tributário diferençado às microempresas e às empresas de pequeno porte e a ordem econômica na Constituição da República de 1988. **Scientia Iuris**, Londrina, v. 20, n. 3, p.292-323, nov. 2016.

Eros Roberto Grau. **A Ordem Econômica na Constituição de 1988**. ed. 14. São Paulo: Malheiros, 2010.

FONSECA, João Bosco Leopoldino da. **Direito econômico**. 5. ed. Rio de Janeiro: Forense, 2005.

Fundação Getúlio Vargas. 10 anos do Simples Nacional. Cadernos FGV Projetos. Dezembro 2016, ano 11, nº 29. Editorial.

KOERNER, Andrei; FREITAS, Lígia Barros de. O supremo na constituinte e a constituinte no supremo. **Lua Nova**, São Paulo, 88: 141-184, 2013.

LIMA; João Alberto O.; PASSOS, Edilenice; NICOLA, João R. **A gênese do texto da Constituição de 1988**. Brasília: Senado

Federal, 2013.

NABAIS, José Casalta. **O Regime Fiscal das Pequenas e Médias Empresas** (PME). **Cadernos do Programa de Pós-Graduação em Direito - PPGDir./UFRGS**, v. 11, n. 2., p.46-76, 2016.

NEVES, Marcelo. **Constituição e Direito na Modernidade Periférica**: uma abordagem teórica e uma interpretação do caso brasileiro. Tradução de Antônio Luz Costa. São Paulo: Martins Fontes, 2018.

NOGUEIRA, Mauro Oddo. Uma análise contextual das políticas públicas voltada para as empresas de pequeno porte no Brasil. Texto para discussão nº 2233 – IPEA. Brasília: IPEA, 2016.

PETTER, Lafayete Josué. **Princípios Constitucionais da Ordem Econômica.** São Paulo: RT, 2005.

REQUIÃO, Rubens. **Curso de Direito Comercial**. 29. ed. São Paulo: Saraiva, 2010, v. I.

SANTOS, Anselmo Luís dos; KREIN, José Dari; CALIXTRE, André Bojikian (org.). Micro e pequenas empresas: mercado de trabalho e implicação para o desenvolvimento, Rio de Janeiro: IPEA, 2012.

SOUZA, Washington Peluso Albino de. **Teoria da Constituição Econômica**. Belo Horizonte: Del Rey, 2002.

Parte III

Discussões de gênero a partir de Marcelo Neves: o problema da exclusão na modernidade periférica

Discriminação negativa contra a mulher na prestação jurisdicional como corrupção sistêmica do direito

JANAYNA NUNES PEREIRA

Introdução

O sistema judicial brasileiro foi historicamente construído como androcêntrico, a partir de uma perspectiva masculina. Nesse processo, as mulheres foram relegadas a um papel passivo e não protagonista de suas identidades, como reflexo da estrutura social vigente, o que ensejou a consequente consolidação de uma visão patriarcal pelas instituições que o compõem.

Segundo Vera Regina Pereira de Andrade[1], o sistema de justiça brasileiro expressa e reproduz dois grandes tipos de violência estrutural da sociedade: a violência das relações sociais capitalistas (a desigualdade de classes) e a violência das relações sociais patriarcais (traduzidas na desigualdade de gênero), recriando os estereótipos inerentes a estas desigualdades, e, assim, estabelecendo um controle social, seletivo e desigual sobre as mulheres.

Neste sentido, o sistema brasileiro duplicaria a violência exercida contra as mulheres[2]. A passagem da vítima mulher ao longo do controle social formal acionado pelo sistema de justiça criminal implicaria, nesta perspectiva, na vivência de uma cultura da discriminação, da humilhação e da estereotipia mediante o aparato do poder estatal. Uma violência institucional na qual as instituições seriam utilizadas como mecanismo público integrativo do controle feminino, reforçando o controle patriarcal (a estrutura e o simbolismo de gênero), criminalizando mulheres em algumas situações específicas e por, soberanamente, reconduzindo-as ao

---

[1] ANDRADE, Vera Regina Pereira de. *A soberania patriarcal*: o sistema de justiça criminal no tratamento da violência sexual contra a mulher, 2005, p. 75-76

[2] ANDRADE, Vera Regina Pereira de. *Sistema penal máximo x cidadania mínima*. Porto Alegre: Livraria do Advogado, 2003, p. 81-124

lugar da vítima[3].

Nas últimas duas décadas, estudos sócio-políticos[4], realizados nesta mesma perspectiva, apontaram implicações similares e reforçaram a persistência de visões sexistas pela Justiça brasileira na atualidade. Juristas apontam pronunciamentos de juízes e desembargadores, no exercício de suas funções jurisdicionais, que abrigam toda sorte de pré-conceitos contra mulheres em detrimento de razões jurídicas[5]. Igualmente e reiteradamente, a imprensa e os movimentos sociais denunciam decisões judiciais com argumentações expressamente discriminatórias contra mulheres no Brasil, evidenciando que ainda são julgadas por seu gênero e consequente condicionamento moral[6].

Considerando a existência de referidas decisões, o presente estudo se destina a analisar a discriminação negativa contra a mulher na prestação jurisdicional como corrupção sistêmica do direito, sob uma perspectiva teórica de Marcelo Neves.

1 Princípio constitucional da igualdade e a discriminação

A soberania do povo alimenta a inserção contínua dos mais diversos valores, interesses e exigências presentes na esfera pública pluralista nos procedimentos do Estado Democrático de Direito, tornando-se fator de reciclagem permanente do Estado em face das novas situações e possibilidades como condição básica e indispensável de sua heterolegitimação em uma sociedade

---

[3] ANDRADE, Vera Regina Pereira de. *A soberania patriarcal*: o sistema de justiça criminal no tratamento da violência sexual contra a mulher, 2005, p. 87-89.

[4] IZUMINO, Wânia Pasinato. Violência contra a mulher no Brasil: acesso à Justiça e construção da cidadania de gênero, 2004; ALMEIDA, Frederico Normanha Ribeiro de. *A nobreza togada*: as elites jurídicas e a política da Justiça no Brasil, 2010.

[5] DIAS, MARIA BERENICE. *A mulher é vítima da justiça*, 2000; PANDJIARJIAN, Valéria. *Os estereótipos de gênero nos processos judiciais e a violência contra a mulher na legislação*, 2003; BORGES, Clara Maria Roman, LUCCHESI, Guilherme Brenner. *O machismo no banco dos réus uma análise feminista crítica da política criminal brasileira de combate à violência contra a mulher*, 2015.

[6] LISBOA, Sílvia; GONZÁLEZ Letícia. *Justiça machista*: brasileiras são condenadas pelo crime e pelo gênero, 2018.

sistematicamente hipercomplexa, eticamente heterogênea e politicamente pluralista[7].

Em tal contexto, o princípio da igualdade enquanto instituição destinada a neutralizar as desigualdades no âmbito dos exercícios dos direitos, a partir da integração ou acesso igualitário aos procedimentos jurídico-políticos[8], passa ser condição cogente ao Estado Democrático de Direito. Do ponto de vista sistêmico, o acesso igualitário aos procedimentos implica na neutralização de desigualdades fáticas na consideração jurídico-política de pessoas e grupos, desde que na esfera púbica pluralista, as diferenças sejam recíprocas e simetricamente respeitadas[9].

A complexidade e a heterogeneidade social, de tal modo, são pressupostas na concretização do princípio jurídico-político da igualdade, tornando-se essencial a existência de diversidade de valores, interesses, crenças e etnias no espaço social e político[10]. A igualdade primariamente jurídica incorpora-se ao sistema democrático mediante as comutações procedimentais estabelecidas na Constituição como "ponte de transição", possibilitando *"re-entries"* construtivas entre racionalidade jurídica e política no plano estrutural[11]. Imperioso, portanto, que a igualdade jurídico-constitucional seja adequadamente complexa, conforme a esfera social a qual esteja relacionada[12].

Dworkin[13] argumenta que a garantia de proteção das leis a qualquer pela pessoa em uma jurisdição significa assegurar-lhe o

---

[7] NEVES, Marcelo. *Entre Têmis e Leviatã: uma relação difícil. O Estado Democrático de Direito a partir e além de Luhmann e Habermas*, 2016, p.165.

[8] NEVES, Marcelo. *Entre Têmis e Leviatã: uma relação difícil. O Estado Democrático de Direito a partir e além de Luhmann e Habermas*, 2016, p.166-167

[9] NEVES, Marcelo. *Entre Têmis e Leviatã: uma relação difícil. O Estado Democrático de Direito a partir e além de Luhmann e Habermas*, 2016, p.170

[10] NEVES, Marcelo. *Entre Têmis e Leviatã: uma relação difícil. O Estado Democrático de Direito a partir e além de Luhmann e Habermas*, 2016, p.167

[11] NEVES, Marcelo. *Transconstitucionalismo*, p.74

[12] NEVES, Marcelo. *Transconstitucionalismo*, p.67

[13] DWORKIN, 1991, p.227-239 apud NEVES, Marcelo. *Entre Têmis e Leviatã: uma relação difícil. O Estado Democrático de Direito a partir e além de Luhmann e Habermas*, 2016, p.172

direito fundamental de ser tratado como um igual. Para Luhmann[14], o princípio jurídico da igualdade refere-se à existência da regularidade da aplicação normativa, ou seja, ao princípio da legalidade, defendendo que o tratamento igual seja como regra, apenas cabível exceção quando a desigualdade se impuser[15].

A igualdade jurídica na Constituição transversal exige que a maioria procedimental sirva de suporte para assegurar os direitos iguais das maiorias e neutralizar a diferenças políticas em relação ao sistema jurídico[16]. Já na racionalidade jurídica, no plano da coerência interna e adequação externa do direito, a igualdade passa de lógica à norma como princípio constitucional da isonomia[17].

Celso de Mello[18] enfatiza que o princípio constitucional da isonomia envolve a discriminação legal de pessoas, coisas, fatos e situações justificada obrigatoriamente pela presença de traços diferenciais, uma correlação entre fator de discriminação e a desequiparação procedida, e a consonância da discriminação com os interesses e valores protegidos na Constituição Federal.

A realização social do direito trata-se de promover maior igualdade na sociedade. Ainda que o direito não tenha capacidade de imunizar diferenças decorrentes de outras esferas sociais que implicam em privilégios e discriminações ilegítimas, deve, por força do princípio constitucional da igualdade, garantir o acesso equânime a direitos.

No Brasil, não existe uma partilha recíproca de direitos e deveres de forma a estabelecer inclusão no sistema jurídico porque a cidadania é negligenciada como mecanismo de integração jurídico-política igualitária da população na sociedade[19]. Há uma forte

---

[14] LUHMANN, 1993,113 apud NEVES, Marcelo. *Entre Têmis e Leviatã: uma relação difícil. O Estado Democrático de Direito a partir e além de Luhmann e Habermas,* 2016, p.169

[15] LUHMANN, 1993,111 apud NEVES, Marcelo. *Entre Têmis e Leviatã: uma relação difícil. O Estado Democrático de Direito a partir e além de Luhmann e Habermas,* 2016, p.172-173

[16] NEVES, Marcelo. *Transconstitucionalismo,* p.75

[17] NEVES, Marcelo. *Transconstitucionalismo,* p.69

[18] MELLO, Celso Antônio Bandeira de, 1993, 23-43 apud NEVES, Marcelo. *Entre Têmis e Leviatã: uma relação difícil. O Estado Democrático de Direito a partir e além de Luhmann e Habermas,* 2016, p.173-174

[19] NEVES, Marcelo. *Entre Têmis e Leviatã: uma relação difícil. O Estado Democrático de Direito a partir e além de Luhmann e Habermas,* 2016, p. 247-248.

tendência a desrespeitar o modelo procedimental constitucional de acordo com as conformações concretas de poder, conjunturas econômicas específicas e códigos relacionais, persistindo privilégios e exclusões que impedem a construção de uma esfera pública como espaço de comunicação de cidadãos iguais.[20] Ou ainda, uma tendência oportunista ao legalismo (fetichismo legal) como mecanismo de discriminação social dirigida aos subintegrados para que não se encontrem em condições de exercer seus direitos, ainda que legal e constitucionalmente "garantidos"[21]. Assim, o legalismo deixa de significar autonomia operacional do sistema jurídico como condição de sua abertura para a diversidade de expectativas e interesses presentes na sociedade para torna-se meio de exclusão social por falta de acesso ao próprio direito.

> Do lado dos subintegrados, generalizam-se situações em que não têm acesso aos benefícios do ordenamento jurídico estatal, mas dependem de suas prescrições impositivas. Portanto, os "subcidadãos" não estão inteiramente excluídos. Embora lhes faltem as condições reais de exercer os direitos fundamentais constitucionalmente declarados, não estão liberados dos deveres e responsabilidades impostas pelo aparelho coercitivo estatal, submetendo-se radicalmente às suas estruturas punitivas. Para os subintegrados, os dispositivos constitucionais têm relevância quase exclusivamente em seus efeitos restritivos de liberdade. Os direitos fundamentais não desempenham nenhum papel significativo no seu horizonte de agir e vivenciar, inclusive no concernente à identificação de sentido das respectivas normas constitucionais. Sendo a Constituição a estrutura normativa mais abrangente nas dimensões temporal, social e material do direito, isso vale para todo o sistema jurídico.[22]

Logo, as relações sociais devem ser ponderadas a parir de relações de subintegração e sobreintegração no sistema jurídico, considerando-se, na modernidade periférica[23], a "estatização" de

---

[20] NEVES, Marcelo. *Entre Têmis e Leviatã: uma relação difícil. O Estado Democrático de Direito a partir e além de Luhmann e Habermas*, 2016, p.246.

NEVES, Marcelo. *Entre Têmis e Leviatã: uma relação difícil. O Estado Democrático de Direito a partir e além de Luhmann e Habermas*, 2016, p.254.

[22] NEVES, Marcelo. *Entre Têmis e Leviatã: uma relação difícil. O Estado Democrático de Direito a partir e além de Luhmann e Habermas*, 2016, p. 248-249.

[23] NEVES, Marcelo. *Constituição e direito na modernidade periférica: uma abordagem teórica e uma interpretação do caso brasileiro*, 2018, p.241-244.

interesses privados e dependências se contrapõe restritivamente à concretização constitucional dos Direitos Humanos e da soberania do povo como procedimento[24]. Quanto mais se sedimentar historicamente e se efetivar a discriminação social negativa contra determinados grupos, principalmente nas hipóteses em que ela implica obstáculos relevantes ao exercício de direitos, mais se justificará a discriminação jurídica afirmativa em favor dos seus membros, pressupondo-se que esta se oriente no sentido da integração igualitária de todos nos diversos procedimentos do Estado Democrático de Direito[25].

A discriminação legal afirmativa torna-se, pois, reação proporcional à discriminação social negativa contra os membros de um determinado grupo objetivando a integração jurídico-política igualitária de todos os cidadãos e, consequentemente, a construção e ampliação da cidadania[26] como mecanismo político-jurídico de inclusão nas proteções de cada um dos sistemas funcionais da sociedade[27].

> As discriminações afirmativas rompem com a concepção universalista clássica dos direitos dos cidadãos, abrindo-se fragmentariamente com relação às diferenças e condições particulares de grupos minoritários, sem que disso resulte negação do princípio da igualdade. Há apenas a pluralização da cidadania. Assim sendo, tampouco o universalismo inerente à cidadania, é negado. Apresenta-se, antes como um universalismo sensível às diferenças referentes a pessoas ou grupos e às exigências das esferas autônomas de comunicação.[28]

Especificamente no caso das mulheres, em virtude da discriminação social negativa imposta em decorrência do sistema patriarcal que se opõe à igualdade real entre homens e mulheres, há

---

[24] NEVES, Marcelo. *Entre Têmis e Leviatã: uma relação difícil. O Estado Democrático de Direito a partir e além de Luhmann e Habermas*, 2016, p. 247-248.

[25] NEVES, Marcelo. *Entre Têmis e Leviatã: uma relação difícil. O Estado Democrático de Direito a partir e além de Luhmann e Habermas*, 2016, p.174.

[26] NEVES, Marcelo. *Entre Têmis e Leviatã: uma relação difícil. O Estado Democrático de Direito a partir e além de Luhmann e Habermas*, 2016, p.174-175

[27] LUHMANN, 1981, p.25 apud NEVES, Marcelo. *Entre Têmis e Leviatã: uma relação difícil. O Estado Democrático de Direito a partir e além de Luhmann e Habermas*, 2016, p.133

[28] NEVES, Marcelo. *Entre Têmis e Leviatã: uma relação difícil. O Estado Democrático de Direito a partir e além de Luhmann e Habermas*, 2016, p.178

de se considerá-las subintegradas[29] ao sistema jurídico, legitimando-se discriminação jurídica afirmativa que salvaguarde o acesso a seus direitos. As normas em proteção aos direitos humanos das mulheres, de tal modo, devem a ser fundamentadas constitucionalmente como "institucionalização de meios jurídico-políticos que se destinam a viabilizar a integração igualitária de todos os cidadãos no Estado e na sociedade em geral"[30].

A justificação do tratamento desigual, quando se destina a estabelecer circunstância equânime, é discriminação jurídica positiva que tem por base os princípios constitucionais da igualdade e legalidade. Noutro polo, a justificação da diferenciação no caso concreto, quando se destina a impedir ou dificultar o acesso a direitos em razão da interferência de outros códigos sistêmicos, evidencia discriminação jurídica negativa entre afronta aos princípios constitucionais da igualdade, legalidade e isonomia.

2 Prestação jurisdicional discriminatória contra as mulheres

A jurisprudência brasileira consolidou imaginário que nega à mulher a possibilidade de dispor de seu próprio corpo como questão da sexualidade ou sequer de dignidade humana, a partir de um discurso que mascara a problemática social e moral, transformando-a em uma discussão jurídica para colocar as mulheres, quando

---

[29] Antropologicamente, os homens têm se mantido no pólo de sobreintegração, entretanto, "ninguém é absolutamente subintegrado ou sobreintegrado, pois as posições correspondentes não se baseiam em princípios ou normas firmes como nas sociedades pré-modernas" (NEVES, Marcelo. *Entre Têmis e Leviatã: uma relação difícil. O Estado Democrático de Direito a partir e além de Luhmann e Habermas*, 2016, p. 250). Portanto, é necessária a análise das condições fáticas da reprodução das comunicações para identificar em que pólo se encontra determinado gênero. Ressalte-se, ainda, que diante da hipercomplexidade da sociedade brasileira em decorrência de interseccionalidades econômicas, étnicas e regionais, podem existir, ocasionalmente, subgrupos de mulheres subsintegradas em face de mulheres sobreintegradas, tais quais as mulheres em situações de pobreza, e/ou mulheres negras ou indígenas, e/ou mulheres nordestinas.

[30] NEVES, Marcelo. *Entre Têmis e Leviatã: uma relação difícil. O Estado Democrático de Direito a partir e além de Luhmann e Habermas*, 2016, p.174

conveniente, em posição absoluta e escandalosamente secundária[31]. Usualmente os julgadores se valem precipuamente da normativa social segundo seus próprios e subjetivos valores para estabelecer como regra o *"in dubio pro stereotypo"*[32] e, assim, por conceitos dogmáticos, gerar mecanismos patriarcais de seleção que passam a integrar o senso comum judicial. O que, consequentemente, estabelece uma percepção moral sobre o comportamento feminino como parâmetro para interpretação e argumentação jurídica. Espaços, papeis e estereótipos passam a ser imputados às mulheres pelo próprio sistema judicial.

Embora todos os cidadãos - de diferentes estratos sociais, faixas etárias, etnias e gêneros – sejam titulares de direitos e, portanto, eletivos como parte na esfera judicial, a realidade brasileira demonstra que nem todos os cidadãos têm iguais oportunidades de serem conduzidos à condição de tutelados pela Justiça[33].

Existe um controle seletivo classista, sexista e racista no qual a estrutura e o simbolismo de gênero operam desde as entranhas da estrutura conceitual de saber legitimador e de suas instituições para condicionar o controle social reconduzido à dimensão macrossociológica por meio do funcionamento do sistema judicial[34]. Isso ocorre porque as estruturas capitalistas e patriarcais que condicionam o sistema social, trazidas ao sistema judicial por seus agentes – ainda que inconscientemente – constrói um senso comum em torno dos papeis dos jurisdicionados em uma lógica determinista e seletiva como exercício de poder. Subjetividades, então, passam a ser construídas em uma seleção binária, entre o bem e o mal, o masculino e feminino, com simbolismos e lugares que mantêm o

---

[31] STRECK, Lênio Luiz. *O imaginário dos juristas e a violência contra a mulher*: da necessidade (urgente) de uma crítica da razão cínica em Terrae Brasilis, 2004b.
[32] PIMENTEL, Silvia, SCHRITZMEYER, Ana Lucia Pastore, PANDJIARJIAN, Valéria.
Estupro: direitos humanos, gênero e justiça, 1998b.
[33] ALMEIDA, Frederico Normanha Ribeiro de. *A nobreza togada*: as elites jurídicas e a política da Justiça no Brasil, 2010.
[34] ANDRADE, Vera Regina Pereira de. *A soberania patriarcal*: o sistema de justiça criminal no tratamento da violência sexual contra a mulher, 2005, p.83.

status quo social[35]. A começar pela linguagem, as relações de poder iniciam um processo de atribuição de valoração social negativa a determinadas categorias de pessoas, positivando estereótipos e marginalizando grupos, para, ao julgar pessoas, também determinar a importância de seus comportamentos e condicioná-los.

Neste sentido, a atividade judiciária e seu poder coercitivo ganha relevância nas estruturas de dominação à medida que a produção de texto no interior do procedimento judicial confunde-se com o próprio Direito por se tornar sua principal fonte. O duplo grau de legitimação de uma decisão judicial constrói relações sociais ao inspirar e legitimar práticas que se tornam condicionantes de categorias[36]. Preconceitos de sexo, e de classe e raça/etnia influenciam as decisões do Poder Judiciário e condicionam comportamentos sociais por suas construções jurídicas.

Na prática, é o sistema judicial que passa a estabelecer lesão à dignidade e quem pode ser considerado digno de proteção, ou, perspectiva de gênero, o que confere dignidade à mulher e quais mulheres são dignas de proteção. Quando pré-estabelece lugares e papeis destinados à mulher por meio de julgados morais, positiva uma lógica estigmatizante e marginalizadora em detrimento da individualidade, liberdade e integridade das diversas mulheres existentes, determinando uma lógica de seletividade entre as mulheres que devem, ou não, ser amparadas pelo sistema judicial.

Ocorre que, embora caiba ao intérprete determinar o quadro semântico das aplicações juridicamente corretas, suas operações lógico-sintáticas devem servir à delimitação estrutural dos contornos lógico-sistemáticos da interpretação[37]. O enunciado interpretativo deve ser capaz de generalização congruente como expressão de segundo grau de uma regra extraída produtivamente do texto constitucional ou legal[38], porque "as normas constitucionais e legais

---

[35] ANDRADE, Vera Regina Pereira de. *A soberania patriarcal*: o sistema de justiça criminal no tratamento da violência sexual contra a mulher, 2005, p.83.

[36] PANDJIARJIAN, Valéria. *Os estereótipos de gênero nos processos judiciais e a violência contra a mulher na legislação*, 2003.

[37] NEVES, Marcelo. *Entre Têmis e Leviatã: uma relação difícil. O Estado Democrático de Direito a partir e além de Luhmann e Habermas*, 2016, p.199.

[38] NEVES, Marcelo. *Entre Têmis e Leviatã: uma relação difícil. O Estado Democrático de Direito a partir e além de Luhmann e Habermas*, 2016, p.212

substantivas do ponto de vista jurídico-dogmático configuram, para o intérprete oficial, as partes e a esfera pública, regras procedimentais do jogo jurisdicional"[39].

A norma jurídica é produzida no decorrer do processo de concretização, razão pela qual a decisão judicial tem que ser justificada com argumentos objetivos que sejam atribuíveis aos textos normativos do direito vigente[40]. A concretização da norma jurídica deve contemplar os dados reais relevantes para a concretização individual.

Como assevera Marcelo Neves[41], "a rigidez legalista, parcial e discriminatória contraria a própria legalidade, que implica a generalização de conteúdos e procedimentos da ordem jurídica em termos isonômicos". A igualdade de acesso a direitos perpassa primeiramente em incluir igualitariamente as mulheres como pessoas na ordem jurídica, mas não se limita a isso. Para efetivação dos direitos previstos, torna-se cogente o tratamento isonômico diante dos casos jurídicos concretos em nome da responsabilidade legal e da generalização da lei que importam no acesso de todos ao direito.

Uma decisão judicial que se funda na diferenciação entre homens e mulheres carece de justificação e autorização legal para tanto, não bastando a simples articulação de fatores negativos discriminantes, baseados em aspectos morais, quer seja quando da atividade interpretativa ou argumentativa. Diferentemente da igualdade como norma que implica automaticamente a preferência pelo tratamento igualitário, a discriminação/diferenciação negativa requer maior sobrecarga argumentativa[42] por carecer de fundamentação autorizadora[43], a discriminação negativa contra as mulheres manifesta-se veementemente na atividade argumentativa, onde se verifica expressamente o excesso de linguagem para desconstrução

---

[39] NEVES, Marcelo. *Entre Têmis e Leviatã: uma relação difícil. O Estado Democrático de Direito a partir e além de Luhmann e Habermas*, 2016, p.212.

[40] NEVES, Marcelo. *Entre Têmis e Leviatã: uma relação difícil. O Estado Democrático de Direito a partir e além de Luhmann e Habermas*, 2016, p.199.

[41] NEVES, Marcelo. *Entre Têmis e Leviatã: uma relação difícil. O Estado Democrático de Direito a partir e além de Luhmann e Habermas*, 2016, p.255

[42] LUHMANN, 1993a, p.111 apud NEVES, Marcelo. *Transconstitucionalismo*, p.69

[43] LUHMANN, 1993,111 apud NEVES, Marcelo. *Entre Têmis e Leviatã: uma relação difícil. O Estado Democrático de Direito a partir e além de Luhmann e Habermas*, 2016, p.173

moral e social da mulher enquanto sujeito de direitos.

Se a linguagem é um acoplamento estrutural entre sociedade e consciência que permitiria a instigação e influência recíproca entre comunicação e representações mentais, proporcionando que os conteúdos das comunicações sejam percebidos no interior da consciência em uma comutação interna de sentidos às mensagens e informações[44], se destina a excluir mútua e seletivamente alguns fluxos de sentido e admitir a incorporação de outros em cada um dos sistemas acoplados.

A linguagem utilizada no pronunciamento judicial discriminatório contra as mulheres, assim, se revela como transmutação entre a moral e a consciência individual do julgador, e não um acoplamento entre sistemas, quer seja entre sociedade e consciência ou direito e consciência. Ressalte-se, todavia, que a decisão conforme consciência do julgador não se confunde com a livre discricionariedade decorrente da vontade do intérprete, uma vez que dever dar-se sob os preceitos da coerência e integridade para não se estabelecer o solipsismo decisório[45].

A metarregulação por um supercódigo moral não se coaduna com critérios ou programas generalizados, razão pela qual apenas poderá ser aceita sistemicamente a fragmentação da moral como forma especial de comunicação em uma sociedade hipercomplexa e heterogênea[46], sobretudo quando se destina a prejudicar ou anular o reconhecimento, gozo ou exercício dos direitos humanos e liberdades fundamentais das mulheres. A moral como dissenso estrutural reproduzida difusamente não negligencia a racionalidade transversal, mas a exige como meio de respeitar a pluralidade de perspectivas de observação e descrição da sociedade[47].

A "estranheza" ou "absurdidade" de enunciado interpretativo discriminatório evidencia, mais do que uma regular divergência sobre a norma aplicável ao caso concreto, uma afronta às regras do

---

[44] LUHMANN, 1997, p.108 apud NEVES, Marcelo. *Transconstitucionalismo*, p.35

[45] STRECK, Lênio Luiz. *O que é isto – decido conforme minha consciência?* 2017, p.13-65

[46] LUHMANN, 1990, apud NEVES, Marcelo. *Transconstitucionalismo*, p.43-44

[47] NEVES, Marcelo. *Transconstitucionalismo*, p.48

jogo que devem ser respeitadas no Estado Democrático de Direito[48]. A corrupção do processo de subsunção à norma constitucional pela cristalização de discriminação social negativa contra as mulheres, desse modo, acaba por ser construída através de uma linguagem jurídica estabelecida pelo aplicador/intérprete do direito, que passa a utilizar o texto constitucional simultaneamente como linguagem-objeto da metalinguagem jurisdicional[49] em perspectiva decisionista.

A Constituição Federal de 1988 estabelece que a República Federativa do Brasil tem como um dos seus fundamentos a dignidade da pessoa humana (CF, Art. 1º, III), elegendo com objetivo fundamental a construção de sociedade livre, justa e solidária e a promoção do bem de todos, sem preconceitos de origem, raça, sexo, cor, idade e quaisquer outras formas de discriminação (CF, Art. 3º, I e IV). O Estado brasileiro rege-se pela prevalência dos direitos humanos (CF, Art. 4º, II) estabelecendo a igualdade entre homens e mulheres de direitos e obrigações perante a lei (CF, Art. 5º, I) e punição de qualquer discriminação atentatória dos direitos e liberdades fundamentais (CF, Art. 5º, XLI), ratificando a Convenção sobre a Eliminação de Todas as Formas de Discriminação contra a Mulher (ONU, 1979) promulgada pelo Decreto nº 4.377 (BRASIL, 2002).

Como se verifica, o ordenamento jurídico brasileiro, em um entrelaçamento com a ordem jurídica internacional, estabeleceu racionalidade política de vinculação aos direitos humanos transversalmente com a racionalidade jurídica de observância à igualdade jurídica complexa no sistema jurídico. Destarte, o aplicador do direito deve ater-se à consistência constitucional, supranacional e transconstitucional em sua atividade jurisdicional, de forma a observar a não discriminação contra as mulheres.

A Convenção sobre a Eliminação de Todas as Formas de Discriminação contra a Mulher estabelece que a *discriminação contra a mulher* consiste em toda distinção, exclusão ou restrição baseada no sexo e que tenha por objeto ou resultado prejudicar ou anular o reconhecimento, gozo ou exercício pela mulher dos seus direitos humanos e liberdades fundamentais nos campos político,

---

[48] NEVES, Marcelo. *Entre Têmis e Leviatã: uma relação difícil. O Estado Democrático de Direito a partir e além de Luhmann e Habermas*, p.212
[49] NEVES, Marcelo. *Entre Têmis e Leviatã: uma relação difícil. O Estado Democrático de Direito a partir e além de Luhmann e Habermas*, p.192

econômico, social, cultural e civil ou em qualquer outro campo" (CEDAW, Art. 1º), imputando ao Estado brasileiro – que recepcionou sua supralegalidade com o advento da EC nº 45/2004 – o dever de abster-se de incorrer em todo ato ou prática de discriminação contra a mulher e zelar para que as autoridades e instituições públicas atuem em conformidade com esta obrigação (CEDAW, Art. 2º, d).

Nestes termos, o julgador que comete diferenciação em detrimento de direitos humanos das mulheres enquanto autoridade estatal no exercício atividade argumentativa, além de proferir pronunciando judicial discriminatório contra as mulheres, passível de controle administrativo[50], comete corrupção sistêmica do direito.

3 Sistema jurídico, racionalidade jurídica e corrupção sistêmica do direito na função jurisdicional

Na esfera jurídica, a variação evolutiva, no que diz respeito aos elementos, apresenta-se como comunicação de expectativas normativas inesperadas, reduzindo um comportamento disruptivo a um desapontamento das expectativas dominantes[51]. Nas sociedades arcaicas não havia diferenciação entre moral, direito, costumes e convencionalismo social, pois o simples desapontamento de expectativas não se distinguia de uma ofensa a direitos, uma vez que a generalização congruente das expectativas normativas se manifestava através da represália e da reciprocidade, não mediante procedimentos[52]. Nas culturas pré-modernas, o direito envolvia a institucionalização de procedimentos de aplicação jurídica, pressupondo uma diferenciação hierárquica das sociedades baseada na dominação política pertence exclusivamente à camada superior[53].

---

[50] A Lei Orgânica da Magistratura Nacional prevê a possibilidade de punição do magistrado pelas opiniões que manifestar ou pelo teor das decisões proferidas, quando houver excesso de linguagem. (BRASIL, **Lei Complementar nº 35, 14/03/1979)**

[51] NEVES, Marcelo. *Entre Têmis e Leviatã: uma relação difícil. O Estado Democrático de Direito a partir e além de Luhmann e Habermas*, 2016, p.18-19

[52] NEVES, Marcelo. *Entre Têmis e Leviatã: uma relação difícil. O Estado Democrático de Direito a partir e além de Luhmann e Habermas*, 2016, p.20-22

[53] NEVES, Marcelo. *Entre Têmis e Leviatã: uma relação difícil. O Estado Democrático de Direito a partir e além de Luhmann e Habermas*, 2016, p.21-23

Assim, o direito não evoluía pela incapacidade de os procedimentos decisórios exercerem a seletividade diante das variadas expectativas normativas comunicadas.

Apenas na era contemporânea, com a introdução do procedimento legiferante como critério de validação das normas jurídicas, as leis deixam de ser meio de difusão e sistematização de normas e princípios preestabelecidos e torna-se a condição da própria vigência do direito[54]. A reprodução do direito positivo estaria adstrita à autorreferência por meio dos conceitos e à heterorreferência, pelos interesses, enquanto a aplicação da justiça restaria vinculada à reorientação da complexidade adequada do sistema jurídico e da consistência de suas decisões.

A positividade implicaria, assim, que uma decisão judicial, mesmo se viesse a alterar radicalmente o direito, receberia o seu significado normativo no próprio sistema jurídico[55], pelo direito ser normativamente fechado e cognitivamente aberto à concordância com seu ambiente.

Nesse sentido moderno, a Constituição se tornaria um mecanismo de interpretação permanente e concentrada entre dois sistemas sociais autônomos - a política e o direito - que impediria os critérios externos de natureza valorativa, moral e política tenham validade imediata no interior do sistema jurídico[56]. Desse modo, a normatividade constitucional fixaria os limites da capacidade de aprendizado do direito, estabelecendo como e até que ponto o sistema jurídico pode reciclar-se sem perder sua identidade e autonomia.

> A auto-reciclagem do direito decorrente da capacidade de aprendizado tem que respeitar princípios e normas e normas constitucionais que se apresentam como limitações implícitas e explícitas à mutação jurídica da Constituição. Nesse sentido, a estrutura normativo-constitucional determina os parâmetros básicos do fechamento normativo e da abertura cognitiva do direito. Ou seja, a Constituição configura-se como o mecanismo mais abrangente de controle da autorreprodução jurídica e de filtragem

---

[54] NEVES, Marcelo. *Entre Têmis e Leviatã: uma relação difícil. O Estado Democrático de Direito a partir e além de Luhmann e Habermas*, 2016, p. 23-25

[55] NEVES, Marcelo. *Entre Têmis e Leviatã: uma relação difícil. O Estado Democrático de Direito a partir e além de Luhmann e Habermas*, 2016, p. 79-85

[56] NEVES, Marcelo. *Entre Têmis e Leviatã: uma relação difícil. O Estado Democrático de Direito a partir e além de Luhmann e Habermas*, 2016, p. 99

das influências do ambiente no direito enquanto sistema autopoiético.[57]

No direito de uma sociedade supercomplexa, a tensão entre aceitabilidade e a aceitação complica-se quando é enfrentada com base em princípios morais universalistas[58], sobretudo quando subsiste um discurso moralista destinado à opressão de minorias. Ao superestimar os princípios morais em nome de universalismo consensual, acaba-se por sustentar um modelo de autonomia moral do direito perante os meios de "poder"[59] que ignora o pluralismo em sua sociedade altamente complexa e retroalimenta a supremacia de grupos socialmente dominantes em detrimento da multiculturalidade.

Uma moral tradicional, de conteúdo hierárquico, válida para todas as esferas de agir e vivenciar não se coaduna com a hipercomplexificação social, pois a diferenciação funcional dos âmbitos de comunicação pressupõe o surgimento de sistemas sociais operacionalmente autônomos (autopoiéticos), reproduzidos com base nos seus próprios códigos e critérios, condicionados e influenciados pelos seus respectivos ambientes[60]. Não é possível a generalização congruente de expectativas de comportamento em face da reprodução difusa de códigos morais na sociedade. Para que a moral não se reproduza como sistema funcional e seja neutralizada no âmbito da reprodução autopoiética dos subsistemas sociais, é imperioso o dissenso em torno dos valores e interesses da sociedade moderna - na qual o respeito à autonomia das diversas esferas de comunicação seria em si uma exigência ética[61].

No Estado Democrático de Direito, os procedimentos constitucionais viabilizam, intermediam e absorvem esse dissenso,

---

[57] NEVES, Marcelo. *Entre Têmis e Leviatã: uma relação difícil. O Estado Democrático de Direito a partir e além de Luhmann e Habermas*, 2016, p. 100-101

[58] NEVES, Marcelo. *Entre Têmis e Leviatã: uma relação difícil. O Estado Democrático de Direito a partir e além de Luhmann e Habermas*, 2016, p. 115

[59] NEVES, Marcelo. *Entre Têmis e Leviatã: uma relação difícil. O Estado Democrático de Direito a partir e além de Luhmann e Habermas*, 2016, p. 121

[60] NEVES, Marcelo. *Entre Têmis e Leviatã: uma relação difícil. O Estado Democrático de Direito a partir e além de Luhmann e Habermas*, 2016, p. 123

[61] LUHMANN,1997, p. 1043 apud NEVES, Marcelo. *Entre Têmis e Leviatã: uma relação difícil. O Estado Democrático de Direito a partir e além de Luhmann e Habermas*, 2016, p. 129

possibilitando que interesses, valores e discursos ganhem significado político e jurídico generalizado do qual emerge a esfera pública pluralista[62]. Ainda que as normas jurídicas vigentes e as decisões políticas envolvam uma seleção sistêmica, só se legitimam na medida em que não privilegiem ou excluam a inserção de valores e interesses em determinados grupos, indivíduos ou organizações.

As regras do jogo democrático asseguram o pluralismo, para estabelecer a participação mais abrangente possível de indivíduos e, por conseguinte, compreensão dos direitos humanos em perspectiva históricos-relativista para o respeito às minorias[63]. Neste contexto, o princípio da igualdade seria instituição destinada a neutralizar as desigualdades no âmbito do exercício dos direitos, garantindo o acesso igualitário aos procedimentos jurídicos-políticos do Estado Democrático de Direito[64].

A complexidade e a heterogeneidade social são pressupostas na emergência e concretização do princípio jurídico-político da igualdade[65]. A diversidade de valores, interesses, crenças, gêneros e etnias no espaço social torna possível a implantação do princípio da igualdade. Em uma perspectiva sistêmica, os procedimentos constitucionais devem ser sensíveis ao convívio dos diferentes, neutralizando desigualdades fáticas na consideração jurídico-política de pessoas e grupos para possibilitar-lhes tratamento jurídico igualitário[66]. A igualdade complexa torna necessária a abertura construtiva com variações e adaptações permanentes, para que não haja uma igualdade jurídica "imperial" ou a uma "pseudoigualdade"[67], permitindo o acesso igualitário a direitos e remédios jurídicos.

Neste sentido, o Estado Democrático de Direito pressupõe uma relação paradoxal entre consenso procedimental e dissenso

---

[62] NEVES, Marcelo. *Entre Têmis e Leviatã: uma relação difícil. O Estado Democrático de Direito a partir e além de Luhmann e Habermas*, 2016, p. 132-133

[63] BOBBIO, Norberto. *A Era dos Direitos*. São Paulo: Elvesier, 2004, p.15-24

[64] NEVES, Marcelo. *Entre Têmis e Leviatã: uma relação difícil. O Estado Democrático de Direito a partir e além de Luhmann e Habermas*, 2016, p. 166-167

[65] NEVES, Marcelo. *Entre Têmis e Leviatã: uma relação difícil. O Estado Democrático de Direito a partir e além de Luhmann e Habermas*, 2016, p. 167

[66] NEVES, Marcelo. *Entre Têmis e Leviatã: uma relação difícil. O Estado Democrático de Direito a partir e além de Luhmann e Habermas*, 2016, p. 170

[67] NEVES, Marcelo. *Transconstitucionalismo*, p.67

conteudístico referenciando a Constituição como instancia reflexiva mais abrangente de validade, materialidade, temporalidade, pessoalidade e territorialidade do sistema jurídico, fechando-o e conferindo-lhe, enquanto norma, consistência[68].

> A Constituição é o mecanismo que possibilita a diferenciação entre política e direito no âmbito dos Estados; trata-se, porém, de mecanismo cujo desenvolvimento depende de amplos pressupostos sociais. Sem um certo contexto social de diferenciação funcional e de inclusão social, não há lugar para a Constituição como mecanismo de autonomia recíproca entre direito e política. Sem a diferenciação funcional das diversas esferas sociais e sem a distinção, clara e radical, entre sociedade e indivíduo enquanto pessoa, não se podem conceber os direitos fundamentais como resposta do sistema jurídico a esses processos sociais de diferenciação. Da mesma maneira, sem autonomia da política em relação aos valores particulares de grupos familiares, étnicos e religiosos e aos interesses econômicos concretos, não se pode construir a democracia como apoio generalizado que possibilita o fechamento operativo do sistema político.[69]

A Constituição estabelece no acoplamento estrutural uma relação paradoxal de complementação e tensão recíproca[70]. As racionalidades transversais se dão através do entrelaçamento de pontes de transição entre as esferas heterogêneas, que permitem o aprendizado e intercâmbio recíproco de racionalidades parciais por meio interferências estruturais[71]. A racionalidade transversal parcial torna-se mecanismo estável de aprendizado e influência mútua que se destina a construir uma relação entre as racionalidades particulares dos sistemas ou jogos de linguagem que se encontram em confronto[72].

No direito, a racionalidade se traduz em justiça, construída no plano da autorreferência (justiça interna) pela consistência jurídica, que exerce fechamento normativo e, no plano da heterorreferência (justiça externa), pela adequação social que promove a sua abertura

---

[68] NEVES, Marcelo. *Transconstitucionalismo*, p.59-62

[69] NEVES, Marcelo. *Transconstitucionalismo*, p.56

[70] NEVES, Marcelo. *Transconstitucionalismo*, p.57

[71] NEVES, Marcelo. *Transconstitucionalismo*, p.45

[72] NEVES, Marcelo. *Transconstitucionalismo*, p.42

cognitiva[73]. As justiças internas e externas se relacionam paradoxalmente de forma a estabelecer um equilíbrio funcional do direito no caso concreto, considerando-se que a justiça tem o papel de atuar corretivamente nas formas particulares da racionalidade e intervir entre as próprias particularidades para impedir exclusões, disparidades ou totalizações, equilibrando as diferenças nos diversos níveis de um mundo discursivo complexamente heterogêneo[74]. Quando um sistema é sabotado pelo código de um outro de forma a comprometer sua capacidade de reprodução consistente, restará configurada a corrupção sistêmica[75], ainda que de forma parcial.

O aumento da consistência jurídica implica na redução social do direito, assim como o aumento da adequação implica na redução da consistência jurídica. Quando a consistência jurídica interna se transforma em algo absoluto, ignorando a necessidade de adequação do sistema ao seu ambiente, provoca o autismo do direito por excesso de redundância e baixo grau de variabilidade[76]. Sem justiça constitucional interna fundada no princípio da legalidade, não há racionalidade jurídica em uma sociedade complexa[77].

Igualmente, a adequação social do direito amparada pela Constituição não pode significar conformação às pretensões específicas de conteúdo particulares, pois destina-se à convivência não destrutiva de diversos projetos e perspectivas que legitima os procedimentos constitucionalmente estabelecidos[78]. Se a diferença passa a ser absolutamente determinante na solução de casos jurídicos, a isonomia jurídica perdeu seu significado prático[79].

A decisão judicial enquanto resposta do Estado ao caso concreto deve, antes de estabelecer valores pelo magistrado, observar os fundamentos e objetivos constitucionais como a cidadania, os direitos humanos e promoção do bem de todos, sem preconceitos de origem, raça, sexo, cor, idade e quaisquer outras formas de discriminação. Da mesma forma que o Estado Democrático de Direito pressupõe a independência e liberdade no exercício da

---

[73] NEVES, Marcelo. *Transconstitucionalismo*, p.63
[74] WELSCH, 1996, p.702 apud NEVES, Marcelo. *Transconstitucionalismo*, p.40
[75] NEVES, Marcelo. *Transconstitucionalismo*, p.42
[76] NEVES, Marcelo. *Transconstitucionalismo*, p.46
[77] NEVES, Marcelo. *Transconstitucionalismo*, p.64
[78] NEVES, Marcelo. *Transconstitucionalismo*, p.64
[79] NEVES, Marcelo. *Transconstitucionalismo*, p.75

função jurisdicional, implica limitações ao Poder Judiciário.

A capacidade cognitiva do sistema jurídico destina-se ao respeito de particularidades e dissensos em sociedade hipercomplexa, heterogênea e pluralista. A adequação social deve reorientar as expectativas em face do direito, sobretudo daqueles que eventualmente tenham suas pretensões rejeitadas por decisões jurídicas[80]. Quando o aplicador do direito ignora sua função sistêmica, atacando diretamente a igualdade jurídica complexa entre os indivíduos, perverte o equilíbrio entre justiça constitucional interna e externa, concorrendo a um formalismo socialmente inadequado.

> O excesso de ênfase na consistência jurídico constitucional pode levar a graves problemas de inadequação social de direito, que perde, então, sua capacidade de reorientar as expectativas normativas e, portanto, de legitimar-se socialmente. Na falta de valores, de morais e de interesses partilhados congruentemente na sociedade moderna supercomplexa, a ênfase excessiva na adequação social tende a levar a subordinação do direito a projetos particulares com pretensão de hegemonia absoluta.[81]

Nos pronunciamentos judiciais discriminatórios contra as mulheres, os(as) julgadores(as) estabelecem a sobreposição de um sistema moral binário em detrimento do sistema jurídico para consideração/inclusão ou desprezo/exclusão de pessoas, por via de consequência bloqueiam a autonomia do direito. Corrompendo, assim, seu fluxo sistêmico no plano operativo e eventual. Embora a problemática não ocorra em nível estrutural, aponta uma disfunção operacional do julgador no abandono da racionalidade jurídica, quer seja por ausência/excesso de consistência jurídica(interna) ou inadequação social(externa).

O Supremo Tribunal Federal[82] (STF) já firmou posicionamento

---

[80] NEVES, Marcelo. *Transconstitucionalismo*, p.65

[81] NEVES, Marcelo. *Transconstitucionalismo*, p.65

[82] Em 2008, após conclusão dos julgamentos do Recurso Extraordinário (RE) nº 466.343/SP, RE nº 349.703/RS, HC nº 87.585/TO e HC nº 92.566, vencido o voto divergente do Ministro Celso de Mello que sustentava a supraconstitucionalidade dos tratados e convenções sobre direitos humanos e vencedor o voto condutor da maioria de autoria do Ministro Gilmar Mendes (MAUÉS, Antônio Moreira. *Supralegalidade dos tratados internacionais de direitos humanos e interpretação constitucional*, p. 215-222)

reconhecendo que os tratados de direitos humanos têm status normativo supralegal, em posição hierárquica superior às leis ordinárias e inferior à Constituição Federal e colocando em primeiro plano a necessidade de formação de uma racionalidade transversal que viabilize as ordens jurídicas envolvidas[83]. E o Conselho Nacional de Justiça[84] (CNJ) já apontou para o dever funcional do julgador de adequação às normas de direitos humanos para não discriminação contra as mulheres.

A racionalidade do direito exige consistência do sistema jurídico, motivo pelo qual a Constituição brasileira entrelaça-se às constelações internacionais, supranacionais e transnacionais, em âmbito transconstitucional, para confrontar a mitigação dos direitos humanos das mulheres.

4 Considerações Finais

O equilíbrio entre justiça constitucional interna e externa deve nortear todos os envolvidos na rede de comunicação do sistema jurídico estatal como forma a garantir interpenetrações seu próprio comprometimento. Se por um lado a Constituição brasileira vincula normativamente os concretizadores do direito, por outro, juízes, desembargadores e ministros reconstroem permanentemente o sentido constitucional através de sua interpretação e aplicação ao caso concreto.

Os intérpretes-aplicadores do ordenamento constitucional detêm o dever funcional de concretizá-lo como ordem da força normativa fundamental de pressuposto lógico-transcendental. Devendo, inclusive, em racionalidade transversal, utilizar tratados de direitos humanos como parâmetros de interpretação de normas infraconstitucionais e constitucionais do direito brasileiro.

O desvirtuamento da racionalidade jurídica na atividade jurisdicional corrompe o sistema jurídico e pode, na relação transversal do acoplamento estrutural entre direito e política,

---

[83] NEVES, Marcelo. *Transconstitucionalismo*, p.146

[84] Em 2010, mediante Processo Administrativo Disciplinar **n° 0005370-72.2009.2.00.0000,** o Conselho Nacional de Justiça condenou à pena de 2 anos de disponibilidade o juiz da comarca de Sete Lagoas/MG por proferir sentença com declarações discriminatórias de gênero em processo que tratava de violência contra a mulher. O processo foi de relatoria do então conselheiro Marcelo Neves.

também atingir a racionalidade jurídica.

A Democracia pressupõe que o processo de tomada de decisão coletiva (constituição política) encontre autorreferência (consistência política) e heterorreferência (adequação social) pretendendo que as decisões políticas sejam vinculadas ao apoio e controle do povo constitucional, bem como, para que forças antagônicas possam conviver na esfera política abrangente. Tudo no sentido de viabilizar sistematicamente a pluralidade.

O Estado de Direito, por sua vez, pressupõe que a estrutura de normatização dos processos de normatização (constituição jurídica) encontre justiça interna (consistência jurídica) e justiça externa (adequação social) para que seja sopesada a esfera social em abertura construtivista com variações e adaptações aos indivíduos no processo técnico hermenêutico do caso concreto. Tudo no sentido de estabelecer igualdade jurídica (igualdade de acesso a direitos) para reconhecer/garantir a hipercomplexidade e heterogenia social.

A mera consideração da consistência jurídica gera formalismo socialmente inadequado, fechando cognitivamente o direito para compreensão dos contextos sociais de construção do sistema patriarcal em detrimento das mulheres e comprometendo a o uso de mecanismos de discriminação positiva por esse grupo. A ênfase excessiva na adequação social gera realismo juridicamente inconsistente, convergindo para subordinação de minorias à pretensão hegemônicas absolutas, o que no caso das mulheres, implica a oposição de valores, morais e interesses sexistas contra si.

Em ambas as circunstâncias, o acesso equânime a direitos resta ameado para o grupo das mulheres, bem como a qualquer outra minoria que busque o corrompido sistema jurídico como garantidor do Estado Democrático de Direito em toda sua complexidade, heterogenia e pluralidade.

Referências

ALMEIDA, Frederico Normanha Ribeiro de. *A nobreza togada*: as elites jurídicas e a política da Justiça no Brasil. Tese (Doutorado em Ciências Políticas) – Universidade de São Paulo. São Paulo, 2010, 329p.

ANDRADE, Vera Regina Pereira de. A soberania patriarcal: o sistema de justiça criminal no tratamento da violência sexual contra a mulher. ***Sequência: Estudos Jurídicos e Políticos***, Florianópolis, p. 71-102, jan. 2005.

______. *Sistema penal máximo x cidadania mínima*. Porto Alegre: Livraria do Advogado, 2003. p. 81-124.

BORGES, Clara Maria Roman, LUCCHESI, Guilherme Brenner. O machismo no banco dos réus uma análise feminista crítica da política criminal brasileira de combate à violência contra a mulher. *Revista da Faculdade de Direito – UFPR*. Curitiba. vol. 60. n 3. set./dez. 2015. p. 217-247.

DIAS, Maria Berenice. A mulher é vítima da justiça. *Direito e Democracia*: Canoas, n.2, 2000, p. 247-254.

IZUMINO, Wânia Pasinato. Violência contra a mulher no Brasil: acesso à Justiça e construção da cidadania de gênero. VIII CONGRESSO LUSO-AFRO-BRASILEIRO DE CIÊNCIAS SOCIAIS. Coimbra-PT: UC, 2004.

MAUÉS, Antônio. Moreira. Supralegalidade dos tratados internacionais de direitos humanos e interpretação constitucional. Sur. *Revista Internacional de Direitos Humanos* (Impresso), v. 10, p. 215-235, 2013.

NEVES, Marcelo. *Constituição e direito na modernidade periférica: uma abordagem teórica e uma interpretação do caso brasileiro*. ISBN 978-85-469-0205-7. São Paulo: Martins Fontes, 2018.

NEVES, Marcelo. *Entre Têmis e Leviatã: uma relação difícil. O Estado Democrático de Direito a partir e além de Luhmann e Habermas*. ISBN 978-85-7827-580-8. São Paulo: Martins Fontes, 2016.

______. *Transconstitucionalismo*. 5ed. ISBN 978-85-7827-200-8. São Paulo: Martins Fontes, 2018.

PANDJIARJIAN, Valéria. Os estereótipos de gênero nos processos judiciais e a violência contra a mulher na legislação. In: *Ipas Brasil* [home page na Internet]. Rio de Janeiro: 2003.

PIMENTEL, Silvia, SCHRITZMEYER, Ana Lucia Pastore, PANDJIARJIAN, Valéria. *Estupro: direitos humanos, gênero e justiça*. Revista USP, São Paulo (37): 58-69. Mar. Mai.1998.

STRECK, Lênio Luiz. O imaginário dos juristas e a violência contra a mulher: da necessidade (urgente) de uma crítica da razão cínica em Terrae Brasilis. *Estudos Jurídicos*, Vol. 37, nº 100, maio/agosto. 2004.

______. *O que é isto – decido conforme minha consciência?* Porto Alegre: Saraiva, 2017.

Disputas político-jurídicas em torno da lei de feminicídio

EMYLLI TAVARES DO NASCIMENTO

Introdução

A partir das últimas décadas do século XXI, observamos, de forma mais contundente, as organizações de mulheres e os movimentos sociais articularem estratégias, no plano nacional e internacional, a fim de incorporar à epistemologia jurídica uma perspectiva progressista de gênero. Tratava-se da mobilização política em busca da seleção de discursos e valores relacionados à teoria de gênero pelo sistema do direito.

Como resultados desse período de efervescência, sobressaem-se dois tratados internacionais de grande relevância para a inscrição dos direitos das mulheres na linguagem dos Direitos Humanos: a Convenção sobre a Eliminação de Todas as Formas de Discriminação Contra a Mulher (CEDAW) (1979), da Organização das Nações Unidas (ONU) e a Convenção Interamericana para Prevenir, Punir e Erradicar a Violência contra a Mulher (Convenção de Belém do Pará) (1994), da Organização dos Estados Americanos (OEA).

No plano nacional, a década dos anos 2000 foi marcada pela ratificação desses instrumentos internacionais e pela elaboração de legislações brasileiras para tratar sobre questões de gênero, especialmente no tocante à violência contra a mulher. Neste contexto, a Lei Maria da Penha (Lei nº 11.340/2006) se constituiu como o marco paradigmático, sendo fruto das estratégias de *advocacy* feminista[i], mobilizadas por organizações não-governamentais de mulheres e pelos movimentos sociais perante à Comissão Interamericana de Direitos Humanos (CIDH) da OEA. A pressão política exercida pelo cenário internacional, por força da responsabilização do Brasil em face da CIDH, no ano de 2001, por omissão e negligência em relação à violência contra a mulher e pelo descumprimento de preceitos da Convenção de Belém do Pará, foi imprescindível para a edição da lei supracitada.

Ademais, a Lei Maria da Penha tornou-se o precedente que faltava para a elaboração da Lei de Feminicídio. Com efeito, em 09 de março de 2015, sobreveio a Lei n° 13.104, que alterou o Código Penal brasileiro para incluir o feminicídio como qualificadora do crime de homicídio, quando este é realizado "contra a mulher por razões da condição de *sexo* feminino", envolvendo "violência doméstica e familiar" e/ou "menosprezo ou discriminação à condição de mulher" (art. 121, VI, § 2°-A, do Código Penal de 1940).

Com a expedição dessa legislação, podemos perceber como expectativas normativas, com perspectivas políticas diversas, são selecionadas pelo campo do direito, passando a reproduzir-se mediante um programa de linguagens e códigos especializados. Ocorre que, não obstante a Lei de Feminicídio ter sido recepcionada festivamente por determinados grupos sociais, ela também foi (e continua sendo) alvo de controvérsias. Certamente, a pluralidade de valores e discursos que constituem a sociedade moderna mundial torna a legislação de feminicídio um campo de tensão para as disputas em torno de seu conteúdo.

À vista dessa rápida contextualização, assinalamos que as discussões realizadas no presente artigo têm como substrato a articulação entre direito, política e movimentos e organizações sociais no Estado Democrático de Direito. Assim, os objetivos deste estudo concentram-se na análise das disputas empreendidas por sujeitos políticos diversos no que concerne à Lei n° 13.104/2015, particularmente, sobre duas problematizações: a) a ocorrência de uma suposta violação ao princípio constitucional da igualdade, na medida em que a Lei de Feminicídio institui uma tutela penal exclusiva para as mulheres; e b) a configuração do diploma em apreço como uma legislação simbólica, destituída de concretização normativa.

Para alcançar nossos objetivos, realizamos uma pesquisa bibliográfica que perpassa os estudos de gênero e a literatura do feminicídio, utilizando Carmen Hein de Campos, Ana Carcedo e Montserrat Sagot, Wânia Pasinato e Marcela Lagarde etc.; o campo da Criminologia Crítica, com Izabel Solyszko Gomes, Marília Montenegro e Vera Regina Pereira de Andrade; finalizando o marco teórico com os estudos do Prof. Marcelo Neves, para tratar sobre as ambivalências de uma legislação simbólica, bem como sobre o desafio de concretizar ações político-jurídicas de discriminação afirmativa.

A busca por uma política de discriminação afirmativa e a nomeação jurídica do feminicídio

Ao longo dos anos, diversos sujeitos políticos como organizações não-governamentais, movimentos sociais e feministas têm atuado para inscrever os direitos das mulheres na linguagem político-jurídica dos Direitos Humanos. No âmbito nacional, estes esforços ganharam materialidade, sobretudo, a partir da promulgação da Lei Maria da Penha (2006), que proporcionou uma "ruptura paradigmática" no sistema jurídico brasileiro, caracterizada pela inserção de um conteúdo normativo baseado na teoria de gênero.

Segundo Carmen Hein de Campos[1], essa "ruptura paradigmática" decorre da elaboração de diplomas legais em íntimo diálogo com setores da sociedade civil, especializados nas discussões de gênero, envolvendo os movimentos feministas, parlamentares e juristas. Além disso, a mudança de paradigma se configurou pelas inovações jurídicas apresentadas a partir da lei supramencionada, quais sejam: a) a tutela penal exclusiva para as mulheres; b) a criação normativa da categoria violência de gênero (com profunda influência da Convenção de Belém do Pará de 1994); c) a consideração da violência independentemente da orientação sexual da vítima, ou seja, incluindo a previsão de relações homoafetivas entre mulheres e d) a análise da violência doméstica e familiar pela ótica da interseccionalidade, isto é, sopesando as diferenças de classe, raça/etnia, deficiência etc.; dentre outros aspectos procedimentais que também se configuram como rupturas.

A Lei Maria da Penha possibilitou a compreensão de que o fenômeno sociológico da violência de gênero tem lugar, especialmente, quando as mulheres desempenham performatividades[2] que estão em desconformidade a uma

---

[1] CAMPOS, Carmen Hein de. *Lei Maria da Penha: necessidade de um novo giro paradigmático.* **Revista Brasileira de Segurança Pública**. São Paulo V. 11, N. 1, 1022, Fev/Mar 2017, p. 12.

[2] A noção de performatividade trazida no presente artigo advém dos estudos de Judith Butler, correspondendo à noção de "atos performativos discursivamente compelidos" e repetidos reiteradamente através do tempo,

determinada matriz cultural (histórica e desigual), que demanda a coerência entre normas de gênero, sexo e práticas do desejo. Em geral, os conflitos violentos em níveis interpessoais e coletivos irrompem, exatamente, em cenários de subversão das normas de gênero ordenadas por essa matriz cultural tradicional.

Desta maneira, as organizações sociais e as instituições estatais passaram a difundir a mensagem que as violências verificáveis contra as mulheres estão fundamentadas em uma discriminação de gênero, correspondendo a um problema social que transcende o viés individual e que demanda um tratamento integral e interdisciplinar.

Buscando aprofundar as investigações sobre a violência contras as mulheres no Brasil e analisar questões relativas à aplicação e à efetividade da Lei Maria da Penha, foi instalada uma Comissão Parlamentar Mista de Inquérito (CPMI), no Congresso Nacional, no ano de 2012. O relatório final dessa comissão foi aprovado em 04 de julho de 2013[3], definindo diversas recomendações aos órgãos públicos e incitando as autoridades para elaborarem, conjuntamente, um Plano de Enfrentamento ao Feminicídio, que teria início com a formalização de uma lei que versasse sobre a temática, tendo em vista a preocupação com o número de crimes praticados entre os parceiros íntimos de um relacionamento, e a responsabilidade estatal perante o processo e o julgamento dos casos.

O relatório da CPMI trazia uma proposta de lei para o feminicídio[4], que foi protocolada junto ao Senado Federal como PLS 292/2013. Desde a etapa legislativa, no entanto, a tipificação do feminicídio foi alvo de disputas entre diversos setores da sociedade, como exemplo, as alterações e supressões de categorias realizadas no projeto original proposto pela CPMI. A mais emblemática dessas alterações foi protagonizada pela Câmara dos Deputados (PL nº 8.305/14), ao modificar a definição inicial do feminicídio como as mortes de mulheres que ocorrem "em razão de *gênero*" por "razão de *sexo feminino*", no intuito de restringir o alcance do diploma ao excluir as mulheres transexuais e travestis[5].

---

para conformação de uma identidade dos sujeitos. Cf. BUTLER, Judith. **Problemas de Gênero:** feminismo e subversão da identidade. Trad. Renato Aguiar. 7ª ed. Rio de Janeiro: Civilização Brasileira, 2014, p. 09.

[3] BRASIL. Comissão Parlamentar Mista de Inquérito de Violência Contra a Mulher no Brasil. **Relatório final.** Brasília: Senado Federal, 2013.

[4] Ibid., pp. 1002-1005.

[5] Para conhecimento integral do processo legislativo que resultou na Lei nº

Contudo, como havia acontecido com a Lei Maria da Penha, o principal argumento suscitado para questionar juridicamente a Lei de Feminicídio consiste na suposta violação ao princípio constitucional da igualdade, em virtude do desenvolvimento de uma tutela penal específica das mulheres. Os grupos mais conservadores, no que concerne a uma perspectiva epistemológica de gênero, alegam que: a) a lei promove desigualdade, na medida em que estabelece as mulheres como sujeito passivo único; b) há violação ao princípio da igualdade ao determinar um tratamento diferenciado em relação ao mesmo bem jurídico (a vida), isto é, uma punição mais rigorosa aos homicídios perpetrados contras as mulheres.

Em resumo, os argumentos concluem que a legislação de feminicídio em vez de reduzir o panorama de discriminação de gênero, alimenta-o, afirmando implicitamente que as vidas das mulheres são mais dignas de proteção em detrimento das vidas dos homens.

É neste ponto que as contribuições do Prof. Marcelo Neves, acerca do Estado Democrático de Direito, inspiradas na teoria dos sistemas de Niklas Luhmann e na teoria do discurso de Jürgen Habermas, mostram-se pertinentes para a análise do presente artigo. Tais arguições evidenciam como diferentes valores, discursos e interesses podem coexistir em uma sociedade hipercomplexa e, concomitantemente, manter a pretensão de se generalizar política e juridicamente. Diante dessa pluralidade, Neves afirma que a manutenção do Estado de Direito depende do equilíbrio entre o dissenso no que tange aos conteúdos e um consenso no que se refere às formas[6], ou seja, aos procedimentos constitucionais de seleção de expectativas, que emanam da "esfera pública pluralista".

Em outras palavras, significa que, no Estado Democrático de Direito, a esfera pública se constitui em torno dessas disputas: entre quais os interesses e discursos provenientes de grupos, indivíduos e organizações serão selecionados pela filtragem dos procedimentos constitucionais (eleitoral, legislativo, judicial, administrativo etc.) e passarão a se reproduzir de acordo com a linguagem jurídico-

---

13.104/2015, cf.: CAMPOS, Carmen Hein de. Feminicídio no Brasil: uma análise crítico-feminista. Violência, Crime e Segurança Pública – Sistema Penal & Violência, **Revista Eletrônica da Faculdade de Direito**. Porto Alegre: jan-jun, vol. 07, n° 01, p. 103-115, 2015, pp. 106-108.

[6] NEVES, Marcelo. **Entre Têmis e Leviatã**: uma relação difícil. São Paulo: Martins Fontes, 2008, p. 124.

política. Nos termos do autor, a esfera pública funciona como um "[...] campo complexo de tensão entre direito e política como sistemas acoplados estruturalmente pela Constituição, de um lado, e mundo da vida e outros subsistemas funcionalmente diferenciados da sociedade (economia, ciência, religião etc.), de outro"[7].

Portanto, as disputas conteudísticas fazem parte da dinâmica legítima do jogo democrático, o qual necessita observar certas regras preliminares para funcionar corretamente. Neste contexto é que Marcelo Neves insere o princípio da igualdade, como uma condição garantidora ao acesso de todas/os aos procedimentos jurídico-políticos do Estado Democrático de Direito. É o que ele denomina como "igualdade político-jurídica"[8] que, a *priori*, não deve ser compreendida em seu sentido normativo, de conteúdo dos direitos de indivíduos e grupos sociais.

Todavia, o autor também reconhece que o princípio em questão não deve ser limitado a integração igualitária no sistema jurídico-político, haja vista a existência de discriminações sociais negativas que impedem o exercício efetivo de direitos por parte de grupos e indivíduos historicamente marginalizados. Diante de tais cenários, Neves explica que é necessário estabelecer ações jurídico-políticas afirmativas, que viabilizem a inclusão social e a integração igualitária das/os cidadãs/ãos no Estado Democrático de Direito e na sociedade em geral. Segundo ele,

> [...] as discriminações legais afirmativas ou inversas justificam-se com base no princípio da igualdade enquanto reagem proporcionalmente às discriminações sociais negativas contra os membros desses grupos e desde que objetivem à integração jurídico-política igualitária de todos os cidadãos no Estado e, abrangentemente, na sociedade, servindo, portanto, à construção e à ampliação da cidadania[9].

Nessa perspectiva, é inquestionável que as mulheres (enquanto grupo social) sofrem com as discriminações de gênero, sendo a violência do feminicídio uma de suas expressões. Os índices nacionais e internacionais não deixam margens para dúvidas: apenas no ano de 2017, calcula-se que 87.000 mulheres foram mortas violenta e intencionalmente ao redor do mundo e 58% desses crimes

---

[7] Ibid., p. 133.
[8] Ibid., p. 167.
[9] Ibid., p. 175.

foram realizados por parceiros íntimos ou familiares das vítimas[10]. No mesmo período, o Brasil contabilizou 4.936 mulheres mortas, equivalente a taxa de 13 assassinatos por dia. Desse número, 39,2% das mortes ocorreram dentro da residência da mulher, indicando que o sujeito ativo do crime provavelmente era pessoa conhecida da vítima (parceiro íntimo ou familiar)[11].

Em regra, as mortes violentas de mulheres se desenvolvem em contextos de relacionamentos íntimos e familiares, nos quais as noções como "em briga de marido e mulher ninguém mete a colher" e "se não for minha, não será de ninguém" são recorrentes. Há também assassinatos concretizados em situações de preconceito, quando as mulheres desenvolvem profissões estigmatizadas ou consideradas "masculinas", e por motivos relacionados ao exercício da sexualidade, como nos feminicídios por lesbofobia etc. Geralmente, o que esses casos guardam em comum é a brutalização da violência nos corpos das mulheres assassinadas como indicativo do ódio e menosprezo ao gênero feminino.

Há uma vasta literatura acadêmica e feminista que debate sobre os cenários e as circunstâncias relacionadas ao feminicídio, todas embasadas em razões de gênero. Em virtude disso, as autoras Ana Carcedo e Montserrat Sagot[12] desenvolveram uma tipologia preliminar desses crimes, a depender dos sujeitos e dos contextos das mortes: a) o feminicídio íntimo, como aquele em que os assassinos são pessoas que mantinham relacionamento íntimo, familiar ou conjugal com a vítima; b) feminicídio não-íntimo, praticado por desconhecidos da vítima, geralmente contendo indícios de violência sexual, praticada em momento anterior ou posterior à morte; e c) feminicídio por conexão, no qual a mulher é morta "na linha de fogo", isto é, porque protegia outra mulher que

---

[10] ONU. **Global study on homicide**: Gender-related killing of women and girls. Vienna: UNODC - United Nations Office on Drugs and Crime, 2018, p. 17.

[11] CERQUEIRA, Daniel et al. **Atlas da Violência 2019**. Instituto de Pesquisa Econômica Aplicada (IPEA) e Fórum Brasileiro de Segurança Pública (FBSP). Rio de Janeiro, jun. 2019, p. 35.

[12] CARCEDO, Ana. SAGOT, Montserrat. Cuando la violencia contra las mujeres mata: femicídio en Costa Rica, 1990-1999. In **Vida em família**: uma perspectiva comparativa sobre "crimes de honra". Org: Corrêa, Mariza; SOUZA, Érica Renata. Coleção Encontros, Campinas – SP, Pagu /Unicamp, 2006, p. 414.

estava em situação de risco.

O que se depreende de todos esses cenários é a existência de uma desigualdade social fundamentada na ordem do gênero, que impede não apenas o exercício de direitos políticos e sociais pelas mulheres, como viola o bem jurídico da vida. Logo, é plenamente justificável que o sistema jurídico brasileiro comporte uma discriminação afirmativa em favor desse grupo, tutelando especificamente a situação das mortes violentas e intencionais de mulheres.

Recordamos que o Supremo Tribunal Federal já se pronunciou sobre a compatibilidade das discriminações afirmativas com o princípio da igualdade, quando do julgamento da Ação Declaratória de Constitucionalidade (ADC) nº 19/DF, que questionava a Lei Maria da Penha. Na ocasião, o Tribunal ratificou, por unanimidade, a constitucionalidade da norma e asseverou ser possível estabelecer uma proteção jurídica diferenciada às mulheres, em virtude da desigualdade de gênero:

> VIOLÊNCIA DOMÉSTICA – LEI Nº 11.340/06 – GÊNEROS MASCULINO E FEMININO – TRATAMENTO DIFERENCIADO. O artigo 1º da Lei nº 11.340/06 surge, sob o ângulo do tratamento diferenciado entre os gêneros – mulher e homem –, harmônica com a Constituição Federal, no que necessária a proteção ante as peculiaridades física e moral da mulher e a cultura brasileira [...][13].

O entendimento que se consolida a partir dos votos dos ministros da Suprema Corte na ADC nº 19/DF é que a interpretação do art. 5º, *caput*, da Constituição Federal de 1988, deve instituir o tratamento igualitário como regra geral, sendo passível de exceção sempre que a desigualdade dos grupos e das situações fáticas se impõe. Tal compreensão pode ser perfeitamente aplicada à Lei de Feminicídio, que longe de ferir o princípio constitucional da igualdade se afirma como instrumento de discriminação positiva em favor das mulheres.

No mais, a Lei nº 13.104/2015 também se encontra em consonância com o marco internacional de Direitos Humanos das mulheres, não somente com as já citadas Convenções, CEDAW e

---

[13] BRASIL, Supremo Tribunal Federal. Ação Declaratória de Constitucionalidade 19. Disponível em: <http://redir.stf.jus.br/paginadorpub/paginador.jsp?docTP=TP&docID =5719497 >. Acesso em: janeiro de 2020.

Convenção de Belém do Pará, como também com a jurisprudência da Corte Interamericana de Direitos Humanos (Corte IDH). Destacamos aqui a sentença emitida pela Corte IDH em 16 de novembro de 2009, intitulada *CASO GONZÁLEZ Y OTRAS (CAMPO ALGODONERO) VS. MÉXICO*, que é precursora na definição de feminicídio como morte de mulher em razão do gênero feminino.

Conforme relata a socióloga Wânia Pasinato[14], no final dos anos de 1990 e início da década de 2000, milhares de mulheres mexicanas foram sequestradas, torturadas, estupradas e assassinadas em *Ciudad Juárez*, Estado de *Chihuahua*. O tempo transcorria e as autoridades estatais eram incapazes de apresentar respostas plausíveis para a violência observada no território mexicano. Assim, várias organizações da sociedade civil e da academia começaram a elaborar a tese de que os assassinatos de mulheres ocorriam nos entremeios das disputas por poder de grupos locais, com envolvimento direto ou indireto de agentes de Estado.

Nesse contexto, a antropóloga e deputada federal mexicana, Marcela Lagarde[15], cunhou o termo feminicídio para conferir inteligibilidade às mortes violentas e intencionais de mulheres e para assinalar o contexto de omissão e negligência estatal em prevenir esses crimes, como também em investigar, processar e condenar os culpados pelas mortes. Para ela, o feminicídio torna-se crime de Estado quando este naturaliza a violência de gênero e falha em sua missão de criar condições e garantias para que as mulheres vivam em segurança.

Ao sentenciar o caso, a Corte IDH levou em consideração o cenário de discriminação de gênero no México e acatou as análises decorrentes da teoria de gênero, expressando que:

> 143. No presente caso, a Corte, à luz do indicado nos parágrafos anteriores, utilizará a expressão "homicídio de mulheres por razões de gênero" também conhecida como feminicídio [...].

> 453. A Corte aceitou o reconhecimento de responsabilidade do Estado pelas irregularidades cometidas na primeira fase das investigações [...]. O Tribunal concluiu que no presente caso existia

---

[14] PASINATO, Wânia. "Femicídios" e as mortes de mulheres no Brasil. **Cadernos Pagu**, n. 37, julho-dezembro, pp. 219-246, 2011, pp. 225-228.
[15] LAGARDE, Marcela. Del femicidio al feminicidio. **Desde el Jardín de Freud.**, n. 6, Bogotá, 2006, p. 223.

impunidade e que essa impunidade é causa e, ao mesmo tempo, consequência da série de homicídios de mulheres por razões de gênero que foram credenciadas no presente caso [...].

463. Os três homicídios por razões de gênero do presente caso ocorreram em um contexto de discriminação e violência contra a mulher [...][16].

O entendimento firmado nesse precedente jurisprudencial repercutiu nas legislações de diversos países que passaram a abordar a figura do feminicídio, especialmente na América Latina e no Caribe. Atualmente, 18 países dessas regiões reconhecem o feminicídio: Costa Rica (2007), Guatemala (2008), Chile e El Salvador (2010), Argentina, México e Nicarágua (2012), Bolívia, Honduras, Panamá e Peru (2013), Equador, República Dominicana e Venezuela (2014), Brasil e Colômbia (2015), Paraguai (2016) e Uruguai (2017).

Toda essa repercussão da temática do feminicídio, entre ordens jurídicas nacionais e internacionais, comprova que, cada vez mais, os problemas relacionados aos Direitos Humanos demandam resoluções que ultrapassam as fronteiras dos Estados. De acordo com o Prof. Marcelo Neves, estamos diante do fenômeno do "transconstitucionalismo", em que um mesmo problema jurídico-constitucional se mostra relevante para uma diversidade de ordens jurídicas[17].

Segundo o autor, a melhor solução nesses casos é buscar metodologias aptas ao desenvolvimento de diálogos e conversações entre essas múltiplas ordens jurídicas, de modo a tornar possível um aprendizado recíproco e não hierarquizado e, sobretudo, que esteja voltado à promoção dos Direitos Humanos enquanto "expectativas normativas generalizadas de inclusão jurídica no sistema mundial"[18].

Em última análise, podemos inferir que a legislação brasileira de feminicídio é também fruto de uma conversação transnacional

---

[16] CORTE IDH. **CASO GONZÁLEZ Y OTRAS ("CAMPO ALGODONERO") VS. MÉXICO**, Sentença em 16 de novembro de 2009, p. 42; 115; 116. Disponível online: <http://www.corteidh.or.cr/docs/casos/articulos/seriec_205_esp.pdf>. Acesso em: janeiro de 2020.

[17] NEVES, Marcelo. **Transconstitucionalismo**. São Paulo: Martins Fontes, 2009, p. 129.

[18] Ibid., p. 255.

materializada, principalmente, a partir da jurisprudência do Sistema Interamericano de Direitos Humanos e da ordem constitucional brasileira, através de medidas legislativas e das decisões do Supremo Tribunal Federal.

Da dimensão simbólica da lei de feminicídio às lutas por eficácia no combate à violência contra a mulher

A decisão tomada pelas organizações e movimentos de mulheres para judicializar o problema das mortes em razão de gênero feminino também recebeu críticas por parte de setores mais progressistas do campo jurídico. Desta vez as discordâncias são provenientes principalmente das/os adeptas/os da Criminologia Crítica e estão fundamentadas na função exercida pelo sistema penal[19], para a reprodução de relações sociais desiguais, por sua atuação seletiva e estigmatizadora sobre certos sujeitos e por se constituir como meio ineficaz para a proteção das mulheres contra a violência.

Os questionamentos ponderam as consequências da judicialização do feminicídio, alegando que: a) o princípio do Direito Penal mínimo foi desconsiderado, visto que o feminicídio poderia ser contemplado nas demais qualificadoras já previstas pelo Código Penal brasileiro; b) a Lei de Feminicídio não tem o condão de reduzir a violência de gênero e, por conseguinte, c) a referida lei investe na dimensão simbólica do Direito Penal e em seus efeitos políticos, em detrimento da eficácia normativa.

Pensando sobre a temática, Izabel Solyszko Gomes[20] explica que a aplicação do Direito Penal mínimo torna-se bastante inadequada no que concerne aos casos de violência contra as mulheres e, sobretudo, de violência letal (feminicídio). Isso porque estamos tratando de bens jurídicos como a vida e a integridade sexual, moral e física da vítima, cuja importância fundamental justifica o recurso ao Sistema Penal. A materialização do feminicídio corresponde ao

---

[19] ANDRADE, Vera Regina Pereira de. Criminologia e Feminismo: da mulher como vítima à mulher como sujeito. In: **Criminologia e Feminismo.** Org. Carmen Hein de Campos. Porto Alegre: Sulina, 1999, p. 112-113.

[20] GOMES, Izabel Solyszko. Feminicídios e possíveis respostas penais: dialogando com o feminismo e o direito penal. **Revista Gênero&Direito**, n. 1, p. 188-218, 2015, p. 202.

fim da vida da mulher, isto é, uma conduta penal extremamente gravosa que não pode ser comparada aos Crimes Contra o Patrimônio ou Contra a Administração Pública, por exemplo.

Gomes também afirma que a crítica veiculada, na qual o feminicídio já estaria contemplado nas outras hipóteses qualificadoras do homicídio é muito simplificadora e, na verdade, invisibiliza uma das funções pensadas pelos movimentos sociais e organizações de mulheres para a lei em questão: estabelecer uma figura penal capaz de identificar quem está matando as mulheres e sob quais condições.

Desde o princípio, os grupos sociais que atuaram pela elaboração da Lei de Feminicídio almejavam conceder visibilidade a esse fenômeno no intuito de reunir dados sobre as mortes de mulheres em razão de gênero. O entendimento majoritário era que a tipificação do feminicídio possibilitaria uma melhor compreensão sobre a realidade social, com vistas à elaboração de políticas públicas que abrangessem a assistência social às mulheres; o acesso amplo aos direitos humanos e fundamentais; às políticas criminais (no sentido *lato sensu*) de atenção e prevenção à violência de gênero e, por último, medidas de punição. Segundo Izabel S. Gomes, esta é "[...] a base da Política Nacional de Enfrentamento à Violência Contra as Mulheres no Brasil"[21].

A autora recorda que, em sua maioria, as organizações de mulheres e movimentos feministas envolvidos com a feitura da legislação de feminicídio estavam conscientes sobre as limitações da lei penal, no que tange à sua capacidade de, isoladamente, prevenir os crimes. A reivindicação em torno da criminalização do fenômeno foi uma estratégia orientada para que uma medida penal fosse colocada como alternativa e não como solução única. Nesse sentido, esses sujeitos políticos não desconsideraram a necessidade de permanecer mobilizados em torno da efetivação de políticas públicas relativas à violência de gênero.

Não raras vezes, tais organizações sociais são acusadas de aderir à "lógica punitivista" do sistema penal, sendo a Lei de Feminicídio uma expressão desse posicionamento. Ocorre que as lutas empreendidas (no passado e no presente) pelos movimentos feministas e organizações de mulheres não podem ser restringidas a simples pedidos de "punição aos culpados", sob uma perspectiva

---

[21] Ibid., p. 207.

individualista, sintetizada no binarismo vítima *versus* agressor. Ao contrário, tais mobilizações sociais são constituídas pelo enfrentamento à linguagem generalizada de violência contra a mulher e à sua concretização em instâncias do Parlamento, do Executivo ou do Judiciário. Ou seja, elas forjam disputas em torno das representações de Estado e buscam a incorporação da perspectiva de gênero em suas práticas institucionais, como forma de consolidar o entendimento da violência contra as mulheres como algo inadmissível de ser tolerado historicamente.

No fundo, trata-se da diferenciação entre o "enfrentamento à violência" e o "combate ao crime", conforme explica Roberto Efrem Filho, ao abordar os processos de reivindicação narrativa da violência por organizações sociais e movimentos populares, em momentos públicos e coletivos de lamentação pelas vidas que foram perdidas:

> [...] A mobilização para a punição e para a criminalização corresponde a somente uma das camadas narrativas desses confrontos. Na ambiguidade ínsita a tais camadas e confrontos, como já afirmei, sobressai-se o enfrentamento à "violência" e não simplesmente ao "crime". Nesses cenários, a reivindicação da violência arquiteta publicamente a violência como uma inadmissibilidade histórica, como aquilo que não pode se repetir e que as imagens de brutalidade e os números acionados representam emblematicamente. As *lutas* em questão, portanto, não se prendem aos sujeitos diretamente implicados nos casos[22].

Por último, para analisar a suposta caracterização da Lei de Feminicídio enquanto "lei penal simbólica", utilizaremos a crítica criminológica e os estudos do Prof. Marcelo Neves.

Sobre o assunto, a criminóloga Prof.ª Marília Montenegro explica que o Direito Penal simbólico "[...] geralmente é utilizado para atender às manifestações de grupos políticos ou ideológicos quando desejam declarar determinados valores ou repudiar determinadas atitudes consideradas lesivas aos seus interesses"[23]. Segundo a

---

[22] EFREM FILHO, Roberto. **Mata-mata:** reciprocidades constitutivas entre classe, gênero, sexualidade e território. Tese de Doutorado. Programa de Pós-Graduação em Ciências Sociais da Universidade Estadual de Campinas (UNICAMP). Campinas, SP, 2017, p. 191.

[23] MELLO, Marília Montenegro Pessoa de. **A Lei Maria da penha e a força simbólica da "nova criminalização" da violência doméstica contra a mulher.** In: XIX ENCONTRO NACIONAL DO CONPEDI,

autora, as legislações elaboradas a partir da dimensão simbólica do Direito Penal são aquelas que ressaltam o aspecto político do problema social eventualmente abordado, mas não são capazes de gerar efeitos protetivos concretos e, tampouco, de trabalhar com as verdadeiras causas dos conflitos.

Caso tomemos a Lei de Feminicídio como uma "lei penal simbólica", nos termos da crítica criminológica, significaria dizer que ela somente serve para propagar uma falsa sensação de segurança entre a população, na ilusão de que com o recrudescimento do Direito Penal, algo estaria sendo feito para prevenir as situações indesejadas de violência contra a mulher.

Por outro lado, e resguardadas as devidas particularidades de cada campo de estudo, percebemos que essa crítica direcionada à Lei de Feminicídio pode ser compreendida com maior profundidade por meio das investigações desenvolvidas pelo Prof. Marcelo Neves[24], no tocante ao fenômeno da "legislação simbólica".

Esse conceito é aplicado pelo autor para denotar uma hipertrofia do aspecto simbólico, que se manifesta tanto nas atividades legiferantes quanto nos textos de leis e seus discursos correlatos, sempre que o "sentido normativo-jurídico" aparente cede lugar ao significado "político-ideológico" latente:

> [...] o conceito de legislação simbólica deve referir-se abrangentemente ao significado específico do ato de produção e do texto produzido, revelando que o sentido político de ambos prevalece hipertroficamente sobre o aparente sentido normativo-jurídico. A referência deôntica-jurídica de ação e texto à realidade torna-se secundária, passando a ser relevante a referência político-valorativa ou político-ideológica[25]. – *grifos nossos.*

Como ponto de partida, Marcelo Neves trabalha com uma tipologia tricotômica elaborada por Harald Kindermann para expressar os casos de legislação simbólica, quais sejam: a) para confirmar valores sociais; b) para demonstrar a capacidade de ação do Estado; e c) para adiar a solução de conflitos sociais através de

---

2010, Fortaleza. Anais do XIX Encontro Nacional do CONPEDI. Florianópolis: Fundação Boiteux, 2010. p. 940.

[24] NEVES, Marcelo. **A Constitucionalização Simbólica**. São Paulo: Editora Acadêmica, 1994.

[25] Ibid., p. 32.

compromissos dilatórios[26].

Nas legislações voltadas para a confirmação de valores sociais, temos vários grupos políticos que demandam do legislador um posicionamento legitimador dos valores e interesses sociais que estão disputando entre si. Assim, as expectativas são satisfeitas com a simples expedição da lei, sendo indiferente a eficácia normativa do ato legislativo editado.

O segundo tipo de legislação simbólica corresponde à demonstração da capacidade de ação do Estado ou, como é denominada por Kindermann, legislação-álibi. A preocupação central aqui não seria a de confirmação de valores de determinados grupos sociais, mas sim o reforço da confiança das/os cidadãs/ãos na capacidade do Poder Público para solucionar problemas emergentes. Em geral, as normas elaboradas nessas circunstâncias não apresentam mínimas condições de efetivação e a atividade legiferante se resume a uma reação imediatista dos órgãos estatais perante as demandas da população.

Com efeito, esse tipo de legislação simbólica vem sendo bastante explorado no âmbito penal. Neves pontua que o aumento da criminalidade no Brasil tem sido acompanhado de reformas (de efeito simbólico) para enrijecer as legislações penais já existentes, quando o problema real se concentra na ausência de pressupostos socioeconômicos e políticos para efetivação das leis em vigor, dentre os quais poderíamos destacar um cenário generalizado de carência de direitos e de exclusão social, em que os subsistemas da economia e da política se expandem ao ponto de comprometer a autonomia do direito e a concretização da legalidade.

Para finalizar a tipologia de Kindermann, temos a "legislação como fórmula de compromisso dilatório", que decorre de um "acordo" entre diversos grupos políticos em torno do ato legislativo. O consenso alcançado não está relacionado ao conteúdo do diploma legal, e sim, deriva da perspectiva de ineficácia da lei, de modo que a promulgação serve apenas para adiar a solução real dos conflitos sociais. Este tipo de legislação simbólica não apenas é incapaz de modificar a realidade de forma direta, como também impede que outras soluções se apresentem para os problemas concretos da população.

Aplicando as considerações acima à Lei nº 13.104/2015,

---

[26] Ibid., pp. 34-41.

podemos observar como ela contém certos efeitos simbólicos, especialmente quando analisamos o momento de produção do ato legiferante e os discursos que o impulsionaram. Como já abordamos, a promulgação da Lei de Feminicídio serviu para a confirmação política da violência de gênero como uma "inadmissibilidade histórica" perante a sociedade e o Estado, ou seja, atuou, em certa medida, para a "confirmação de valores de grupos sociais".

A expedição desse diploma legal também serviu como recurso narrativo para os agentes estatais afirmarem que medidas estão sendo adotadas para o "combate à violência contra mulher", isto é, de certo modo agiu para "demonstrar a capacidade de ação do Estado". Finalmente, caso compreendamos a Lei de Feminicídio como instrumento isolado para o enfrentamento do problema da violência, desconsiderando-se a importância de elaborar políticas públicas mais abrangentes, estaremos diante de lei como "fórmula de compromisso dilatório".

Apesar disso, o Prof. Marcelo Neves nos recorda que a força simbólica, presente em determinados textos e declarações com caráter normativo, também pode servir para a mobilização social em busca da concretização de direitos, especialmente de Direitos Humanos e Fundamentais. É o que o autor denomina de "ambivalência do simbólico"[27], que se por um lado pode atuar como "ilusão textual" para encobrimento da realidade normativa, também tem a potencialidade de conduzir à construção de um modelo normativo e eficaz no futuro.

As contribuições do autor se aplicam perfeitamente ao caso aqui analisado, pois, a despeito da sua dimensão simbólica, a positivação da Lei de Feminicídio concedeu legitimidade para que as organizações sociais e os movimentos feministas pudessem reivindicar a sua concretização normativa.

Presentemente, esses grupos estão preocupados com o texto legal produzido e demandam a aplicação eficaz da norma nos casos de violência de gênero contra as mulheres. Recordamos que as mobilizações em torno da criminalização do feminicídio sempre foram compreendidas como o pontapé inicial de um Plano de Enfrentamento à Violência Contra a Mulher, de modo que nem as

---

[27] NEVES, Marcelo. A força simbólica dos Direitos Humanos. **Revista Eletrônica de Direito do Estado (REDE)**. Salvador-BA, n. 4 – outubro/novembro/dezembro, 2005, p. 5.

ações desses sujeitos políticos nem a análise da dimensão simbólica da lei devem se resumir ao momento de produção do ato legiferante.

Para enfatizar a análise exposta, destacamos que as recentes disputas empreendidas por esses grupos sociais se referem ao requerimento de adaptação pela esfera estadual do documento das "Diretrizes Nacionais para Investigar, Processar e Julgar com Perspectiva de Gênero as Mortes Violentas de Mulheres", Modelo de Protocolo para crimes de feminicídio, criado pelo Escritório da ONU-Mulheres em parceria com a antiga Secretaria Nacional de Políticas Públicas para Mulheres da Presidência da República (SPM/PR), em 2016.

Além disso, no ano de 2017, como resultado das reivindicações sociais, o Conselho Nacional de Justiça (CNJ) instituiu a "Meta Nacional 8", que se volta para o fortalecimento da Rede de Enfrentamento à Violência Doméstica no âmbito da justiça estadual. Essa meta apresenta um indicativo de ações que perpassam pela: a) manutenção de atendimento psicossocial à vítima e aos agressores, no caso de violência doméstica; b) criação de coordenadorias estaduais da Mulher em Situação de Violência Doméstica e Familiar; c) a capacitação contínua de magistrados e servidores na temática de gênero e d) participação nas semanas do "Programa Justiça pela Paz em Casa", de modo a priorizar o julgamento dos processos relacionados ao feminicídio e à violência doméstica e familiar contra as mulheres.

O cumprimento da Meta 8 é checado anualmente e o acompanhamento pode ser realizado via portal do CNJ, que dispõe de um painel digital com os resultados das metas nacionais. Por exemplo, nos dados referentes ao ano de 2019, o percentual de cumprimento foi de 93,21% no que tange aos crimes de feminicídio e de 67,48% nos processos de violência doméstica e familiar[28].

Tais informações são indicativas de que há um esforço, por parte dos grupos de mulheres em parceria com órgãos do Poder Executivo, Legislativo e do Judiciário e com outras organizações da sociedade civil, para que a Lei de Feminicídio brasileira seja

---

[28] Cf.: CNJ. Painel de Resultados das Metas Nacionais – 2019. Disponível em: <
https://paineis.cnj.jus.br/QvAJAXZfc/opendoc.htm?document=qvw_l%2FPainelCNJ.qvw&host=QVS%40neodimio03&anonymous=true&sheet=shMNRespostas >. Acesso em: janeiro de 2020.

reconhecida socialmente e, sobretudo, concretizada normativamente diante de um cenário nacional de violência contra as mulheres.

Cabe ainda salientar, de acordo com os ensinamentos do Prof. Marcelo Neves, que a não-realização do programa finalístico do texto legal não é suficiente, por si só, para caracterizar uma legislação como simbólica. Para o autor, o que realmente importa é saber se a legislação é normativamente eficaz, isto é, se ela é capaz de cumprir com regularidade a "[...] relação hipotético-abstrata 'se-então' da 'norma primária' e da 'norma secundária' (programação condicional)"[29].

No que tange às legislações penais, sabemos que a norma primária dispõe sobre a conduta, no caso, o cometimento do feminicídio "contra a mulher em razão de condição de sexo feminino" e a norma secundária alude à sanção em termos de pena, ou seja, "reclusão de doze a trinta anos". Sendo assim, para ser eficaz, a Lei de Feminicídio precisa materializar a relação hipotético-abstrata: "Se é A, deve ser B". Em outras palavras, a legislação deve ser regularmente observada, executada, aplicada e usada nos casos de feminicídio[30].

Ademais, de acordo com Neves, quando observamos um alto índice de comportamentos sociais em desconformidade ao conteúdo da norma, significa que estamos diante da falta de "vigência social da norma legal". Isso é um problema porque indica a falta de eficácia da norma posta, que deixou de orientar, de modo generalizado, as expectativas normativas das pessoas, dos órgãos estatais, de instituições etc. Vejamos o que diz o autor:

> [...] Se partimos de que a função primária do Direito "não reside na realização de determinado comportamento, mas sim no fortalecimento de determinadas expectativas", **pode-se afirmar que a legislação simbólica só tem lugar quando a vigência social da norma legal, ou seja, a sua função de "congruente generalização de expectativas normativas" é atingida**. O texto legal não é apenas incapaz de dirigir normativamente a conduta, caracterizando-se principalmente por não servir para orientar ou

---

[29] NEVES, op. cit., 1994, p. 49.

[30] Para detalhamento sobre as diferenças entre observação, execução, aplicação e uso de normas de Direito, cf.: NEVES, Marcelo. **A Constitucionalização Simbólica**. São Paulo: Editora Acadêmica, 1994, pp. 42-45.

assegurar, de forma generalizada, as expectativas normativas[31]. – *grifos nossos.*

Seria apenas em um cenário como o descrito acima que poderíamos categorizar a Lei n° 13.104/2015 como uma legislação simbólica, o que a nosso ver não corresponde com a realidade brasileira. Para que isto fosse possível, por exemplo, deveríamos estar presenciando a materialização das mortes violentas de mulheres e, concomitantemente, a recusa generalizada por parte dos órgãos do Poder Judiciário e de instituições da sociedade civil, como a mídia, em reconhecer, aplicar e executar a Lei de Feminicídio. O que, frisamos, não ocorre de modo generalizado.

Ainda que restem desafios para total concretização do texto legal e, especialmente, para a eliminação do fenômeno social da violência de gênero, é muito precipitado afirmar que a Lei de Feminicídio só tem a dimensão simbólica para oferecer.

Considerações finais

As problematizações deste artigo concentraram-se nas disputas político-jurídicas, manejadas em torno da Lei de Feminicídio brasileira. Notadamente, questionamo-nos se esse texto legal viola o princípio constitucional da igualdade e se corresponde a uma legislação simbólica, carente de eficácia normativa.

Utilizando-nos da literatura sociológica sobre o feminicídio e da jurisprudência da Corte IDH, percebemos que a produção de uma lei que tutela, especificamente, a vida das mulheres encontra fundamentação nas mortes violentas que ganham materialidade pela discriminação em razão do gênero feminino. Nesse sentido, a discriminação social negativa sobre as mulheres e sua exclusão da ordem jurídico-política legitima a Lei de Feminicídio como discriminação legal afirmativa, compatível com a ordem constitucional, conforme os estudos do Prof. Marcelo Neves e o entendimento consolidado pelo STF na ADC n° 19/DF.

Portanto, longe de ferir o princípio constitucional da igualdade, a Lei n° 13.104/2015 corrobora para o fortalecimento de um diálogo a nível mundial sobre questões constitucionais de proteção aos Direitos Humanos, particularmente, no que se refere aos problemas

---

[31] Ibid., pp. 50-51.

de discriminação, violência e mortes de mulheres em razão de gênero.

No que tange à Lei de Feminicídio como legislação simbólica, verificamos que a atividade legiferante e os discursos relativos à promulgação desse diploma legal são dotados de certos efeitos simbólicos, tendo em vista que os sujeitos políticos imbricados com sua produção almejavam utilizá-lo para a reivindicação da violência contra as mulheres como uma inadmissibilidade histórica perante a sociedade e as instâncias estatais.

Não obstante, para ser caracterizada como "simbólica" não basta que a legislação tenha o seu sentido político-ideológico realçado, é preciso ainda que o texto legal produzido seja desprovido de vigência social e de eficácia no sentido mais técnico.

Só poderíamos afirmar que a Lei de Feminicídio brasileira consiste numa legislação simbólica caso a norma primária não fosse observada socialmente e, de modo simultâneo, também observássemos o fracasso da norma secundária. Ocorre que quando nos voltamos para o texto legal do feminicídio, percebemos que ele tem potencialidade para orientar as expectativas normativas das pessoas e dos órgãos estatais, bem como que esforços sociais e institucionais estão sendo empreendidos nesse sentido.

Vislumbramos a necessidade de um maior período de vigência da legislação em apreço para conformar um posicionamento mais sólido. Nesse ínterim, precisamos aguardar a produção e a parametrização de estatísticas confiáveis, além do desenvolvimento de pesquisas empíricas capazes de reunir dados locais e nacionais sobre a percepção de agentes jurídicos e de atores da sociedade civil em relação à Lei de Feminicídio, bem como sobre a execução e aplicação da qualificadora nos casos concretos apresentados nos Tribunais do Júri pelo país.

De todo modo, o que evidenciamos é que os movimentos feministas e as organizações de mulheres estão em processo contínuo de mobilização social, que consiste não somente em exigir a concretização normativa da Lei de Feminicídio, mas em propagar a noção de que uma vida livre de violência de gênero é "direito humano" das mulheres.

Referências

ANDRADE, Vera Regina Pereira de. Criminologia e Feminismo: da mulher como vítima à mulher como sujeito. In: **Criminologia e Feminismo.** Org. Carmen Hein de Campos. – Porto Alegre: Sulina, 1999.

BASTERD, Leila. Lei Maria da Penha: uma experiência bem-sucedida de advocacy feminista. In: CAMPOS, Carmen Hein de (Org). **Lei Maria da Penha Comentada em uma perspectiva jurídico-feminista.** Rio de Janeiro: Lumen Juris, 2011.

BRASIL. Decreto-lei no 2.848, de 7 de dezembro de 1940. **Código Penal.** Disponível em: <http://www.planalto.gov.br/ccivil_03/decreto-lei/del2848compilado.htm>. Acesso em: jan./2020.

________. Lei n. 11.340, de 7 de agosto de 2006. **Lei Maria da Penha.** Disponível em: <http://www.planalto.gov.br/ccivil_03/_ato2004-2006/2006/lei/l11340.htm>. Acesso em: janeiro de 2020.

________. Lei n. 13.104, de 9 de março de 2015. **Lei de Feminicídio.** Disponível em: <http://www.planalto.gov.br/ccivil_03/_Ato2015-2018/2015/Lei/L13104.htm>. Acesso em: janeiro de 2020.

________. Comissão Parlamentar Mista de Inquérito de Violência Contra a Mulher no Brasil. **Relatório final.** Brasília: Senado Federal, 2013.

________. Supremo Tribunal Federal. **Ação Declaratória de Constitucionalidade 19.** Disponível em: <http://redir.stf.jus.br/paginadorpub/paginador.jsp?docTP=TP&docID=5719497>. Acesso em: janeiro de 2020.

BUTLER, Judith. **Problemas de Gênero:** feminismo e subversão da identidade. Trad. Renato Aguiar. 7ª ed. Rio de Janeiro: Civilização Brasileira, 2014.

CAMPOS, Carmen Hein de. Lei Maria da Penha: necessidade de um novo giro paradigmático. **Revista Brasileira de Segurança Pública.** São Paulo V. 11, N. 1, 1022, Fev/Mar, 2017.

________. Feminicídio no Brasil: uma análise crítico-feminista. Violência, Crime e Segurança Pública - Sistema Penal & Violência, **Revista Eletrônica da Faculdade de Direito.** Porto Alegre: jan-jun, vol. 07, nº 01, p. 103-115, 2015.

CARCEDO, Ana. SAGOT, Montserrat. Cuando la violencia contra las mujeres mata: femicídio en Costa Rica, 1990-1999. In **Vida em família:** uma perspectiva comparativa sobre "crimes de honra". *Org:* Corrêa, Mariza; SOUZA, Érica Renata. Coleção

Encontros, Campinas – SP, Pagu-Núcleo de Estudos de Gênero /Unicamp, 2006.

CEDAW. Convenção sobre a Eliminação de Todas as Formas de Discriminação Contra a Mulher, 1979. In: Presidência da República. Casa Civil. Decreto n. 4.377, de 13 de setembro de 2002. Disponível em: <http://www.planalto.gov.br/ccivil_03/decreto/2002/d4377.htm>. Acesso em: janeiro de 2020.

CERQUEIRA, Daniel et al. **Atlas da Violência 2019**. Instituto de Pesquisa Econômica Aplicada (IPEA) e Fórum Brasileiro de Segurança Pública (FBSP). Rio de Janeiro, jun. 2019.

CNJ. **Painel de Resultados das Metas Nacionais - 2019**. Disponível em: <https://paineis.cnj.jus.br/QvAJAXZfc/opendoc.htm?document=qvw_l%2FPainelCNJ.qvw&host=QVS%40neodimio03&anonymous=true&sheet=shMNRespostas>.Acesso em janeiro de 2020.

CIDH. CONVENÇÃO INTERAMERICANA PARA PREVENIR, PUNIR E ERRADICAR A VIOLÊNCIA CONTRA A MULHER. Disponível em: <http://www.cidh.org/Basicos/Portugues/m.Belem.do.Para.htm>. Acesso em: janeiro de 2020.

CORTE IDH. CASO GONZÁLEZ Y OTRAS ("CAMPO ALGODONERO") VS. MÉXICO, Sentença em 16 de novembro de 2009. Disponível online: <http://www.corteidh.or.cr/docs/casos/articulos/seriec_205_esp.pdf>. Acesso em: janeiro de 2020.

EFREM FILHO, Roberto. **Mata-mata:** reciprocidades constitutivas entre classe, gênero, sexualidade e território. Tese de Doutorado. Programa de Pós-Graduação em Ciências Sociais da Universidade Estadual de Campinas (UNICAMP). Campinas, SP, 2017.

GOMES, Izabel Solyszko. Feminicídios e possíveis respostas penais: dialogando com o feminismo e o direito penal. **Revista Gênero&Direito**, n. 1, p. 188-218, 2015.

LAGARDE, Marcela. Del femicidio al feminicidio. **Desde el Jardín de Freud.** [S.l.], n. 6, p. 216-225, 2006.

MELLO, Marília Montenegro Pessoa de. **A Lei Maria da penha e a força simbólica da "nova criminalização" da violência doméstica contra a mulher**. In: XIX Encontro Nacional do

CONPEDI, 2010, Fortaleza. Anais do XIX Encontro Nacional do CONPEDI. Florianópolis: Fundação Boiteux, 2010.

NEVES, Marcelo. **Entre Têmis e Leviatã**: uma relação difícil. São Paulo: Martins Fontes, 2008.

________. **Transconstitucionalismo**. São Paulo: Martins Fontes, 2009.

________. **A Constitucionalização Simbólica**. São Paulo: Editora Acadêmica, 1994.

________. A força simbólica dos Direitos Humanos. **Revista Eletrônica de Direito do Estado (REDE)**. Salvador-BA, n. 4 – outubro/novembro/dezembro, 2005.

ONU. **Global study on homicide**: Gender-related killing of women and girls. Vienna: UNODC - United Nations Office on Drugs and Crime, 2018.

PASINATO, Wânia. "Femicídios" e as mortes de mulheres no Brasil. **Cadernos Pagu.** n. 37, julho-dezembro, pp. 219-246, 2011.

Dissidências de gênero e direitos humanos: considerações acerca do reconhecimento legal das identidades trans

ANIELLE OLIVEIRA MONTEIRO

Introdução

> *"What is most important is to cease legislating for all lives what is liveable only for some, and similarly, to refrain from proscribing for all lives what is unlivable for some."* — **Judith Butler, Undoing Gender**

Os corpos são marcados, como já diria a pedagoga e pesquisadora Guacira Lopes Louro (2015). E o que marca esses corpos? Quais os regimes de verdades e quais as normas que incidem sobre eles? Todo um conjunto de expectativas de gênero já é imposto ao feto, antes mesmo dele nascer: se tiver um pênis, o quarto da criança será azul, carrinhos e soldadinhos de brinquedo, espera-se que esse bebê cresça e reproduza masculinidade, seja heterossexual, demonstre força, virilidade. Se tiver uma vagina, por sua vez, vai ser uma menina: decora-se um quarto de rosa, espera-se delicadeza, sensibilidade, "sente de pernas fechadas!", "se comporte como uma *lady*!", etc. Todo esse "manual" de como uma pessoa deve se identificar e se portar em sociedade, com base no aparelho reprodutor, é reiterado e legitimado exaustivas vezes pela família, pela medicina, Igreja, Estado e demais instituições.

As feministas da chamada "segunda onda" (momento que se inicia mais ou menos a partir da década de 70), começam a perceber e defender que o gênero é uma categoria construída social e culturalmente e não um dado "natural", "fixo", como havia sendo defendido há muitos séculos nas sociedades ocidentais. A partir deste momento, há uma diferenciação entre gênero (cultural) e sexo (natural, biológico). Com a chegada dos anos 80, o gênero, aqui, começa a ser visto também como uma categoria de análise histórica (JOAN SCOTT, 1986): influenciadas principalmente pelo pós-estruturalismo de Michel Foucault, as teóricas feministas passam a conceber o gênero como um "saber" sobre as diferenças sexuais, algo como a materialização do "poder" dentro destas relações. Os estereótipos de masculinidade e feminilidade foram assim, usados, historicamente, como "argumento" para defender uma pretensa superioridade "masculina". Durante muito tempo, às mulheres foi reservado o doméstico, as atividades ligadas ao lar e aos cuidados dos filhos e da família e aos homens: o trabalho fora de casa, vagas em cargos públicos e acadêmicos, direito ao voto, educação e artes. Muitos desses estereótipos sexistas, importante dizer, foram reforçados através de discursos tidos como "científicos" (ANGELA SAINI, 2017), amparados nas ciências hegemônicas da época.

A partir da década de 80 e início da década de 90, entra em cena um novo momento para o movimento feminista e para os "Estudos de Gênero", marcado pelo surgimento da Teoria *Queer*. Através de nomes consagrados nas ciências humanas como os de Judith Butler e Eve Sedgwick, os Estudos *Queer* surgem como uma epistemologia, um saber que se posiciona de forma contra-hegemônica: o *Queer* vai buscar no desconstrutivismo a ferramenta necessária para entender a heterossexualidade não como "natural" e sim como um regime político que dita e organiza a vida das pessoas dentro das sociedades e do Estado-nação. A Teoria *Queer* também vai ampliar o seu objeto de estudo para além da "mulher", enquanto "sujeito universal" do feminismo: aqui, não só as pautas relacionadas às mulheres brancas e heterossexuais são contempladas (como foi o foco do movimento e dos estudos feministas em décadas anteriores), mas também, passa-se a ter uma visão interseccional do feminismo, abarcando as demandas das mulheres negras, lésbicas, bissexuais, com deficiência, imigrantes, etc. Outra questão, também trazida e problematizada pelo *queer* é a questão das identidades trans e intersexuais, as identidades tidas como "dissidentes": até então, o movimento LGBTI+ e o feminismo, davam ênfase a defesa de pautas ligadas apenas a população gay e lésbica. Os Estudos *Queer*, assim, questionam e desconstroem a noção de que os seres humanos ao longo da história se enquadraram (e necessariamente irão se enquadrar) rigidamente no binômio "masculino" ou "feminino", mostram que os corpos (como já diria Butler) "escapam" à essa ordem imposta predominantemente pelas sociedades ocidentais com raízes no cristianismo.

E onde entra o papel do Estado e do direito nesta discussão? O Estado, através da ordem jurídica, produz normas e discursos que são legitimadores. Quando o Estado e o Direito brasileiro consideravam e aceitavam o casamento civil apenas entre "homem" e "mulher", essa norma não só tinha força jurídica, mas ecoava (e ecoa, muitas vezes até hoje, em setores conservadores da sociedade brasileira), também, em outras esferas da vida social, reforçando que a única forma "sadia" de se relacionar sexualmente e afetivamente seria dentro do padrão de heterossexualidade. Quando o Estado e o Direito brasileiro proíbem a adoção por casais homoafetivos, a norma que está sendo reproduzida, culturalmente também, é a de que o único arranjo familiar legítimo é o da família tradicional, a família nuclear, aquela família que encontra na reprodução a sua principal finalidade (que, "coincidentemente", também é o tipo de estrutura familiar que foi conveniente para que o capitalismo enquanto sistema "prosperasse"). Poderia sugerir vários outros exemplos nesta linha, mas por ora, o foco desse artigo reside na questão das identidades trans, especialmente no direito à identidade de gênero como um direito humano básico da população T (transexuais, transgêneros, travestis, pessoas não-binárias). Como o Estado e o Direito são atravessados e, consequentemente, reproduzem um discurso binário de gênero? Como a ordem jurídica brasileira, decide, através de um olhar excessivamente *cisnormativo* quais os sujeitos que podem ou não serem contemplados pelo direito à identidade de gênero? Quem, no ordenamento jurídico atual, tem o direito de ser visto e reconhecido (em todas as esferas do mundo social) pela sua real identidade de gênero?

Para tanto, achei propício, dividir o presente trabalho em três tópicos: no primeiro, trago uma discussão sobre cidadania e democracia. No segundo tópico, foco na questão sobre quem são os sujeitos dos direitos humanos, levando a obra "O Fim dos Direitos Humanos" de Costas Douzinas e a Ética da Alteridade (cunhada por Emmanuel Levinas) como referencial teórico que, penso eu, ser de grande ajuda para a compreensão da relevância dos direitos trans na contemporaneidade (e como a construção desses direitos tem se dado à luz da Teoria Crítica dos Direitos Humanos). No terceiro e último tópico, me direciono ao objeto principal do presente trabalho: o direito à identidade de gênero (com ênfase no reconhecimento legal do gênero através da mudança de nome no registro civil): como vem se dando o processo de concretização desse direito no contexto brasileiro e quais as principais conquistas (e obstáculos, também) da população trans nesse quesito. Por fim, a metodologia aqui utilizada é de caráter bibliográfico, tendo como aporte teórico, principalmente, autores e pesquisadores dos Estudos de Gênero, da Teoria *Queer* e da Teoria Crítica dos Direitos Humanos.

Conclui-se, assim, que mesmo o Estado brasileiro tendo passado a garantir, a partir da ADI de n° 4275, a retificação de nome de pessoa trans (sem necessidade de autorização judicial e livre de qualquer tipo de imposição de laudos médicos), feita através de cartório, por procedimento administrativo, apesar de ter sido um grande passo rumo à inclusão da comunidade T, infelizmente, uma grande parte deste segmento ainda encontra dificuldades para ter esse direito efetivado, seja por imposições burocráticas (uma longa lista de documentos e certidões) ou pelos altos custos do procedimento.

Ficção ou realidade? da (im)possibilidade de uma cidadania trans no Brasil

> *"As far as I'm concerned, being any gender is a drag."*
> — **Patti Smith**

As democracias ocidentais liberais, na contemporaneidade, à primeira vista, aparecem como o estágio mais "evoluído" em termos de formação estatal ou governabilidade. A leitura pessoal que construímos, ao longo dos anos, seja pela mídia, cinema ou através dos livros de História, sobre conceitos como cidadania ou democracia, é a de que tais categorias são eticamente incontestáveis: a democracia é uma forma quase "perfeita" de sistema político onde o governo é exercido pelo povo, pela "maioria". A cidadania, por sua vez, em termos gerais, aparece como um conjunto de direitos e prerrogativas que um indivíduo possui dentro do Estado-nação. Sem dúvidas são categorias elásticas e instáveis, que estão em constante "mutação" e que podem adquirir significados diferentes de acordo com a realidade sociocultural que estão inseridas.

Em *"Hurt: notes on torture in a modern democracy"*, Kristian Williams (pesquisador e ativista de Portland, EUA), faz uma análise sobre o uso da tortura dentro das chamadas "sociedades democráticas": o autor examina, em um dos primeiros capítulos, o caso de Abu Ghraib (que ficou internacionalmente conhecido, em 2004, durante a guerra no Iraque). O mundo e principalmente a sociedade estadunidense ficam em choque ao testemunhar o vazamento de fotos onde soldados do exército dos EUA aparecem cometendo as mais graves violações de direitos humanos contra prisioneiros. A mensagem, repetida de forma exaustiva pela grande mídia nos EUA foi a de que "não é assim que fazemos as coisas na América" (tradução nossa).

De acordo com Williams (2012), a reação da população estadunidense é a de que o episódio não passou de uma triste e lamentável exceção, algo trágico e jamais visto antes. O autor, contudo, mostra, ao longo do texto que a tortura, não só dentro dos EUA, como na maioria dos países democráticos é uma prática comum, banal, cotidiana. O processo de naturalização dessa grave violação de direitos humanos se deu e se dá diariamente, seja através de ações truculentas das polícias nas ruas, seja no exército ou dentro do sistema prisional. A tortura, como defende, Williams (2012), faz parte do *modus operandi* e, está enraizada, na estrutura das democracias liberais principalmente através do aparelho repressivo do Estado: "será que os Estados Unidos são realmente uma democracia?", o autor provoca. "Naquele momento, eu quis mostrar que a tortura em Abu Ghraib não foi algo anômalo, mas sim, um resultado previsível de algumas das características básicas da nossa sociedade: racismo, imperialismo, dominação masculina e o Estado" (tradução nossa)[1].

Fazendo uma ponte entre a crítica de Kristian Williams e o cenário brasileiro, é evidente, também, que a democracia "tupiniquim" encontra falhas estruturais aberrantes. Basta observar o índice de assassinatos cometidos pela polícia militar anualmente (que tem uma relação direta, inclusive, com o genocídio da população negra), o despreparo do Estado em relação a "guerra às drogas" e tantas outras violências cometidas por agentes do Estado, em nome do Estado, frutos diretos de séculos de escravidão e também, herança de uma ditadura militar que é defendida de forma abominável, até hoje, em discursos de figuras políticas. É justamente nesse contexto que pensadores contemporâneos como Safatle, a partir de reflexões centradas nos estudos da necropolítica (conceito

---

[1] A leitura do livro *"Hurt: notes on torture in a modern democracy"* foi feita através do dispositivo Kindle, portanto, para fins de referência: a posição é a de número 39.

trabalhado por Achille Mbembe[2]), defendem o uso do termo "necroestado" para ilustrar a realidade brasileira no que diz respeito ao extermínio sistemático de determinadas parcelas da população brasileira pelo Estado: a esses segmentos específicos, é negada a condição de sujeito. Safatle (2019) é assim, assertivo, ao fazer a provocação: "como a democracia no Brasil está morrendo? Como é possível dizer que algo que nunca existiu, está morrendo?"[3]. A concretização da democracia, assim como a concretização da cidadania, dentro da realidade brasileira, parece encontrar limites de classe, de raça, de gênero, de sexualidade, de territorialidade.

Teoricamente falando, uma pessoa ao nascer, deveria ser contemplada por um conjunto básico de direitos, tais como: o direito à educação, à saúde, ao trabalho, à moradia, acesso à informação, dentre outros. O simples fato de tornar-se um indivíduo no mundo já deveria ser suficiente para uma pessoa receber o *status* de cidadã. Infelizmente, existe um grande abismo entre a ideia de cidadania defendida pelos dispositivos normativos e a sua concretização na sociedade brasileira. Em um país onde a expectativa de vida de uma pessoa trans é de 35 anos[4] e onde essa mesma população se encontra 90% inserida na prostituição[5], fica evidente a natureza meramente simbólica dos "direitos do cidadão".

No texto "Entre Subintegração e Sobreintegração: A Cidadania Inexistente" (1994), Marcelo Neves, aponta, de forma crítica e interdisciplinar, que a declaração de direitos fundamentais na constituição não implica na conquista e, consequentemente, na efetivação da cidadania. A "metamorfose" da cidadania de uma "ideia" ou "discurso" para direito positivado, irá depender da

---

[2]　　"Necropolítica", Achille Mbembe, em: https://revistas.ufrj.br/index.php/ae/article/view/8993. Acesso: fevereiro de 2020.

[3] Ler mais em: https://jornalistaslivres.org/nao-e-possivel-perder-algo-que-nunca-tivemos-a-democracia-diz-vladimir-safatle/. Acesso em: fevereiro de 2020.

[4] Ler mais em: https://epoca.globo.com/brasil/noticia/2018/01/reduzida-por-homicidios-expectativa-de-vida-de-um-transexual-no-brasil-e-de-apenas-35-anos.html. Acesso: fevereiro de 2020.

[5] Ver mais em: https://www1.folha.uol.com.br/mercado/2020/01/emprego-formal-ainda-e-excecao-entre-pessoas-trans.shtml. Acesso: maio de 2020.

sociedade, do governo e do Estado em questão. Contudo, ainda que a cidadania esteja inserida em um determinado texto constitucional, por meio da ampliação de direitos, a sua natureza ainda é "mais um termo-questão" de política simbólica (NEVES, p. 253).

Neves (1994) trata da conquista e abrangência da cidadania enquanto processo de juridificação e propõe a questão da autonomia do sistema jurídico como condição de sua realização. O jurista se vale da "teoria sistêmica" de Luhmann, onde há a defesa de uma autonomia operacional do sistema jurídico em detrimento das determinações do seu "meio ambiente" (p. 258). O Direito Positivo, nesta lógica, se reproduziria de forma autônoma e de acordo com os seus próprios critérios. Deste modo, haveria uma subordinação das "forças" políticas e econômicas em detrimento dos parâmetros estabelecidos pelo próprio ordenamento jurídico:

> Isso implica generalização includente de toda a população no Direito, significando tanto o acesso a seus benefícios e vantagens, quanto dependência em relação aos seus critérios. (...) a cidadania pressupõe não apenas a igualdade de direitos como também a igualdade de deveres. Essa bipolaridade só é possível se o sistema jurídico se reproduz autonomamente. (p. 259)

Para o autor, se não há força normativa da constituição, através da sua integração ao cotidiano e ao agir dos cidadãos e agentes públicos, através de direitos e deveres recíprocos, não existe assim, cidadania. Desta forma, é requisito fundamental para a existência da cidadania, a concretização das normas constitucionais referentes aos direitos fundamentais, sob pena de:

> (...) havendo bloqueios do processo de concretização constitucional por fatores políticos, econômicos e culturais, a reprodução autônoma do Direito não se realiza. E, portanto, a cidadania permanece no texto constitucional como bela fachada de uma construção interiormente em minas (p. 260).

A noção de cidadania enquanto "integração jurídica igualitária" na sociedade, defendida por Neves (1994), não ocorre quando há relações de "subintegração" e "sobreintegração", fenômeno muito comum no cenário brasileiro e em outros países do sul global:

> A subintegração das massas é inseparável da sobreintegração dos grupos privilegiados, que, principalmente com o apoio da burocracia estatal, desenvolvem suas ações bloqueantes da reprodução do Direito. É verdade que os sobrecidadãos utilizam regularmente o texto constitucional democrático - em princípio,

> desde que isso seja favorável aos seus interesses para a proteção da "ordem social". Tendencialmente, porém, na medida em que a Constituição impõe limites à sua esfera de ação política e econômica, é posta de lado. Ela não atua, pois, como horizonte do agir e vivenciar jurídico-político dos "donos do poder", mas sim como uma oferta que, conforme a eventual constelação de interesses, será usada, desusada ou abusada por eles. Assim sendo, a garantia da impunidade é um dos traços mais marcantes da sobrecidadania. (p. 261)

Nesta perspectiva, aos "subintegrados" é reservado apenas obedecer às imposições do Estado, aos deveres e responsabilidades do "cidadão", sem desfrutar, assim, de nenhum dos benefícios ou garantias que esta condição traz. Para estes subcidadãos, há apenas a negação de seus direitos mais básicos, enquanto o aparelho coercitivo do Estado cumpre os seus objetivos: criminalizar, punir e aniquilar. Mais uma vez, cabe destacar a questão do genocídio negro enquanto política de extermínio exercida por agentes do Estado.

O problema da "sobreintegração" e da "subintegração", parece ser inerente à ordem neoliberal vigente no Brasil e em outras democracias modernas liberais: a natureza igualitária que a cidadania requer, entra em colapso com os desígnios do sistema capitalista e da sociedade de classes. Prova disto se dá, quando a própria Constituição opera em favor das classes privilegiadas e dos detentores do poder: qualquer reforma social no texto constitucional que seja benéfica ou objetive uma melhora nas condições dos subcidadãos, logo será apontada como uma medida "subversiva", por colocar em risco os interesses do *status quo* (NEVES, 1994, p. 262).

Portanto, a transição da cidadania de discurso e *topos* ideológico para a sua real concretização no Brasil, passa pela construção de um espaço público de legalidade que privilegie o "coletivo" em detrimento dos interesses privados. Só assim será possível alcançar uma integração jurídica igualitária da população na sociedade (NEVES, 1994, p. 268).

A partir do reconhecimento da cidadania, enquanto uma categoria que só é plenamente vivenciada por determinados grupos privilegiados da sociedade (seja por fatores de classe, raça, gênero, religião ou sexualidade), fica impossível aqui, não fazer uma ponte entre o pensamento de Marcelo Neves e do geógrafo Milton Santos. Santos, em sua renomada obra "O Espaço do Cidadão" (2014), inicia o debate sobre a cidadania à luz dos direitos humanos e da crítica ao modelo econômico neoliberal vigente, trazendo o conceito de "Cidadão Mutilado". O autor afirma:

> É extensa a tipologia das formas de vida não cidadãs, desde a retirada, direta ou indireta, dos direitos civis à maioria da população, às fórmulas eleitorais engendradas para enviesar a manifestação da vontade popular, ao abandono de cada um à sua própria sorte. (p. 31)

Pensar em "formas de vida não cidadãs", no contexto dos estudos de gênero & sexualidade, é pensar em grupos historicamente marginalizados como mulheres, gays, lésbicas, bissexuais, intersexuais, transexuais, travestis e pessoas gênero-dissidentes. Especificamente, as pessoas que integram a população T, sofrem uma série de violações por parte do Estado: direitos básicos como os de personalidade e de identidade ainda estão sendo "negociados" por parte desta população, configurando assim uma espécie de violência institucional, que perpetua preconceitos e estigmas responsáveis por impedir que essas pessoas tenham uma vida digna, com acesso a uma boa educação e, consequentemente, oportunidades no mercado de trabalho.

Alguns estudiosos do campo *Queer*, como a socióloga Letícia Sabsay[6], apontam que a cidadania, como conhecemos atualmente, foi construída (e ainda vem sendo) sobre o paradigma heterossexual, enquanto consequência direta da ordem heteronormativa que impera nas sociedades ocidentais atuais. Para Sabsay (2014), a cidadania sempre foi marcada pela sexualidade. A autora destaca:

> (...) quando ela (a cidadania) não está marcada pela sexualidade, geralmente é construída com base no pressuposto heterossexual. Quando não é sexual, tende a ser heteronormativa, porque está montada sobre um modelo de sujeito e um modelo de vida que é concebido como "naturalmente" heterossexual (n/p).

Diante do exposto, é possível entendermos que questões relacionadas ao gênero e a sexualidade atingem diretamente toda

---

[6] Ver "Des-heterossexualizar a cidadania é ainda uma frente de batalha" em: < https://revistacult.uol.com.br/home/des-heterossexualizar-cidadania-e-ainda-uma-frente-de-batalha/> Acesso em: fevereiro de 2020.

uma ordem institucional. O Estado, os ordenamentos jurídicos e as instituições são fortemente influenciados, e ao mesmo tempo também propagadores, de um regime de normalização sexual que "generifica" os corpos e que, acima de tudo, decide nesse processo, quem é ou não digno de direitos fundamentais. A discussão do conceito de "heteronormatividade" dentro da *Teoria Queer* é de grande importância, pois, ao analisarmos o imperativo social que exige das pessoas um alinhamento entre sexo biológico – gênero – desejo/afeto, constatamos que a heterossexualidade, neste cenário social, ao invés de ser tida como uma entre várias formas de sexualidade será um imperativo, uma ordem a ser seguida.

Tal ordem normativa de gênero e sexualidade, que constrói uma cidadania heterossexualizada e cisnormativa, acaba gerando processos de exclusões para os que se "desviam" destas formas "sadias", "ideais". Aqui, se faz importante atentarmos para o conceito de "abjeção", muito trabalhado na Teoria *Queer* principalmente por Judith Butler, em sua obra *"Bodies That Matter"* (1993). A matriz heteronormativa, na qual a nossa sociedade atual está inserida, acaba por produzir corpos inteligíveis, aqueles que serão tidos como normais, como aceitáveis. A mesma hetenormatividade, assim, irá criar, do outro lado, os corpos não inteligíveis, os "desprezíveis", os corpos abjetos.

Em "Problemas de Gênero", Butler (2010, p. 39) defende que "A matriz cultural por intermédio de qual identidade de gênero se torna inteligível exige que certos tipos de 'identidade' não possam 'existir' – isto é, aquelas em que o gênero não decorre do sexo e aquelas em que as práticas do desejo não 'decorrem' nem do sexo nem do gênero". Através do raciocínio de Butler, passamos a refletir nos diversos processos de exclusão social resultantes da proliferação de discursos e regimes de verdades que fabricam os sujeitos "abjetos", os "anormais", os "doentes".

Partindo desta premissa, fica impossível não associar o conceito de "abjeção" com as pessoas transexuais, travestis e demais identidades de gênero que subvertem a ordem imperativa que conecta um sexo biológico a um gênero e a um desejo/afeto heterossexual. No plano legislativo e social, o efeito da abjeção enquanto força motor de exclusão é a criação de uma "cultura jurídica" que condiciona os direitos mais básicos deste segmento social à diagnósticos e pareceres, desrespeitando a importância da autodeclaração de gênero, do direito ao próprio corpo e à própria identidade.

O "humano" nos direitos humanos: ética da alteridade e a importância do outro como instrumento de compreensão de direitos trans

"There is a crack in everything, that's how the light gets in." — **Leonard Cohen**

A filosofia e as ciências humanas no geral, durante muito tempo, ignoraram a figura do "Outro". O sujeito centrado no "eu", o sujeito tido como "cartesiano", foi a base para uma filosofia de cunho tradicional que viu na figura do "Outro" uma mera projeção do "Ego" e assim, um desejo de controlá-lo, de manipulá-lo. Como defende Leopoldo e Silva (2004), os resultados de uma cultura centrada no "Eu" são catastróficos: civilizações foram construídas e reconstruídas, pautadas no egocentrismo, colocando assim, o "Outro", suas necessidades, desejos e direitos, em segundo plano.

Em linhas gerais: os ideais de liberdade e igualdade, disseminados através das revoluções liberais do século XVII, são um exemplo de como essa cultura do "Eu" em detrimento do "Outro" tem sido propagada na história da humanidade, ajudando na construção de uma retórica "humanista" que elege determinados grupos de pessoas "mais humanos" que outros.

Em "O Fim dos Direitos Humanos", Costas Douzinas (2000) irá trazer um olhar crítico sobre o processo histórico de efetivação (ou não-efetivação?) destes direitos, através de uma problemática que me parece crucial para pensar questões relacionadas aos direitos de populações vulneráveis (a população trans, por exemplo): quem são os sujeitos dos direitos humanos?

Douzinas irá utilizar as chamadas "filosofias da suspeita", uma referência ao desconstrutivismo de Derrida e Foucault que concebem o sujeito "não-universal", um sujeito que deve ser analisado através do tempo, do local, da cultura que está inserido. Através desse aporte teórico, Douzinas irá desconstruir o universalismo dos direitos e o historicismo do relativismo cultural através de uma crítica do sujeito "kantiano", que, de acordo com o autor, constituiu o "Outro" e o mundo de acordo com seu próprio esquema e suas próprias categorias, sem as quais, alegavam eles, o

Outro resulta inacessível (p. 352).

Não só Douzinas, como outros filósofos do "campo progressista", como Zizek[7], têm criticado o discurso dos direitos humanos, seja por uma falta de efetivação desses direitos nas sociedades contemporâneas, seja por acreditar que tais direitos vêm sendo utilizados (junto com um "falso" discurso de disseminação da democracia[8], como aponta Hobsbawm) por potências imperialistas do Norte Global como estratégia de intervenção em países no Oriente Médio.

Para Douzinas, a ideia de "humano" se relaciona a uma concepção de moralidade. Concepção esta, que passa, principalmente a ser adotada pela lei e pelo campo jurídico inicialmente no cenário das revoluções liberais, mas que se intensificou no final da década de 40, dentro do sistema internacional legal precisamente porque começou-se a pensar, na época, que os sistemas legais sem essa dita "moralidade" não seriam capazes ou suficientes para proteger determinados direitos básicos. Os direitos humanos, assim, nesta ótica, seriam subcategorias que, dentro de um ordenamento têm "força legal", mas, por outro lado, promovem um senso de moralidade com certas aspirações universalistas. O universalismo assim mantém relação direta com o conceito de "humanidade", que tem raízes no cristianismo e, que é, portanto, concebido através de um olhar puramente "ocidental". A "armadilha" do universalismo, é a de que ele funciona de forma hierárquica e marginalizadora: aqueles que estão fora da linha do que é, "universal" (aos olhos do "ocidental"), por exemplo, são menos dignos de serem contemplados pelos direitos humanos.

Nesse cenário, os direitos humanos acabam sendo sequestrados enquanto argumento pró brutalidade: a cultura excessiva do "eu/nós", contra "eles/o outro", aqui, opera como arma de dominação imperialista. A proposta de Douzinas (2000) para um *ethos* dos direitos humanos que, contemple o Outro, em suas singularidades, anseios e desejos, se daria através de um resgate da "ética da alteridade", de Emmanuel Levinas (2000).

---

[7] "Contra os Direitos Humanos", Slavoj Zizek, em: http://www.uel.br/revistas/uel/index.php/mediacoes/article/view/6541. Acesso em: fevereiro de 2020.

[8] HOBSBAWM, Eric. *Globalização, Democracia e Terrorismo*. Tradução: José Viegas – São Paulo. Companhia das Letras, 2007.

A alteridade, enquanto princípio, se baseia na ideia de proximidade com o "Outro", com o "estrangeiro". A partir dessa concepção, a minha construção, enquanto sujeito, é o resultado da interpelação direta e pessoal que o "Outro" realiza em mim. De acordo com esta lógica, uma "ética da alteridade", defendida por Levinas e posteriormente por Douzinas, seria uma espécie de humanismo "intersubjetivo", focado no "Outro", se contrapondo ao sujeito do liberalismo. A alteridade, desta forma, seria uma espécie de humanismo que carrega um forte engajamento histórico com as necessidades do Outro: "(...) Os direitos humanos representam, portanto, concretizações do direito da outra pessoa e do meu dever, e minha liberdade, antes de se tomar antagônica à de outros, é a liberdade da responsabilidade e da fraternidade" (DOUZINAS, 2000, p. 357).

Destarte, considero a "ética da alteridade", um instrumento, especialmente importante, de análise e construção de um discurso de direitos humanos que seja efetivamente inclusivo, que contemple minorias que há muito tempo têm sido excluídas dos discursos e da *práxis* hegemônica dos direitos humanos: a população trans. Não é de se estranhar, que determinados grupos minoritários não foram contemplados por instrumentos históricos como a Declaração Universal de Direitos Humanos (1948), da ONU.

A investigação dos direitos humanos, através da "ética da alteridade", nos leva a pensar como muitas legislações e normativas, ao longo da história foram criadas sob a égide de um "sujeito liberal" de direitos. O outro, o abjeto, o anormal, o patológico, vem sendo marginalizado e assim colocado de fora do campo daquilo que é considerado "humano", dentro dos direitos humanos. Sobre essa questão, cabe aqui uma citação de Butler, em *"Doing Justice to Someone: Sex Reassignment and Allegories of Transsexuality"* (2004):

> What counts as a person? What counts as a coherent gender? What qualifies as a citizen? Whose world is legitimated as real? Subjectively, we ask: Who can I become in such a world where the meanings and limits of the subject are set out in advance for me? By what norms am I constrained as I begin to become that for which there is no place within the given regime of truth? (...) What, given the contemporary order of being, can I be? (p. 58)

Por fim, a alteridade, enquanto ética e *práxis*, nos mostra um caminho onde, a concretização dos direitos humanos, irá passar, inegavelmente, pelo reconhecimento dos direitos do outro.

Para além da (cis)norma: considerações acerca da retificação do nome civil da pessoa trans

> *"I have this idea that every time we discover that the names we're being called are somehow keeping us less than free, we need to come up with new names for ourselves, and that the names we give ourselves must no longer reflect a fear of being labeled outsiders, must no longer bind us to a system that would rather see us dead."*
> — **Kate Bornstein, "Hello Cruel World: 101 Alternatives to Suicide for Teens, Freaks, and Other Outlaws"**

Se candidatar a uma vaga de emprego, ir ao cinema ou a um show, pegar um vôo, se matricular em um curso. São simples atos do cotidiano que podem se tornar fontes de imensa dor e constrangimento para pessoas trans, em decorrência de portarem documentos que não espelham sua real identidade de gênero e nome. Uma das principais pautas defendidas pela população T é o reconhecimento legal da identidade de gênero, através da retificação ou alteração do registro civil.

A Declaração Universal de Direitos Humanos, criada em 1948 pela ONU, não foi capaz de contemplar questões específicas e essenciais ligadas a comunidade LGBTI+. De modo "genérico", o documento defende o direito à igualdade e a não discriminação enquanto princípios fundamentais de direitos humanos. Assim, apenas em 2007 os "Os Princípios de Yogyakarta para aplicação da legislação internacional de direitos humanos em relação à orientação sexual e identidade de gênero", protocolados pela ONU, aparece como o primeiro documento a tratar da questão envolvendo as identidades trans com um olhar humanista e inclusivo, tendo como norte a ideia de que o gênero se trata de uma categoria construída socialmente. Tal documento vem sendo adotado por vários Estados e influenciando assim, a criação de legislações e normativas sobre a temática, no mundo todo. Sobre o "direito ao reconhecimento perante a Lei", o documento defende que:

> Toda pessoa tem o direito de ser reconhecida, em qualquer lugar, como pessoa perante a lei. As pessoas de orientações sexuais e

> identidades de gênero diversas devem gozar de capacidade jurídica em todos os aspectos da vida. A orientação sexual e identidade de gênero autodefinidas por cada pessoa constituem parte essencial de sua personalidade e um dos aspectos mais básicos de sua autodeterminação, dignidade e liberdade. (p. 13-14)

O que tem se observado, nos últimos anos, é que os poucos países que adotaram legislações e normativas que garantem o direito a retificação de nome da pessoa trans, geralmente impõem que o requerente tenha passado por procedimentos cirúrgicos/hormonais ou exigem laudos de natureza médica ou psicológica atestando que aquela pessoa seja "realmente" trans (em alguns casos exige-se também documentos como fotos, depoimentos de parentes e amigos, comprovando que de fato aquela pessoa vive como uma pessoa gênero dissidente há pelos menos 2 ou 3 anos). Fica evidente a influência que o discurso da medicalização (em termos foucaultianos) tem no "agir jurídico". O Estado, assim, acaba exigindo uma espécie de "esterilização forçada" como requisito para que a pessoa trans tenha os seus documentos alterados e assim, a sua identidade de gênero (um direito humano fundamental), garantido.

Além de ser uma grave violação ao princípio de autodeterminação da pessoa trans, tais legislações não levam em consideração que geralmente os procedimentos cirúrgicos de alinhamento de gênero são caros (ou se feitos através da rede pública de saúde, são demorados, marcados por quilométricas filas de espera) atrasando assim o protocolo de retificação dos documentos e gerando ainda mais impasses para a garantia de tal direito. E o mais importante: os Estados, ao exigirem tal requisito, ignoram também, que muitas pessoas trans ou gênero dissidentes se sentem confortáveis com as suas anatomias e não sentem a necessidade de fazer intervenções. Existem várias formas de se vivenciar a transexualidade e não apenas uma, como o senso comum costuma pregar. A decisão de fazer ou não intervenções cirúrgicas ou hormonais, deve partir da pessoa, resguardando assim, a sua subjetividade e não algo que deve ser imposto pelo Estado, em troca de ter um direito fundamental garantido.

A organização *Transgender Europe*[9] no ano de 2019, lançou o relatório intitulado *"Trans Rights Europe & Central Asia Map & Index*

---

[9] Ver mais em: https://tgeu.org/issues/legal-gender-recognition/. Acesso em: Fevereiro de 2020.

2019", que teve como objetivo fazer um mapeamento dos países que reconhecem o direito da pessoa trans de retificar os seus documentos. De acordo com a publicação internacional, apenas 30 países no continente europeu oferecem procedimentos legais de alteração de nome e, destes 30, apenas 5 países atualmente não exigem do requerente intervenções médicas, divórcio, atestado psicológico ou qualquer outro requisito invasivo. 20 países, no entanto, ainda exigem que a pessoa trans requerente passe por intervenções médicas antes do reconhecimento legal de seu gênero. De acordo com a organização: "Esses requerimentos abusivos ou até mesmo a falta de legislações sobre o tema, significa que a maioria das pessoas trans no continente estão presas à documentos que não correspondem à sua identidade de gênero" (tradução nossa).

Na contramão destes países, a Argentina aprovou, em 2012, através do senado, em decisão unânime, a Lei de Identidade de Gênero, tida atualmente como a lei mais progressista e completa no que diz respeito à identificação legal das pessoas transexuais. De acordo com a lei argentina, qualquer pessoa com mais de 18 anos pode ter acesso à readequação do nome civil em seus documentos, sem a necessidade de um laudo psiquiátrico ou médico. O procedimento é meramente administrativo e livre, também, de autorizações judiciais. A lei também garante a realização da cirurgia de alinhamento de gênero em âmbito público de saúde e também no privado. Uruguai e Malta também são exemplos de países que aprovaram legislações semelhantes.

Em um contexto legislativo, onde, quase sempre, os direitos das pessoas transexuais ficam condicionados a sentenças judiciais e pareceres médicos e/ou psiquiátricos, as legislações dos países acima mencionados são um triunfo para o debate em relação à identidade de gênero. É evidente que os legisladores desses países, priorizaram uma concepção de "reconhecimento" das identidades trans e de suas reivindicações, no lugar da concepção "autorizativa" que majoritariamente é a que vem guiando tribunais e leis ao redor do mundo. Sobre esta questão, Bento (2014), comenta:

> As leis dos diversos países que dispõem sobre direitos das pessoas trans mudam de acordo com a compreensão que o legislador tenha do que seja gênero. Quanto mais próximo de uma visão biologizante de gênero maiores serão as exigências para as cirurgias de transgenitalização e as mudanças nos documentos. Por essa visão, ou se nasce homem ou se nasce mulher, e nada poderá alterar a

predestinação escrita nos hormônios. Nestes casos, as legislações têm um caráter autorizativo. As pessoas trans precisarão de algum especialista para atestar a validade de suas demandas. (p. 172)

No cenário brasileiro, apesar das inúmeras portarias, decretos, resoluções e legislações a nível municipal e estadual que garantem o uso do nome social por parte de transexuais e travestis, o Estado brasileiro ainda carece de uma lei que regule e assegure a mudança de nome e gênero no registro civil, sem a necessidade de autorização judicial ou parecer médico/psiquiátrico. O que se observa, no caso do nome social, é que, por mais que estas instituições que passaram a garantir tal direito, tenham demonstrado uma preocupação para com o segmento trans e um desejo de incluir e fazer com que estas pessoas sejam respeitadas nos âmbitos onde o nome social é válido, a lacuna legislativa ainda se torna um problema, já que a pessoa trans terá a sua identidade de gênero respeitada em alguns espaços e em outros não, o que configuraria uma espécie de "cidadania a conta-gotas", uma cidadania precária. Nas palavras de Bento (2014):

O Brasil é o único país do mundo onde, no vácuo de uma legislação geral, instituições garantem um direito negado globalmente. Aqui transmutamos o respeito à identidade de gênero em "nome social". Universidades, escolas, ministérios e outras esferas do mundo público aprovam regulamentos que garantem às pessoas trans a utilização do nome social. (p.175)

Em 1º de Março, de 2018, o Supremo Tribunal Federal (STF), em decisão histórica, proferida na Ação Direta de Inconstitucionalidade de nº 4275, passou a garantir às pessoas transexuais e travestis o direito à alteração do nome e do gênero no registro civil sem necessidade de comprovação da cirurgia de realinhamento de gênero. Tal decisão da Suprema Corte passou a produzir parte dos efeitos do Projeto de Lei João W. Nery (que atualmente se encontra em tramitação no Congresso Nacional), que dispõe sobre a possibilidade de retificação de nome e gênero da pessoa transexual sem necessidade de laudos médicos e/ou psiquiátricos, como também de autorização judicial[10].

Sem dúvidas, o acórdão do Supremo Tribunal Federal, na ADI nº 4275, foi uma vitória para a população trans brasileira, que até então, ficava refém da decisão de magistrados (que muitas vezes

---

[10] Ler mais em: "Registro Civil Trans"- http://www.clam.org.br/destaque /conteudo.asp?cod=12746. Acesso em: fevereiro de 2020.

eram guiados por convicções pessoais, geralmente de cunho conservador e/ou religioso). Na maioria dos casos, o juiz em questão só atendia ao pedido de retificação do nome e gênero no registro civil, se a pessoa trans requerente, tivesse passado por cirurgia ou procedimentos de alinhamento de gênero. Evidentemente que, neste contexto, cabe ao Estado apenas o reconhecimento da identidade da pessoa em questão, constituindo assim, uma grave violação ao princípio da dignidade humana, impor que ela tenha o seu direito à retificação do nome e gênero condicionado a procedimentos cirúrgicos.

Em junho de 2018, alguns meses depois da decisão do STF, a corregedoria do Conselho Nacional de Justiça (CNJ) publicou uma norma contendo as regras para que a mudança de nome na certidão de nascimento ou casamento possa ser feito administrativamente, diretamente em cartório. Pessoas com mais de 18 anos podem solicitar a alteração desses documentos sem necessidade de autorização de nenhuma natureza seja jurídica ou médica. Os solicitantes menores de 18 anos, contudo, precisam requerer a mudança judicialmente.

Quase dois anos depois dessa decisão, ficam aqui alguns questionamentos: a população trans brasileira tem sido integralmente contemplada com esta conquista? Como tem sido essa transição de um direito que, antes era garantido exclusivamente por via judicial, e agora pode ser solicitado administrativamente? O princípio de autodeterminação da pessoa trans no Brasil tem sido, de fato, resguardado? Quais os principais entraves encontrados por esse segmento social para a real efetivação da mudança de nome civil nos cartórios? Quais os impactos materiais da ADI de n° 4275 na vida da pessoa trans brasileira?

O Instituto Prios de Políticas Públicas e Direitos Humanos em parceria com a Associação Nacional de Travestis e Transexuais (ANTRA) lançou, através da campanha "Eu Existo"[11] um levantamento constatando as principais dificuldades encontradas pela população T no que diz respeito a retificação de nome nos cartórios: as queixas incluem a falta de informações sobre o protocolo a ser seguido, a dificuldade de acesso à documentação

---

[11] "Eu Existo!" – Campanha de Monitoramento da Retificação registral de Travestis e Transexuais, em: https://prios.org.br/eu-existo. Acesso em: fevereiro de 2020.

exigida e também, os custos e precariedade no atendimento.

A enorme lista de documentos e certidões exigidas no protocolo (16, no total) é um dos grandes obstáculos, demonstrando que, o poder (mais uma vez, em termos foucaultianos) encontra no aparato burocrático e jurídico uma forma de decidir quem deve ter acesso ou não à retificação dos documentos. Por exemplo, os gastos totais do procedimento chegam a superar R$ 300 reais no estado de São Paulo[12]. Quais são os sujeitos, dentro da comunidade trans, que podem ter os seus documentos alterados e consequentemente, suas identidades de gênero reconhecidas pelo Estado? É evidente que, uma mulher trans, negra, pobre, irá encontrar maiores dificuldades neste percurso. Quando lemos, por exemplo, nos noticiários, que a mudança de nome da pessoa trans passou a ser garantida através de um "simples" procedimento administrativo, nos perguntamos então: *é realmente um simples procedimento administrativo? Que grupos de pessoas estão sendo contempladas por tal procedimento? Quais os grupos que estão sendo apagados?* Por fim, observa-se: ainda que minorias historicamente vulneráveis recorram e se apoiem em reformas legais, enquanto instrumento e via de emancipação, muitos dos que fazem parte desses segmentos sociais ainda não se encontram efetivamente incluídos.

Considerações finais

Durante o presente estudo, constatamos que a categoria "gênero" é construída socialmente e deve ser analisada de acordo com o período histórico e cultural vivido. Essa foi uma das grandes contribuições do movimento feminista nas décadas de 70 e 80. A partir de Butler, na década de 90, a desnaturalização do sujeito cisgênero (aquele que se identifica com o gênero designado ao nascer) e heterossexual enquanto o "padrão", o "normal", passa a ser uma das principais bandeiras do movimento feminista e dos Estudos *Queer*: entender a heterossexualidade como um regime político que rege não só o social, mas também o jurídico, o familiar (dentre tantas outras instâncias), passa a ser necessário para se compreender os processos de marginalizações e exclusões que minorias sexuais sofrem por não se encaixarem nos modelos

---

[12] Ver mais em: http://www.arpensp.org.br/index.php?pG=X19leGli ZV9ub3RpY2lhcw==&in=NzcyMDM= . Acesso em: fevereiro de 2020.

hegemônicos de sexualidade, afeto e identidade de gênero. Desta forma, o caminho percorrido neste estudo incluiu, inicialmente, uma breve discussão sobre o conceito de cidadania e em seguida, uma pequena reflexão sobre a noção de direitos humanos na atualidade, para, finalmente, adentrarmos na questão central: o direito à identidade de gênero de pessoas trans no Brasil, como ele vem sendo construído, e também, as conquistas mais recentes, assim como as barreiras que esta população tem encontrado para a garantia integral deste direito.

A concepção de cidadania vem se ampliando e assumindo, ao longo dos séculos, um sentido "novo" dependendo da sociedade e do momento cultural que está inserida. Neves (1994) defende que, na medida em que a retórica da cidadania é ampliada, observa-se que menos força e eficácia ela possui na realidade concreta. Isso seria um dos motivos principais pelo qual o discurso "dos direitos dos cidadãos" passa a ser visto mais como um *topos* político, um "norte" ideológico a ser seguido, que de fato algo materializado nos cotidianos daqueles que seriam os seus principais beneficiários.

O autor destaca que mesmo sendo inserida no texto constitucional, a ideia de cidadania permanece vaga e simbólica. A partir de uma defesa da autonomia do sistema jurídico (focada com base na "Teoria dos Sistemas" de Luhmann), enquanto requisito principal para a efetivação da cidadania, Neves (1994) traz os conceitos de cidadãos sobreintegrados e subintegrados: em suma, os sobreintegrados seriam aqueles que gozam do status pleno de "cidadão", o que estão inseridos nas camadas mais privilegiadas da sociedade, os "donos do poder" que inclusive se utilizam e são beneficiados pela ordem constitucional para se perpetuarem no poder. Os subintegrados, por sua vez, seriam os que não são vistos como "cidadãos", à eles está reservado apenas um lado da "cidadania": os deveres e as responsabilidades. O fenômeno da "subintegração" no nosso ordenamento jurídico deixa evidente a carga meramente simbólica do texto constitucional ao defender direitos humanos básicos, como também a sua ineficácia em os colocar em prática.

Semelhante à dicotomia da "sobreintegração/subintegração" pensada por Neves (1994), Santos (2014) propõe o termo "cidadãos mutilados", que seriam formas de vidas não-cidadãs presentes no Brasil e em países "periféricos". O pensamento de Santos (2014) e o de Neves (1994) sobre a questão da cidadania parecem se encontrar na crença de que, para ambos, a condição de cidadão está intrinsecamente atrelada à questões de classe social. Ambos concordam com Marshall (1964) quando ele diz que a condição de "igualdade" defendida pelo conceito de cidadania, nas democracias modernas, se choca com a desigualdade que é típica do sistema capitalista. A partir de tais posicionamentos é possível refletir sobre as questões das minorias sociais no Brasil, principalmente sobre a população transgênero e as mais variadas formas de opressões que marcam este segmento social: em um país onde uma pessoa trans possui expectativa de vida de 35 anos, o discurso da cidadania parece cada vez mais abstrato e distante.

Assim como a noção de cidadania, a retórica que envolve os direitos humanos também vem assumindo uma série de transformações. Os direitos humanos, tendo sido cunhados sob a égide de um "sujeito liberal" (marcadamente "ocidental") além de servir muitas vezes como argumento para estratégias militares imperialistas (a Guerra do Iraque e tantas outras intervenções de países ocidentais no oriente médio, por exemplo), também assume uma lógica excludente, que segrega corpos e identidades que destoam desse modelo de "sujeito universal", reforçando a dicotomia "nós/eles". A figura do "Outro" a partir da interpretação de Douzinas (2000) sobre Levinas (2000), seria aquele sujeito que vem sendo "exotizado", "estranhado", marginalizado pelo discurso dominante dos direitos humanos. A proposta de Levinas (2000), através da "Ética da Alteridade" é a proposta de uma ética dos direitos humanos que só vai ser concretizada se pensada para além do "eu", levando em consideração também o "Outro" e entendendo que, a realização dos "meus" desejos e, consequentemente, a efetivação dos "meus" direitos, passa também pela realização dos desejos e efetivação dos direitos do "Outro". É uma reflexão que nos ajuda a entender porque a Declaração Universal dos Direitos Humanos da ONU (1948) e vários outras declarações e tratados que se seguiram, não contemplaram certos povos e minorias sociais (a exemplo da população trans) ou, ainda, nos faz refletir sobre a seguinte questão: quem são os "humanos" dentro desta ótica hegemônica dos direitos humanos?

Uma das principais reivindicações da comunidade T (transgêneros, travestis, transexuais e pessoas não-binárias) atualmente, é o direito à identidade de gênero, compreendido, através de duas dimensões: o direito à retificação do nome no registro civil e o direito à saúde (que seria o acesso a cirurgias de confirmação de gênero e procedimentos hormonais). No Brasil, não existe nenhuma legislação que contemple, à nível federal, o direito à mudança do prenome, fazendo com que, por muito tempo, esta população precisasse pleitear na justiça a alteração do nome, ficando à mercê da decisão de juízes (que muitas vezes indeferiam o pedido com base em crenças pessoais e total ignorância em relação a questões de gênero e sexualidade). Em 2018, o STF passou a reconhecer, através da ADI de nº 4275, o direito da pessoa trans de alterar o nome sem necessidade de autorização judicial, comprovação de laudo médicos/psiquiátricos e sem exigir que a pessoa requerente tenha passado por procedimentos cirúrgicos. Tal decisão foi histórica e, sem dúvidas, uma grande conquista para a população trans brasileira. Contudo, ainda que feito em cartório, de forma administrativa, o procedimento de mudança de nome, no Brasil, ainda não é completamente acessível para esta população, seja pelo alto custo do procedimento ou pela lista exaustiva de documentos exigidos. Conclui-se que, a efetivação de uma "cidadania trans" está para além de avanços no campo jurídico, sendo fundamental a implementação de políticas públicas e outras iniciativas sociais que conscientizem a população como um todo, e que, ajudem a resgatar esse grupo da marginalização histórica em que ele foi submetido.

Referências bibliográficas

BRASIL. Constituição da República Federativa do Brasil de 1988. Publicada no *Diário Oficial da União* de 05 out. 1988.

______. Supremo Tribunal Federal. Ação direta de inconstitucionalidade nº 4275/DF – Distrito Federal. Relator: Ministro Dias Toffoli. *Pesquisa de Jurisprudência*, Acórdãos, 15 de agosto de 2018. Disponível em: < http://www.stf.jus.br/portal/jurisprudenciaRepercussao/verAn damentoProcesso.asp?incidente=4192182&numeroProcesso=6 70422&classeProcesso=RE&numeroTema=761 >. Acesso em: fevereiro de 2020.

______. Projeto de Lei João W. Nery (PL 5002/3013).*Dispõe sobre o direito à identidade de gênero e altera o artigo 58 da Lei 6.015 de 1973.*

Disponível em: <http://www.camara.gov.br/sileg/integras/1059446.pdf > Acesso em: fevereiro de 2020.

BENTO, Berenice. *A reinvenção do corpo: sexualidade e gênero na experiência transexual*. Rio de Janeiro: Garamond, 1. Ed., 2006.

________. *O que é transexualidade?* São Paulo: Brasiliense. Ed., 2008.

________. *Nome social para pessoas trans: cidadania precária e gambiarra legal*. Contemporânea – Revista de Sociologia da UFSCar, São Carlos, v. 4, n. 1, jan.-jun. 2014, pp. 165-182.

BUTLER, Judith. *Problemas de Gênero: Feminismo e Subversão da Identidade*. Col. Sujeito & História - 8ª Ed. 2015

________. *Corpos que importam*. Sapere Aude – Belo Horizonte, v.6 - n.11, p.12-16 – 1º sem. 2015. Disponível em:<http://periodicos.pucminas.br/index.php/SapereAude/article/viewFile/9979/pdf> Acesso em: fevereiro de 2020.

________. *Regulações de gênero*. Cadernos Pagu, n° 42, Campinas Jan./June 2014. Disponível em:<https://www.scielo.br/scielo.php?pid=S01048333201400 0100249&script=sci_artte xt&tlng=es#fn01> Acesso em: fevereiro de 2020.

________. *Undoing Gender*. New York: Routledge. 2004.

DOUZINAS, Costas. O fim dos direitos humanos. São Leopoldo: Editora Unisinos, 2009.

FOUCAULT, Michel. *História da Sexualidade I: A Vontade de Saber*. Tradução de Maria Thereza da Costa Albuquerque e J. A. Guilhon Albuquerque. Rio de Janeiro: Graal. 13ª Ed., 1988.

LEVINAS, Emmanuel. Entre Nous: Essays on Thinking-Of-The-Other. Translators: Michael B. Smith, Barbara Harshav. Nova York: Columbia University Press, 2000.

LOPES, Guacira Louro. *Gênero, Sexualidade e Educação: Uma perspectiva pós- estruturalista*. Rio de Janeiro: Editora Vozes. 6ª Ed. 1997.

________. *Um Corpo Estranho: Ensaios sobre sexualidade e Teoria Queer*. Belo Horizonte: Autêntica Editora. 2ª Ed. 2015.

PRINCÍPIOS DE YOGYAKARTA, Indonésia, 2006. Disponível em: <http://www.clam.org.br/pdf/principios_de_yogyakarta.pdf>. Acesso em: fevereiro de 2020.

RICH, Adrienne. *Heterossexualidade compulsória e existência lésbica*. Tradução: Carlos Guilherme do Valle. 2010. Disponível em:<https://periodicos.ufrn.br/bagoas/article/view/2309/174

2> Acesso em: fevereiro de 2020.

SAINI, Angela. *Inferior: How Science Got Women Wrong-and the New Research That's Rewriting the Story.* Boston - Beacon Press. 2017

SANTOS, Milton. *O Espaço do Cidadão.* São Paulo: Editora da Universidade de São Paulo, 2014.

SALIH, Sara. *Judith Butler e a Teoria Queer.* Tradução e notas: Guacira Lopes Louro. 1. Ed. Belo Horizonte: Autêntica Editora, 2015.

SILVA, Franklin Leopoldo e. Alteridade: a reconfiguração da intersubjetividade. Disponível em:<http://territoriosdefilosofia.wordpress.com/2015/05/22/ alteridade-franklin-leopoldo-e-silva/ > Acesso em: fevereiro de 2020.

SCOTT, Joan. Gender: A Useful category of Historical Analysis. Oxford University Press, *American Historical Association.* 1986. Disponível em: <https://www.jstor.org/stable/1864376?seq=1> Acesso em: fevereiro de 2020.

MARSHALL, T.H. Citizenship and Social Class. Garden City, Nova York: Anchor Books, 1965.

NEVES, Marcelo. Entre Subintegração e Sobreintegração: A cidadania inexistente. *Dados: Revista de Ciências Sociais*, Rio de Janeiro, vol. 37, 1994. pp. 253 – 276.

MONTEIRO, Anielle Oliveira. Corpos Trans-tornados: um estudo sobre a(s) transexualidade(s) e o Projeto de Lei 5002/2013 (Lei João W. Nery). 2017. 101 f. Dissertação (Mestrado em Direitos Humanos, Cidadania & Políticas Públicas). – Universidade Federal da Paraíba, 2017.